개인은 역사를
바꿀 수 있는가

역사를 어떻게 설명해야 하는지를
내게 가르쳐준
라이어슨 · 토론토 · 옥스퍼드 대학 학생들에게

HISTORY'S PEOPLE
PERSONALITIES AND THE PAST

개인은 역사를
바꿀 수 있는가

대담한 사람, 오만한 사람, 나서는 사람

마거릿 맥밀런 지음 | 이재황 옮김

산처럼

| 일러두기 |

1. 이 책은 Margaret MacMillan의 *History's People: Personalities and The Past*(House of Anansi Press, 2015)를 번역한 것이다.
2. 외래어 인명과 지명은 국립국어원의 외래어 표기법에 따라 표기했다.
3. 본문에 설명이 필요한 부분에는 괄호 안에 옮긴이 주를 달았다.
4. 인명의 경우 원서에는 없으나 생몰연도 등을 옮긴이 주라는 표시 없이 간단히 밝혀주었다. 예를 들면, 페르낭 브로델(1902~1985).

개인은 역사를 바꿀 수 있는가

제 1 장

설득과 통솔의 리더십

나는 종종 역사란 마치 잡동사니들이 널려 있는 너저분한 집 같다고 생각한다. 지난 수십 년간 역사가들은 정치·경제·지성사에서부터 감정·태도·기호·편견에 이르기까지 연구 영역을 확장했다. (그리고 피곤하게도 역사가들은 이제 점점 더 자기 자신 안으로 파고들고 있다. 다시 말해 자신들이 어떻게 과거를 '창조'했는가에 관해 관심을 두기 시작했다.)

　역사라는 집에는 수백 년을 생각하는 사람들과 한순간에 초점을 맞추는 사람들이 있다. 어떤 역사가들은 인간 사회에서 일어난 거대한 변화를 다루기를 좋아한다. 때때로 수천 년에 걸쳐 일어나는 변화다. 그런 사람들은 예를 들어, 수렵에서 농경으로의 변화나 도시의 성장에 주목한다. 또는 인구 증가나 이주移住, 경제 생산 같은 것을 따진다. 위대한 프랑스 역사가 페르낭 브로델(1902~1985)은 역사 연구의 진정한 목표는 사건의 이면을 관찰해 장기적인 경향을 발견하는 것이라고 주장했다. 그의 표현에 따르면 '장기 지속longue durée'(브로델이 구분한 역사의 지속 시간대 분류 가운데 초장기 지속très longue durée 다음으로 긴 시간대로, 중세나 근대 같은 시간대를 말한다―옮긴이)이다. 그는 인류 역사를 천천히 흐르는 커다란 강으로 보았다. 이 큰 강은 흘러가는 과정에서 정치나 전쟁 같은 순간적이고 단기적인 사건들(그는 이런 것들을 '거품'이라 불렀다)보다는 지리나 환경, 사회·경제적 요인에 더 큰 영향을 받는다. 이력이 모든 것을 설명해줄 수는 없지만, 이는 아마도 브로델이 제2차 세계대전 때 독일 포로수용소에 수용되어 있었던 일과 무관치 않아 보인다. 그런 관점에서 장기 지속은, 역사가 서서히 나아가면서 나치즘은 악몽이 사라지듯 사라지리라는 희망을 주었을 것이다.

그러나 단기적인 것을 그렇게 쉽사리 무시할 수는 없다. 정치와 지적 유행, 또는 이데올로기에서의 이상과 갑작스러운 변화도 중요하고 종교 역시 중요하다. 기독교, 힌두교, 이슬람교처럼 사뭇 다른 종교들에서 지난 20여 년 동안 근본주의가 급격히 성장하고 있음을 보라. 역사가들은 당연히 커다란 변화를 암시하거나 변화의 시동을 건 중요한 순간들에 주목한다. 예를 들어, 프랑스혁명을 상징한 바스티유 폭동이나 제1차 세계대전을 촉발한 사라예보의 프란츠 페르디난트 대공 암살 같은 것들이다. 그리고 역사가들은 확실히 중요하지 않은 사건을 가지고 한 시대를 조명하는 일에 나설 수 있다. 내털리 제먼 데이비스가 '마르탱 게르의 귀향'(게르는 사기꾼에게서 아내와 재산을 찾기 위해 돌아왔다)을 이야기하면서 16세기 프랑스를 조명했던 것 같은 경우다(데이비스는 게르가 집을 나간 사이 사기꾼이 게르 행세를 하며 그의 집과 아내를 차지하고 살다가 발각된 이 사건을 가지고 『마르탱 게르의 귀향The Return of Martin Guerre』(1983)이라는 책을 썼다―옮긴이).

또한 개인의 역할도 무시할 수 없다. 사상가든, 예술가든, 기업가든, 정치 지도자든 말이다. 알베르트 아인슈타인이 20세기 초에 원자의 본질을 파악하지 않았다면 연합국들은 제2차 세계대전 동안에 원자폭탄을 개발할 수 있었을까? 만일 나치스가 아인슈타인과 그의 동료 물리학자들을 망명으로 내몰아 그들이 연합국들을 위해 일하도록 하지 않았다면 독일은 어떻게 했을까? 원자폭탄이 없었다면 일본을 상대로 한 연합국들의 전쟁은 분명히 1년 이상 더 끌었을 것이다. 그리고 이 세상에 핵무기가 전혀 개발되지 않았다면 어떻게 되었을까? 유럽이 산업혁명에 의해 거대한 변화를 겪고 있던 19세기에 카를 마르크스는 여러 가지 정치·경제·사회사상들을 내놓았다. 그것이 유포되어, 과거를 설명할 뿐만 아니라 미래까지 예측하는 논리 정연하고 반박할 수 없어 보이는 꾸러미로 묶였다. 전 세계의 남녀들은 몇 세대 동안, 자기네 조상들이 종교를 계시된 진리로서 믿어왔듯이 마르크스주의를 믿었고, 그래서 그 지침에 따라 세상을 변화시키려 노력했다.

어떤 순간에는 책임자 입장에 있는 사람이나 계획을 세우는 사람이나 다 정말 중요하다. 미하일 고르바초프가 아닌 다른 사람이 구소련의 지도자였다면 냉전은 아주 다른 방식으로 끝났을 것이다(어쩌면 아예 끝나지 않았을 수도 있다). 그는 1980년대에 동유럽에서 소련 제국을 붙잡아두고 심지어 소련 내부에서 공산당의 권력을 유지하기 위해 무력을 동원할 태세가 되어 있지 않았다. 중국 공산당 지도부는 반체제 운동에 직면해 전혀 다르게 반응했고, 그 결과가 1989년 톈안먼天安門 광장의 탄압이었다. 2000년 플로리다에서의 투표 집계에 대한 미국 연방 대법원의 결정이 다르게 나왔다면 조지 W. 부시는 대통령이 되지 못했을 것이다(2000년 미국 대통령 선거에서 부시는 고어에게 근소한 차로 승리를 거두었는데, 플로리다 주의 일부 수작업 재검표에서 부시와 고어의 득표 차가 대폭 줄어 주 전체에 대한 수작업 재검표가 이루어졌다면 선거 결과가 뒤집힐 것이라고 전망했으나 대법원이 수작업 재검표 중지를 결정했다―옮긴이). 앨버트 고어 '대통령'은 부시처럼 강경파 보좌관들에게 둘러싸이지 않았을 것이고 이라크를 침공하려는 유혹을 떨쳐버렸을 거라고 짐작하기는 어렵지 않다.

내가 여러 책(최근에는 제1차 세계대전의 시작과 끝 같은 세계사의 중요한 순간들에 대한)을 쓰기 위해 선택한 주제들에서 나는 개인들에게 관심을 기울이지 않을 수 없음을 깨달았다. 1914년에 독일의 황제였던 말썽 많고 변덕스러운 사람(빌헬름 2세, 1859~1941)이 만일 알바니아의 왕이었다면 유럽에 많은 문제를 일으키지 못했을 것이다. 그러나 그는 유럽 대륙 중심부에 있던 주요 경제·군사 강국의 통치자였다. 더구나 그는 독일의 불완전한 헌정 아래에서 특히 대외 정책과 군사 문제에 상당한 권한을 갖고 있었다. 결국 그는 독일을 전쟁에 끌어들이는 명령에 서명해야 하는 사람이 되었다. 따라서 빌헬름 2세나, 러시아의 차르로서 똑같이 큰 권한과 책임을 지녔던 그의 친척 니콜라이 2세(1894~1917. 빌헬름 2세의 어머니와 니콜라이 2세의 황후 알렉산드라의 어머니가 모두 빅토리아 영국 여왕의 딸이어서 두 군주는 이종사촌 처남-매부 사이다—옮긴이)를 생각하지 않고는 그 파괴적인 전쟁의 원인을 살펴보기란 불가능하다. 그리고 우리는 마거릿 대처(1925~2013), 프랭클린 델러노 루스벨트(1882~1945), 윈스턴 처칠(1874~1965), 윌리엄 라이언 매켄지 킹(1874~1950) 같은 민주적 지도자들이 맡았던 역할을 살피지 않고서 20세기 역사를 제대로 쓸 수 있을까? 더구나 아돌프 히틀러(1889~1945), 마오쩌둥毛澤東(1893~1976), 베니토 무솔리니(1883~1945), 이오시프 스탈린(1878~1953) 같은 유명한 폭군들이 맡았던 역할을 알아보지 않고서?

　애석하게도 전기 작가들 자신이나 전기 작품을 이용하는 역사가들은 모두 이미 오래전부터 많은 역사 전문가들에게서 의심의 눈총을 받아오고 있었다. 역사를 파악하는 방식이 위험스러운 아마추어라고 무시당하고, '위대한 남자'나 '위대한 여자'가 역사를 만든다는 잘못된 가정에 따라 사회를 무시하고 개인에게 너무 좁게 초점을 맞춘다고 비난을 받아왔다.

19세기의 작가이자 지식인 토머스 칼라일이 종종 중요한 인물(그는 이들을 영웅hero이라고 불렀다)이 과거의 모습을 좌우한다는 이론의 주창자로 끌려 나온다. 학계에서는 이런 견해를 멸시한다(놀랄 일도 아니지만 재계 지도자들은 이를 더욱 매력적인 것으로 받아들인다). 이는 칼라일에게 불공평하다. 역사에 대한 그의 관점은 좀 더 복합적이었다. 초기 에세이에서 그는 이렇게 물었다.

누가 가장 위대한 혁신가이고, 누가 인류 역사에서 가장 중요한 인물인가? 처음으로 군대를 이끌고 알프스를 넘어 칸나에와 트라시메누스에서 승리를 거둔 사람(제2차 포에니 전쟁에서 활약한 카르타고의 명장 한니발 바르카를 가리킨다—옮긴이)인가, 처음으로 혼자서 쇠삽을 만들어낸 비루한 노숙자인가?

사회란 무수한 인간의 작업과 삶의 산물이고, 따라서 역사는 "수많은 '개인사'의 정수精髓"라고 그는 주장했다. 그는 영웅에 관한 저작으로 더 많이 기억되지만, 영웅들을 역사의 창조자로 보기보다는, 특정 시대의 정서를 압축하거나 사회가 향하는 곳과 사회에게 필요한 것을 가장 명확히 알 수 있었던 사람으로 보았다.

칼라일은 훌륭한 전기 작품의(그리고 정말로 더욱 훌륭한 역사의) 비결이 개인과 그가 속한 사회의 관계를 이해하는 것임을 알았다. 지나간 시대 사람들을 이해하려면 그들이 세상을 보는 자신들만의 가치관과 방식을 지니고 있었다는 사실을 존중하는 것에서 출발해야 한다. 그들은 다른 사회적·정치적 구조에 의해 규정된다. 그들의 생각은 우리의 것과는 다른 근원에서 나왔다. 때때로 우리는 그들의 생각을 이해하기 위해 열심히 노력해야 한다. 유명한 영국 역사가 제임스 졸(1918~1994)은 한 시대의 '무언의 가정'에 대해 이야기했다. 사람들이 너무 당연한 것으로 여기기 때문에 말하지 않는 종류의 일들이다. 예를 들어, 우리 자신도 보통 왜 우리가 민주주의를 최선의 정치체제로 생각하는지 애써 설명하려 하지 않는다. 서구 사회에서는 이를 일반적으로 당연시하고 있기 때문이다.

따라서 우리는 언제나 사람들을 그들 자신의 시대에 갖다 놓아야 하고, 그들이 아직 발견되거나 분명해지지 않은 일들을 생각할 수 있다고 기대해서는 안 된다. 역사가들 덕분에 가족이나 명예에 대한 로마인들의 생각이 우리와는 상당히 달랐음을 알게 되었다. 비잔티움 제국 사람들은 영혼의 세계가 그들에게 보이는 것들만큼이나 중요하다고 생각하는 세계에서 살았다. 다른 한편으로 우리는 과거의 사람들이 우리만큼이나 인간적이었음을 결코 잊어서는 안 된다.

이제 자신들이 한 일 때문에 중요하게 평가되는 몇 사람들을 살펴보겠다. 그리고 우리에게 말을 건네는 사람들, 그들 자신과 그 시대 사람들과 그들이 살았던 세계에 대해 이야기하려 한다. 11세기에 미카엘 프셀로스(1018~1078? 비잔티움 제국의 정치가·철학자·역사가로, 『연대기』를 썼다—옮긴이)는 오래전에 사라진 비잔티움 제국과 그 나라를 통치한 남녀들에 대한 이야기를 신랄한 묘사를 통해 들려준다. 예를 들어, 1042년에 여동생과 함께 통치자의 자리에 올랐던 금발의 통통한 조에 여제는 똑똑하고 정열적이었으며, 더 깡마른 여동생

테오도라보다 훨씬 너그러웠다. 테오도라는 수다스럽고 인색하며 좀 아둔했다. 라투르 뒤팽 후작 부인(1770~1853. 이름은 앙리에트루시이며 『50세 여자의 일기Journal d'une femme de 50 ans』라는 회고록을 썼다―옮긴이)의 회고록은 프랑스혁명을 거치며 산다는 것, 그리고 자신이 경험했듯이 마리 앙투아네트의 시녀에서 미국 뉴욕 주 농장의 소 젖 짜는 삶으로의 변신이 어떤 것인지 이해할 수 있게 한다.

또는 간단한 일이 과거에 생명을 불어넣을 수 있다. 문화혁명 뒤에 있었던 1회 중국의 유물 전시회가 아직도 기억난다. 금으로 만든 표범과 오래전에 죽은 공주의 영생을 위해 옥으로 치장해 만든 옷에 경탄을 금치 못했다. 그러나 나를 가장 흥분시킨 것은 말라비틀어진 만두였다. 오늘날의 노동자들이 그러하듯이, 수백 년 전 무덤 안에서 일하던 한 중국인이 도시락을 가지고 들어갔다가 흘린 일부가 남아 있던 것이다.

과거의 사람들도 우리처럼 삶이 던지는 도전에 직면해 있었다. 고민거리는 다르지만 말이다. 다행히도 흑사병은 더 이상 우리를 괴롭히지 않는다. 하지만 과거 사람들은 핵에 의한 전멸을 걱정할 필요가 없었다. 당시와 지금의 차이를 인정해야 하지만, 과거 사람들에게서 익숙한 특성을 발견할 수 있다. 그들 역시 야망과 두려움을 가졌고, 사랑과 증오가 있었다. 우리는 그들과 기쁨이나 슬픔을 함께 나눌 수 있고, 그들이 문제를 처리하려 애쓰거나 어떻게 하는 것이 최선인지 결정할 때 그들과 공감할 수 있다. 수십 년이나 수백 년을 사이에 두고 건너와 우리가 공통의 인간성을 나누고 있음을 상기시켜 주는 목소리를 듣는 것은 특별한 즐거움이다. 예컨대 새뮤얼 피프스(1633~1703)나 제임스 보즈웰(1740~1795) 같은 위대한 작가들의 일기를 읽는 것은 그 안에서 매우 유쾌하고 흥미로운 개인들을 만날 수 있기 때문이다.

미셸 드 몽테뉴.

험난한 16세기를 살았던 부유한 프랑스 귀족 미셸 드 몽테뉴는 우리에게 중요한 인물이다(그가 살던 당시부터 오늘날에 이르는 모든 세대에게도 마찬가지다). 그의 저작이 인간다워진다는 것은 무엇인가를 탐구하고 있기 때문이다. 그의 에세이들은 결코 끝맺음을 할 수 없었다. 주제가 대부분 자신과 자신의 생각 · 감정 · 반응들이었고, 그가 누누이 이야기했듯이 자기 자신과 이런 요소들은 끊임없이 변했기 때문이다. 그는 이렇게 썼다.

우리는 완전히 잡동사니들로 이루어져 있는데, 그것들이 너무 잡다하고 너무 짜임새 없게 한데 묶여 있어, 각 요소들이 매 순간 제 길을 가려고 한다. 그래서 우리와 우리 자신 사이에는 우리와 다른 사람들 사이에서처럼 많은 차이가 존재한다.

몽테뉴는 서른여덟 살에 공직 생활에서 물러나 농장을 경영하면서 저택 한쪽 끝에 있는 은둔처에서 사색에 잠겼다. (그의 아내는 다른 쪽 끝에 있는 자신만의 은둔처에 뚝 떨어져 있었다.) 그는 널찍한 서재에서 글을 쓰고 수정했으며, 그런 뒤에 다시 더 많은 글을 썼다.

그는 자주 질문을 던졌다. 우리는 왜 생명이 없는 물건에게 화를 내는가? 우리는 왜 갑자기 감정에 휩쓸리는가? 왜 우리의 마음은 그리도 심하게 방황하는가? 그의 마음은 확실히 그랬다. 그는 에세이에서 자주 "주제로 돌아가자"고 자신을 추스르지만, 그것은 소용없는 일이다. 그는 한 주제에서 시작하지만 곧바로 길을 벗어나 크고 작은 길을 돌아다닌다. 당대 신학자에 대한 긴 에세이에서 몽테뉴는 여성이 임신하기 위해 가장 좋은 성행위 체위는 어떤 것인지 추론한다. 『역마차에 관하여』라는 제목의 에세이는 탈것에 관한 이야기로 시작하지만, 군주들에게 왜 지나친 위엄이 필요한지, 최근 유럽인들의 신세계 발견(그리고 유럽인들이 그곳에서 발견한 사람들보다 자기네가 더 문명인이라고 생각하는 어리석음에 대한 약간의 신랄한 언급들), 그리고 죽음의 공포 같은 수많은 문제를 얘기한다. 게다가 패션에 대해서까지 언급한다.

나는 젊었을 때 다른 자랑거리가 없어서 좋은 옷을 자랑했다. 내게 옷은 참 잘 어울렸다. 그러나 좋은 옷을 입어도 태가 나지 않는 사람들이 있다.

그는 재미있고 감각적이며 활기 찼다. 만년에 쓴 한 글에서 이런 조언도 남겼다.

죽는 방법을 모르더라도 걱정할 필요가 없다. 닥치면 본성이 확실히 충분히 말해줄 것이다. 어떻게 해야 하는지를.

새라 베이크웰(1963~)은 몽테뉴에 관해 매우 훌륭한 글을 썼다

(몽테뉴의 생애와 사상을 담은 『어떻게 살 것인가*How to live*』(2010)를 말한다—옮긴이).

〔몽테뉴의 글을 읽는 것은〕 잇달아 일어나는 익숙함의 충격을 경험하는 것이다. 이로 인해 그와 21세기 독자들 사이에 존재하는 수백 년이라는 시간은 완전히 사라져버린다.

하지만 몽테뉴는 자신의 시대와 그 시대의 편견에 관한 이야기도 들려준다. 예를 들어, 그들이 고전 세계를 재발견한 일에 황홀해하고 아메리카나 동아시아에서 새로운 세계를 발견했다고 하는 것 따위다. 아마도 그가 살던 시대가 격동의 시대였기 때문이겠지만, 그는 좋은 정부와 나쁜 정부를 만드는 것이 무엇인가 하는 문제를 숙고한다. 그의 생애 대부분의 기간 동안 프랑스는 가톨릭교도와 개신교도들 사이의 전쟁(1562~1598년까지 이어진 내전인 위그노 전쟁을 말한다—옮긴이)으로 분열되어 있었고, 이 때문에 그는 종교가 어떻게 악에 빠지게 되는지 생각했다. 몽테뉴는 독실한 가톨릭교도였지만, 양쪽 모두의 편협함에 몸서리를 쳤다.

어떤 사람들은 이쪽에서 접근하고, 어떤 사람들은 저쪽에서 접근한다. 어떤 사람들은 검다고 생각하고, 어떤 사람들은 희다고 생각한다. 종교를 자신들의 폭력적이고 야심에 찬 책략을 위해 사용하기는 모두가 마찬가지다. 자신의 일을 지나치게 불공정하게 처리하기는 서로 마찬가지다. 그래서 그들은 우리의 삶을 이끌고 통제하는 방법이 달린 문제에 관해 정말로 서로 다른 생각을 가졌는지 의문을 품게 한다.

그는 프랑스인들이 잔인함과 사악함에 익숙해졌다고 비통한 마음으로 적었다.

내가 토론을 위해 선택한 모든 사람은 자신만의 방식으로 역사에 그들의 힘을 보탰다. 역사를 만들어가든, 그것을 기록하든, 두 가지를 겸하든 말이다. 프랭클린 델러노 루스벨트나 이오시프 스탈린 같은 지도자들은 역사의 흐름에 올라타고 그것을 한쪽 방향으로(다른 쪽이 아니라) 돌려놓은 것으로 유명하다. 탐험가나 모험가가 된 용감한 남녀들은 흐름에 맞서 나아갔고, 때로는 개인적으로 큰 대가를 치렀다. 몽테뉴 같은 또 다른 사람들은 한옆에 비켜서 있는 관찰자로서 더 잘 알려져 있다. 그러나 기록하고, 일기와 편지를 쓰고, 낙서를 휘갈기고, 심지어 자신의 잡동사니를 묻어버리는 사람들이 없었다면 우리 같은 역사가들은 과거를 검증하는 데 필요한 증거를 얻을 수 없었을 것이다.

처음 세 장에서는 역사에 자신의 흔적을 남겼다고 할 수 있는 사람들을 자세히 살펴보겠다. 그들이 지닌 자질은 어떤 것이었고, 그들이 지도자나 단순한 모험가가 되도록 한 환경은 무엇이었을까? 그들은 왜 그렇게 행동했을까? 이 책에서 이야기하게 될 지도자들은 모두 자신들이 살던 시대의 분위기를 본능적으로 이해하고 있었지만, 그중 일부는 합의를 이루어내 앞으로 나아간 반면 다른 일부는 명령과 힘으로 자신의 의지를 강요했다. 그러나 어느 유형의 지도자든 모두 역사를 한쪽 길(다른 길이 아니라)로 인도할 수 있는 선택권과 능력을 지니고 있었다.

이어서 개인이 위험을 감수하고 미지의 세계로 뛰어드는 용기라는 특정한 자질을 살펴볼 것이다. 무엇이 그들로 하여금 그 일을 하게 만드는가? 그리고 그것이 어떤 차이를 만들어냈는가?

마지막 두 장에서는 역사의 물줄기를 바꾼 사람들로부터, 당신이 저녁 식사를 함께하고 싶을 듯한 부류의 사람들에게로 옮겨가려 한다. 그들이 매우 재미있는 사람들이기 때문이다. (그리고 많은 지도자들과 달리 그들은 장광설을 늘어놓는 대신 듣기만 할 것이다.) 어떤 이들은 인도 황제 바부르(1483~1530. 16~19세기까지 인도 일대를 지배한 무굴 제국의 창시자다—옮긴이)처럼 권력자의 지위를 차지했고, 다른 이들은 영국의 중산층 여성들이었다. 그러나 그들은 모두 세상을 향한 강한 호기심을 지녔다. 그들은 자신들이 살았던 시대의 편견과 평가들로부터 상쾌한 자유를 누렸다는 공통점이 있다. 일부는 언제라도 여행(그것은 때로 매우 불편하고 심지어 위험하기까지 했다)할 태세가 되어 있었고, 다른 사람들은 자신들이 있던 곳에 머문 채 주위에서 진행되고 있는 일들을 관찰했다.

나에게 역사 속의 인물은 르네상스 미술 작품에 나오는 성모 초상이나 아이들 책을 펼치면 툭 튀어나오는 인물, 아니면 영화 카메라가 군중을 지나 초점을 맞추는 하나의 얼굴 같은 것이다. 한 사람의 삶은 시대 전체를 대변할 수 없지만, 그 시대를 설명하는 동시에 우리에게 더 많은 것을 알고 싶어 하게 하고, 심지어 알아야 한다고 강요한다.

예카테리나 대제(1729~1796)는 강한 열정만큼이나 강력한 결단력을 지닌 한 인간이자 여성으로서 매력적인 인물이었지만, 그녀를 정확하게 이해하려면 그녀가 살았던 시대에 관해 질문을 던져야 한다. 18세기 러시아는, 특히 작은 독일 궁정에서 온 젊은 여성(예카테리나는 프로이센의 안할트체르프스트 공작 크리스티안 아우구스트의 딸로 신분적 배경이 미약했지만, 죽은 외삼촌이 러시아 황실과 인연이 있어 황태자비가 되었다―옮긴이)에게 어떤 모습이었는가? 그녀는 어떤 가치관을 품고 왔으며, 새로운 생활에서 어떤 가치관을 습득했는가? 그녀는 러시아 황실이라는 믿을 수 없고 위험한 세계에서 살아남고 성공했으며, 적절한 과정을 거쳐 러시아 황실과 러시아와 유럽에 자신의 족적을 남겼다. 오늘날 러시아의 크기와 모습은 상당 부분 그녀의 정복 덕분이며, 서방 이웃들과의 복잡한 관계 또한 적어도 부분적으로는 마찬가지다.

오토 폰 비스마르크(1815~1898)는 지나치게 개성이 강해서 자신이 몸담게 되는 모든 사회에 파장을 미쳤지만, 다행히도(유럽의 대부분에는 그렇지 않았지만) 운명은 그에게 활동할 수 있는 큰 무대를 제공해주었다. 비스마르크의 일생을 따라가보면, 독일이 자주적인 국가로서 대두한 사실과 그것이 그 자신의 시대와 후세에 어떤 의미를 지녔는지 알 수 있다.

이 책의 첫 토픽인 '리더십'은 현재 유행하는 주제다. 인터넷을 검색해보면 말 그대로 수백만에 이르는 리더십 학교를 찾을 수 있다. 갖가지 비즈니스 스쿨에서 오프라 윈프리까지 이 모두는 사람들에게 어떻게 하면 성공적인 지도자가 될 수 있는지를 가르치는 사업에 뛰어들고 있으며, 때로는 몇 시간이나 며칠 안에 그렇게 될 수 있다고 장담하기도 한다. 이제 배울 사람이 더 남아 있는지 의문이 들 정도다. 미국의 역사가 게리 윌스(1934~)가 지적했듯이, 모든 사람이 지도자가 되고 싶어 하는 것도 아니고 될 수도 없다. 성공적인 리더십은 부분적으로 다른 사람들을 자극하고 고무하는 능력 같은 타고

난 자질에서 나온다. 그러나 우리 모두는 자신이 원래 가진 가능성과는 딴판으로 살아가는 대단한 능력을 가진 사람들을 알고 있다.

여러 해 동안 많은 미국의 민주당원들은 애들레이 스티븐슨(1900 ~1965)이 제2의 프랭클린 델러노 루스벨트가 될 것이라고 기대했다. 그는 루스벨트와 비슷한 사회적 연줄과 세련미, 매력, 그리고 개혁 의지를 지녔다. 그러나 그는 당선되기 위해 열심히 노력하려는 자세는 보이지 않았다. 그는 자기 쪽에서 아무런 노력을 하지 않아도 유권자들이 자신의 재능을 알아줄 거라고 생각했다. 단호한 입장을 취할 생각도 없었다. 유엔 주재 미국 대사 시절 그는 피그스 만 침공으로 피델 카스트로 정권을 전복시키려던 실패한 시도(1961년 4월 쿠바 정부를 전복하기 위해 미국이 훈련시킨 1,400명의 쿠바 망명자가 미군의 도움을 받아 쿠바 남부를 공격하다 실패한 사건—옮긴이)에 개입하지 않았다는 미국 정부의 부인만 되뇌었다. 자신도 속았다는 사실을 깨닫자 그는 존 F. 케네디 대통령에게 화가 났지만, 자신은 케네디에게 공개적으로 도전하거나 물러날 생각이 없다고 한 친구에게 털어놓았다. 그는 이렇게 말했다.

"그건 내 배에 불을 지르는 일이 될 거야."

어쨌든 그는 유엔과 외교가의 모임을 너무도 즐겼다. 그는 많지 않은 나이에 죽었는데, 부음 기사들은 이제 채울 수 없게 되어버린, 그에게 걸었던 갖가지 기대들에 대해 언급했다.

성공적인 지도자는 일단 야망을 가져야 한다. 무자비한 야망이라도 가져야 한다. 나중에 영국 총리가 된 데이비드 로이드 조지(1863~1945)는 북부 웨일스 오지의 가난한 젊은이였던 시절에 아내로 맞고 싶었던 여자에게 이런 편지를 썼다.

나의 최고 목표는 성공하는 것이오. 이 목표를 위해서라면 나는 무엇이라도 희생할 것이오. 내가 생각건대 정직만이 예외요. 나는 내 앞길을 방해한다면 심지어 사랑까지도 내 신상神像의 발밑에 밀어 넣을 생각이오.

오늘날 이런 솔직함은 충격으로 느껴질 것이다. 은행업이나 실리콘밸리나 스포츠에서 성공하기를 바라는 것은 아주 올바른 일이고 정말로 칭찬할 만하지만, 정치가들의 야망은 어쩐지 비난받을 일로 비쳐지고 있다. 큰 성공을 거둔 「카드로 만든 집House of Cards」(영국 보수당 정치인이자 작가인 마이클 돕스가 1989년 발표한 같은 이름의 정치소설을 바탕으로 영국과 미국에서 잇달아 만들어진 텔레비전 드라마―옮긴이)은 정치인들이 권력을 잡기 위해 거짓말하고 속이고 어떤 제약도 안 받고 멋대로 행동하는 런던(미국판에서는 워싱턴)이라는 도시를 보여준다.

그러나 우리는 다른 시대, 다른 장소에서는 정치적 야망이 존경받았음을 기억해야 한다. 톰 홀랜드(1968~)가 흥미진진한 저서 『루비콘Rubicon』에서 지적했듯이, 공화정 시대(왕정이 타도된 서기전 509년부터 제정이 시작된 서기전 27년 사이―옮긴이)의 로마에서는 시민인 젊은 남성들에게 공직에 들어가 공화국을 위해 열심히 봉사할 것을 기대했다. 그들의 동료 시민들은 그들이 얼마나 잘해냈는지 평가할 터였다. 한 논자는 이렇게 말했다.

로마인들은 다른 어느 나라 사람들보다 더 영예를 추구했고, 칭찬에 욕심을 냈다.

라틴어 호네스타스honestas는 명성과 도덕적인 탁월성을 함께 의미한다. 순전히 자기 자신만의 이득을 위한 야망은 역시 수치와 비난의 원천이었다.

야망 자체만으로는 성공적인 지도자가 되기에 결코 충분치 않다. 성공한 지도자들에게는 끈질김과 회복력이 있었다. 윈스턴 처칠은 오랜 정치 인생에서 줄줄이 좌절을 겪었다. 1915년에 그는 연합군의 갤리볼루 반도 상륙전(제1차 세계대전 때 영국·프랑스 연합군이 다르다넬스 해협에 있는 오스만 제국의 갤리볼루 반도에 상륙했지만 독일·오스만군의 반격으로 패퇴했다─옮긴이) 실패 이후 해군부 장관에서 물러나야 했다. 그는 1917년 정부로 돌아왔지만, 나중에 보수당으로 돌아가기 위해 자유당을 떠난다는 결정을 내리면서 양쪽 모두에게서 불신을 받게 되었다. 그는 1930년대에는 비교적 조용하게 지냈다. 고위직에 올라가려는 희망을 버리지 않았지만, 그의 정치 인생은 끝난 듯했다. 만약 제2차 세계대전이 터지지 않았다면 그는 아마 틀림없이 뒤쪽 자리(각료나 당 간부가 아닌 평의원의 자리다─옮긴이)에 머물렀을 것이고, 오늘날에는 그 시대를 연구하는 소수 전문가들에게만 기억되었을 것이다.

후미진 곳에 처박혀 잊히느냐 큰 무대에서 성공을 거두느냐 하는 커다란 차이를 만드는 것은 무엇보다 타이밍과 행운이리라. 나폴레옹 보나파르트는 코르시카 섬의 보통 수준의 집안 출신이었다. 그래도 장교를 양성하는 육군사관학교에 그를 집어넣을 만큼의 연줄은 충분히 끌어델 수 있는 집안이었다(어쨌든 귀족의 후예라고 충분히 주장할 수 있었다). 그러나 과거의 지배 구조를 부숴버린 프랑스혁명이 일어나지 않았다면 재력이나 연줄이 없는 지방 소년은 장군이 된다는 희망은 거의 가질 수 없었을 테고, 언감생심 프랑스의 지배자가 된다는 생각은 더더욱 못했을 것이다. 혁명은 나폴레옹이 권좌에 오르는 것을 가능하게 했다. 그의 최측근이자 뛰어난 기병대 사령관이었던 여관집 아들 조아킴 뮈라는 1789년 이전이었다면 장교 양성소에 입학조차 할 수 없었을 것이다. 혁명과 자신의 재능 덕분에 뮈라는 프랑스의 원수이자 나폴리와 시칠리아의 왕이 되었다.

나폴레옹은 독재자였고, 뛰어난 독일 사회학자 막스 베버가 '카리스마적 리더십'이라고 말한 것을 발휘했다. 그가 지도자가 된 것은 자신이 차지한 자리 덕분이 아니라 됨됨이 덕분이다. 그의 매력, 비상한 기억력만큼이나 탁월한 업무 능력, 전투에서 적에 대해 판단하고 아군 전선이 흔들리는 순간을 포착하는 그의 무시무시한 능력. 이 모든 것이 합쳐져 부하들이 죽기를 각오하고 싸우도록 고무할 수 있는 한 인간을 만들어냈다. 그의 강적이었던, 과장할 줄 모르는 인물 아서 웰즐리(웰링턴 공작, 1769~1852)는 그가 전쟁터에 나타나면 4만 명의 병력과 맞먹는다고 말했다.

이제부터 주로 이야기하려는 오토 폰 비스마르크와 윌리엄 라이언 매켄지 킹, 프랭클린 델러노 루스벨트 등 세 사람은 여러 측면에서 나폴레옹과 달랐다. 특히 그들이 살았던 시대와 환경이 달랐다. 그러나 그들도 나폴레옹처럼 장기적 목표와 단기적 전술 사이를 쉽게 오갈 수 있었다. 자기들이 살던 시대 분위기와 조류를 인식할 능력도 있었다. 그리고 필요하면 실패에서 교훈을 얻어 전술(생각 자체는 아닐지라도)을 바꿀 수 있었다. 이에 못지않게 중요한 점은, 역사의 흐름은 그들에게 기회를 주었고 그들은 그것을 붙잡았다는 사실이다.

오토 폰 비스마르크 • 현대 독일의 아버지

우리는 독일이 국가로서 얼마나 젊은지 잊곤 한다(실제로 캐나다보다도 네 살이나 젊다). 그리고 독일이 격변과 고통의 역사를 지니고 있는데도 존재할 수밖에 없음을 당연시한다.

내셔널리즘은 19세기 유럽에서 강력하고 어쩌면 억누를 수 없는 힘이었다. 그중에서도 가장 강하게 분출된 것이 독일 내셔널리즘이었다. 시인, 교사, 정치가들은 공통의 언어와 가치관으로 통합된 하나의 독일 민족 상像을 만들고자 때로는 계획적으로 노력했다. 그림형제(『그림 동화집』을 편집한 야코프(1785~1863)와 빌헬름(1786~1859) 형제—옮긴이)가 독일 동화들을 수집한 것은 아동 세대를 재미있게 하거나 두렵게 하려는 게 아니라, 독특한 독일 문화를 보여주기 위해서였다.

역사가들은 오랜 기간 이어온 이 확실한 민족에 대해 썼는데, 역사가들의 그런 작업이 정치적으로 무슨 의미였는지는 19세기 중반에도 누구나 알 수 있었다. 1848년 혁명들(1848년 프랑스의 2월 혁명을 시작으로 유럽 각국에서 연쇄적으로 일어난 혁명—옮긴이)에서 독일 내셔널리스트들은 39개 독일어 사용 국가들과 그 영토(오스트리아 제국의 독일어권 포함)를 규합한 독일연방이 좀 더 자유주의적인 새 헌정 질서를 얻어, 프로이센 왕이나 오스트리아 황제의 통치 아래 더욱 강해지기를 염원했다. 반면 다른 사람들은 현상 유지를 원했다. 하나의 독일 국가가 등장하는 것은 결코 불가피했던 일은 아니었다. 어쨌든 전 세계의 영어 사용자들은 자신들이 하나의 정치 단위에 속한다고 생각하지 않았고, 지금도 그렇게 생각하지 않는다. 독일 내

오토 폰 비스마르크.

셔널리즘은 다른 방향으로 나아갈 수 있었다. 아마도 독립된 독일 영토 일부를 통합하고 그 뒤에 바이에른, 프로이센, 작센과 오스트리아 제국 내의 독일계 영토(그 가운데 상당수는 나중에 오스트리아의 작은 주가 되었다) 등 몇 개의 자치적인 독일계 국가들을 남길 수도 있었다.

오토 폰 비스마르크가 없었다면 19세기와 20세기에 우리가 목격한 독일은 존재하지 않았을 가능성이 높다. 현대 독일사를 전공한 유명한 역사학자 고든 크레이그(1913~2005)는 독일사를 서슴없이 비스마르크에서부터 시작한다. 크레이그는 이렇게 말한다.

그가 프로이센 정치의 정상에 오르지 않았더라도 독일 통일은 어쨌든 이루어졌을 것이다. 그러나 틀림없이 실제 통일과 같은 시기나 똑같은 방식으로는 아니었을 것이다.

오스트리아 제국은 고유의 역사가 있었고, 독일계 국가들 가운데서 늘 지배적인 세력이었다. 통치자들인 합스부르크 왕가는 수백 년 동안 신성로마제국 황제 칭호를 사실상 독점했고, 이에 따라 적어도 명목상으로는 독일계 나라 전체와 유럽의 상당 부분을 지배했다. 그들은 많은 독일계 국가와 강한 역사적·혈연적 연계를 가지고 있었다. 특히 통치 가문들이 합스부르크 왕가처럼 가톨릭교도였던 남쪽 지역에서는 더욱 그러했다. 그리고 많은 독일계 국가는 프로이센을 불신하고 두려워했다. 대표적인 나라가 바이에른이었다.

막상 통일이 오스트리아 제국이 아니라 프로이센의 주도로 이루어진 것은 프로이센의 총리가 된 사람과 깊은 관련이 있다. 절망에 빠진 프로이센의 빌헬름 1세(1797~1888)는 비스마르크가 국내의 헌정 위기를 해결해주리라는 희망을 갖고 1862년에 그를 총리로 발탁했다. 왕은 합스부르크 황제 프란츠 요제프 1세(1830~1916)에게 도전하거나, 독일연방에서 오스트리아를 배제하거나, 나머지 독일계 국가들을 자신이 통치하는 하나의 강력한 국가로 통합할 의도가 전혀 없었다.

하지만 비스마르크는 생각이 달랐다. 그의 목표는 프로이센의 지도와 프로이센의 통치 아래 통합된 독일이었다. 그것은 다른 독일계 국가들을 뒤따르게 하고 오스트리아가 독일연방 안에서 움직일 수 있는 자격을 박탈함을 의미했다. 이를 달성하기 위해 그는 외교에서부터, 그가 언젠가 연설에서 말해 유명해진 '철혈鐵血'(전쟁에서 쓰는 무기와 전쟁 때 흘리는 피를 가리킨 말로, 비스마르크가 군비 확장 정책을 펴면서 이 말을 사용해 '철혈 재상'이라는 이름을 얻었다—옮긴이)까지 여러 가지 수단을 준비했다. 그는 전쟁광은 아니었다. 다만 자신의 목표를 이루는 데 그것이 가장 효과적인 선택지라고 생각될 경우에 이를 사용하고자 했다. 그는 또한 언제가 잡아야 할 순간인지를 알았다. 100여 년 뒤에 헬무트 콜(1930~)이 했던 것과 똑같은 일이었다. 콜은 냉전 끝물의 짧은 기회를 발견해냄으로써 두 독일의 재통합을 이룰 수 있었다. 비스마르크는 빌헬름 1세가 자신을 발탁한 순간부터 빌헬름 1세의 손자(독일의 빌헬름 2세가 되었다)가 그를 해임한

1890년까지 프로이센과 이어서 독일 정치를 주무르고 유럽의 국제 관계를 좌지우지했다.

당시의 어떤 독일 지도자도 정치가로서 그만큼 탁월한 사람이 없었으며, 그만큼 무자비하고 냉소적인 사람도 없었다. 그는 신민들에게는 엄격했고 적들에게는 잔인했다. 시간이 지날수록 적들이 많아졌다. 그는 주저 없이 거짓말을 했고, 잘못한 사람이 있으면 예외 없이 야단을 쳤다. 그는 무섭게 화를 냈고, 기독교도이기는 했지만 용서나 충성을 믿지 않았다. 그에게 거스르거나 그저 더 이상 이용 가치가 없어지기만 해도 망설임 없이 상대를 버렸다. 그를 잘 알았던 한 영국 외교관은 이렇게 말했다.

"그의 마음속에 있는 마성魔性은 내가 아는 그 누구의 것보다 더 강합니다."

그렇지만 자신이 원한다면 그는 매력적이고 재미있는 사람이 될 수도 있었다. 비스마르크는 순전히 자기 개성의 힘으로 많은 것을 이루었다. 그것은 그의 에너지와 업무 능력과 그의 욕심 등 그 자신에 관한 거의 모든 것과 마찬가지로 엄청났다. (한번은 비스마르크의 집에 갔던 두 사람이 그의 요강이 보통 것보다 너무 큰 것을 보고 그 앞에 입을 떡 벌리고 선 적도 있었다.)

비스마르크는 그런 특이한 개성과는 어울리지 않는 집안 출신이었다. 프로이센의 융커Junker(프로이센의 지배계급을 형성한 독일 동부의 보수적인 토지 귀족—옮긴이) 계급은 완고하고 독실하며 인습적인 시골 신사를 배출하는 것으로 유명했다. 이들은 자기네의 혈통과 가족 관계, 그리고 프로이센 왕국에 대한 봉사에 자부심을 갖고 있었다. 거의가 보수적이었던 융커들은 근대 세계나 자유주의자 · 자본가 ·

유대인 등 자기들과 같지 않은 모든 사람을 깊이 의심했다. 또한 대담하고 별난 사람들을 불신했다. 이 계급은 겸손·독실·근면·자제 같은 덕목들을 숭상했다. 나아가 살신성인까지도.

비스마르크는 일생 동안 심각한 건강 염려증 환자였고, 만성적으로 자기 연민이 발현하곤 했다. 융커 가문 출신의 젊은이들은 때때로 군대에 들어가고, 필요할 때는 아무런 불만 없이 프로이센을 위해 목숨을 바쳤다. 비스마르크는 의무 군 복무를 피하기 위해 발버둥 쳤다. 나중에 그는 자신이 한 짓을 더욱 도드라지게 만드는 뻔뻔스러움과 자가발전을 통해, 자신이 헌신적인 군인이었으며 장교 제복을 입어 기뻤다고 주장했다. 그것은 프로이센의 고위 장성들을 더욱 짜증나게 했을 뿐이었다.

어린 시절에는 그의 나중 모습을 시사하는 조짐이 별로 보이지 않는다. 그는 아이 적에는 특별히 행복했던 것 같지 않다. 그의 부모는 서로 잘 맞지 않았다. 아버지는 약하고 순해빠지고 무능해 아내에게 휘둘렸다. 어머니는 아름답고 똑똑하고 차가웠다. 아들은 어머니나 어머니와 비슷하다고 생각되는 여자는 누구든 미워하게 되었다. 자신이 섬기는 왕 빌헬름 1세의 아내 같은 사람들이었다. 비스마르크는 기숙학교에서 특별히 촉망을 받지는 못했고, 대학에서는 적잖은 시간을 술 마시고 도박하는 데 쓴 듯하다. 관료 생활의 첫 직책에서 그는 눈에 띄게 게을렀고, 상당한 빚을 졌다. 관직을 그만두고 집안 농장 하나를 경영하러 가서는 미친 듯이 말을 달리거나 손님 숙소 유리창에 권총을 쏴 그들을 깨우는 등 기행奇行으로 악명이 높았다. 그는 인근에서 '미친 융커'로 소문이 났다.

그는 아버지에게 보내는 편지에서 말했듯이 "목이라도 매고 싶을 정도로" 따분해했다. 그러나 그의 운수(이는 그의 이야기에서 중요한 역할을 한다)는 바뀌려 하고 있었다. 1847년, 비스마르크가 속한 선거구 출신의 프로이센 의회 의원 하나가 갑자기 병에 걸렸다. 동료 융커들은 의외로 비스마르크에 대한 의심을 접고 그를 보궐 의원으로 선출했다. 그는 열심히 정치 활동을 했다. 더욱 중요한 사실은 그가 정치에 뛰어난 재능을 보였다는 점이다. 그는 재빨리 주목할 만한 사람으로, 그리고 정치적 원칙을 아주 적게 지닌 사람으로서 스스로 명성을 쌓았다. 그는 언젠가 이런 말을 했다.

"원칙에 입각해 삶을 살아간다는 것은 좁은 숲 속 길을 걸어 내려가면서 입에 긴 막대기를 물고 가야 하는 것과 같다."

비스마르크에게 국내 정책에 관한 하나의 지도 이념이 있다면 그것은 프로이센 국가를, 그리고 나중에는 독일을 강한 나라로 유지하는 것이었고, 그에게 그것은 왕의 이름으로 중앙정부를 강하게 하는 것을 의미했다. (왕권 뒤에서 그 권력을 행사한 것이 언제나 비스마르크 자신이었다는 것은 문제가 아니었다.)

1862년에 총리로 취임하면서 그는 지지자들을 얻어내고 반대파를 분열시키는 데 능숙함을 보여주었다. 특수한 이해관계에 호소하고, 사탕을 물리거나 위협을 가하는 등의 방법에 의해서다. 그를 전혀 좋아하지 않았던 프로이센의 자유주의자들은 독일 통일 전쟁에서 잇달아 승리를 거두어 자신들이 주장하는 내셔널리즘이 고양되자, 그의 주위에 모여들었다. 성장하고 있던 노동계급과 사회주의 운동은 적어도 한동안은 숨을 죽였다. 새로운 제국 의회 의원 선거에서 남성의 보통선거권이 인정되고, 유럽에서 가장 선진적이고 포괄적인 사회보장 수급 계획이 제시되었기 때문이었다.

그러나 그는 결코 지속적인 연합체를 만들 수 없었다. 정말로 그는 자신의 가치관과 운용 방식에서 당시 떠오르고 있던 근대적인 새 독일과 보조가 맞지 않았다. 그는 대신에 프로이센에서 정말로 중요한 한 사람의 지지에 의존했다. 바로 왕인 빌헬름 1세였다.

오토 폰 비스마르크(오른쪽)와 빌헬름 1세(왼쪽).

빌헬름 1세는 평범하고 점잖은 인물로, 특별히 똑똑하거나 식견을 갖추지는 않았다. 다시 말해서 그의 대리인 비스마르크와는 정반대였다. 그는 비스마르크가 한 일과 해낸 방식의 상당 부분이 마음에 들지 않았다. 대결과 위기(때로는 일부러 만든 경우도 있었다), 오스트리아 제국에 이어서 프랑스에 대한 승리, 독일 여론의 많은 부분과 유럽의 저항 같은 것들이다. 그러나 빌헬름 1세는 자신과 자신의 왕조한테 정말로 비스마르크가 필요하다는 사실을 어느 정도는 알고 있었다. 언젠가 "비스마르크 밑에서 황제 노릇 해먹기 힘들다"고 가볍게 불평을 했지만 말이다. 그리고 프로이센과 독일 헌법 아래에서 군주가 외교·국방 정책의 최종 결정권을 가지고 있고 정부가 그에게 설명해야 하는 것이지 그 반대가 아니었으므로, 빌헬름 1세의 이름을 등에 업은 비스마르크는 대내외 문제에 엄청난 지배력을 행사할 수 있었다.

두 사람의 관계는 무서운 논쟁으로 얼룩졌다. 문이 쾅 닫히고, 울고, 고함치는 소리가 들렸다. 비스마르크는 심각한 두통과 발작적인 구토 증세를 일으키곤 했고, 자신이 죽어가고 있다고 주장했다. 그는 자주 그만두겠다고 위협했다. 결국 굽히고 들어가는 것은 언제나 빌헬름 1세였다. 비스마르크는 틀림없이 그만둘 생각이 없었다. 그는 한차례 소동이 끝난 뒤 이렇게 썼다.

폐하와 화합하고 폐하와 완전히 의견을 같이하는 일은 **저의 가장 큰 행복입니다**(비스마르크는 이 강조 부분에 두 번 밑줄을 그었다)!

왕이 매우 오래 산 것도 도움이 되었다. 그 덕분에 비스마르크는 26년 동안 지원을 받았다. 빌헬름 1세가 70대에 죽었다면 그의 후계자 프리드리히 3세(1831~1888)는 틀림없이 비스마르크를 해임하고 독일을 더 자유롭고 합헌적인 나라로 만들기 위해 최선을 다했을 것이다(빌헬름 1세가 70대일 때 유능한 황태자로 촉망받고 있던 아들 프리드리히 3세는 40대 중반 이전의 장년이었고, 사망 원인이었던 후두암에 걸리기 훨씬 전이었다—옮긴이). 빅토리아 영국 여왕의 장녀였던 프리드리히 3세의 드센 아내 빅토리아(애칭 비키)는 비스마르크를 혐오했다. 1888년 빌헬름 1세가 결국 만 91세를 며칠 앞두고 사망하자, 죽을 병에 걸려 있던 프리드리히 3세가 즉위했지만 99일 동안 재위하는 데 그쳤다. 변덕스럽고 복잡한 성격의 아들 빌헬름 2세는 비스마르크의 그늘에 가려 있는 것을 참지 못하고 1890년 그를 해임했다. 유명한 『펀치Punch』(1841년 영국에서 창간된 주간 풍자 만화 잡지—옮긴이) 만화 제목에 나온 대로 "조종사를 떨어뜨렸다."

비스마르크의 성공은 고국에서 지지를 받은 것으로도 부분적으로 설명될 수 있지만, 유럽이 커다란 변화를 겪고 있었던 것도 그에게는 행운이었다. 그는 체스판의 예순네 칸 가운데 열여섯 칸이 이미 막혀 있다면 체스를 둘 수 없을 것이라고 한 친구에게 말한 적이 있었다. 그가 독일 창설을 시작했을 때 체스판은 열려 있었다.

그의 나라 프로이센은 상승세에 있었다. 프로이센은 이미 강한 군대를 가졌고(오래된 농담이지만 프로이센이 군대를 갖게 된 것이 아니고 군대가 나라를 갖게 된 것이다), 1850년대 이후로 나라 경제는 급속히 성장하고 있었다. 그것이 비스마르크 자신의 표현대로 그에게 프로이센 군대를 확충하고 군비를 갖출 돈을 가져다주었고, 다른 독일계 국가들이 보조를 맞추게 할 수 있는 경제적 수단이 되어주었다.

프로이센의 강력한 경쟁자인 오스트리아 제국은 울타리 안에 있는 여러 민족 문제로 점점 골머리를 앓으며 쇠락해가고 있었다. 유럽의 갑작스럽고 심대한 변화를 막기 위해 개입할 수 있었던 러시아의 보수 정권은 1853~1856년의 크림전쟁 이후 스스로 움츠러들고 있었다. 러시아는 오랜 적국인 오스만 제국이 러시아를 공격하는 데 합세한 프랑스, 영국, 오스트리아 제국 등 다른 강대국들과 더 이상 협력할 수 없었다. 1848년 이후 콧대 높은 나폴레옹 3세가 통치하고 있던 프랑스는 프로이센의 도전을 제때 감지하지 못했다. 프랑스는 오스트리아의 보수파 군주가 패배한 것을 반겼지만, 프로이센과 독일연방의 동맹국들이 프랑스 변경에서 강력한 세력으로 변모하고 있음을 알아차리지 못했다. 영국은 굳이 말하자면 통일된 독일의 등장에 동정적이었지만, 이 나라 역사에서 자주 볼 수 있듯이, 유럽 대륙에서 일어나는 일보다는 해외에서 얻을 수 있는 이득에 더 관심이 있었다.

독일의 내셔널리즘과 프로이센의 힘, 그리고 유럽에서의 국가 간 상황 변화가 없었다면 비스마르크는 근대 독일을 만들고 유럽의 주재자가 되지 못했을 것이다. 그는 자신의 의심할 바 없는 재능을 이용할 수 있는 시기와 환경에 태어나는 대단한 행운(나머지 유럽에게는 그렇지 않았지만)을 누렸다. 만약 그가 지주 가문에서 좀 더 일찍 태어났다면 그는 다른 사람들처럼 왕국 군대의 평범한 장교나 관료가 되었을 것이다. 겨우 열아홉 살 때 쓴 편지에서 그는 평생 시골 농장에 처박혀 농민과 개와 하인들이나 위협하고 마누라한테 시달리는 오토 폰 비스마르크라는 인물을 그린 적이 있다. 이렇게 또 다른 비스마르크는 사냥을 하고 술을 진탕 마시고 농장을 경영하며 나날을 보냈다.

나는 왕의 생일날 술에 취해 왕에게 환호성을 지를 거야. 다른 때는 꼬박꼬박 불평을 하고 한마디 할 때마다 이렇게 말할 거야.
"저 멋진 놈을 박살내!"

1864년 비스마르크는 오스트리아와 협력해 덴마크를 상대로 전쟁을 일으켰다. 슐레스비히 공국과 홀슈타인 공국을 얻기 위한 것이었다(이것이 제2차 슐레스비히 전쟁으로, 전쟁 결과 덴마크가 패해 슐레스비히는 프로이센에, 홀슈타인은 오스트리아에게 넘어갔다―옮긴이). 이듬해가 되자 그는 이전의 동맹국을 기습 공격할 시기가 되었는지 저울질했다. 그는 대신 오스트리아와의 잇단 싸움을 촉발하기 위해 공국들의 양도 문제를 이용했다. 1866년 여름까지 비스마르크는 준비를 마쳤다. 러시아와 프랑스는 중립을 지키는 데 동의했으며, 덴마크를 상대로 잘 싸우지 못했던 프로이센군은 재편성되고 보병은 유럽에서 가장 성능 좋은 신형 소총으로 무장했다. 그러나 빌헬름 1세는 험악한 상황을 연출하며 프란츠 요제프를 상대로 전쟁을 벌이기를 거부했다. 그는 요제프를 상급 군주로 생각하고 있었다. 빌헬름 1세는 결국 비스마르크를 방에서 내보내고 그 문제에 대해 더 이상 말하지 못하게 했다. 비스마르크는 가까운 친구에게 달려가 불평했다.

그는 정신적으로나 육체적으로 망가졌고, 그의 필생의 사업인 독일 제국 건설은 그날로 허물어졌다. 그는 곧바로 집으로 돌아가 사직서를 보낼 것이라고 〔말했다〕.

친구는 비스마르크를 진정시키고 왕에게 그를 다시 만나달라고 사정했다. 빌헬름 1세는 바로 승복했고, 의기양양해진 비스마르크는 다시 나와 브랜디 반병을 들이켜고 이렇게 말했다.

"진심으로 감사합니다. 이제 전쟁입니다."

7월 3일, 프로이센군은 쾨니히그래츠(현재의 체코 공화국 흐라데츠크 랄로베)에서 오스트리아에게 결정적인 패배를 안겼다. 이어진 평화조약에서 오스트리아는 독일연방을 해체하는 데 동의했다. 그 대신 들어선 것이 프로이센 통제하의 새 북독일연방이었다. 그리고 프로이센은 오스트리아를 지지했던 하노버 같은 나라들의 영토를 병합해 덩치를 키웠다. 바이에른 등 남부의 나머지 독일계 국가들은 프로이센과 조약을 체결하지 않을 수 없었다. 그들은 독립국가로서 오래 유지하지 못했다.

1870년, 프로이센이 남부에서 지배권을 강화하는 데 프랑스가 유일한 장애물임을 깨달은 비스마르크는 다시 분쟁을 획책했다. 누가 에스파냐 왕위를 계승하느냐 하는, 그리 신통치 않은 논쟁거리를 통해서였다. 프랑스는 프로이센의 빌헬름 1세와 먼 친척 되는 후보자를 반대했다. 빌헬름 1세는 프랑스의 반대를 받아들였으며, 휴양지 바트엠스(독일 남서부 라인란트팔츠 주에 있는 온천 휴양 도시―옮긴이)에서 프랑스 대사와 면담을 갖고 지명이 철회되어야 한다는 데 동의했다. 그러자 대사는 미련하게도, 왕이 다시는 그런 후보자를 지지하지 않을 것이라는 확답을 받아내려 했다. 언제나처럼 정중했던 빌헬름 1세는 이를 거절하고 나서 비스마르크에게 전보를 쳐, 있었던 일에 대해 모호하게 설명했다.

"참으로 운이 좋았지."

비스마르크는 나중에 이렇게 회상했다. 그는 왕이 프랑스 대사를 쫓아보낸 것처럼 보이도록 전보를 편집하고 이를 언론에 흘렸다. 프랑스에서 프로이센에 대한 감정은 이미 고조되고 있었다. '엠스 전문'으로 알려지게 되는 이 사건은 사실상 전쟁이 일어날 것이라는 확인서였다.

오스트리아 때와 마찬가지로 비스마르크는 국제적인 상황이 프로이센에 유리함을 확신했다. 다른 어느 강대국도 프랑스 편에 서서 개입할 것 같지 않았다. 그리고 이번에는 프로이센이 프랑스보다 훨씬 강한 군대를 갖고 있었다. 더 나은 보병 무기와 더 정연한 지휘 체계도 갖췄다. 9월 2일, 프랑스군은 잇단 패배 끝에 벨기에 국경과 가까운 세당이라는 작은 마을 부근에서 항복했다. 산꼭대기에서 전투를 지켜보고 있던 남부 독일 국가들의 대표들은 자기네 나라의 독립이 끝장났음도 함께 보고 있었다.

베르사유 궁전에서 독일제국 선포식을 하는 장면. 가운데에 하얀 제복을 입은 이가 비스마르크.

1871년 1월 18일, 베르사유 궁전에 있는 루이 14세의 '거울의 방'에서 새로운 '독일제국'이 선포되었다. 빌헬름 1세는 이제 독일제국의 황제였고, 그 옆에는 비스마르크가 서 있었다. '제2제국'(신성로마제국을 제1제국, 나치스 독일을 제3제국으로 부르는 맥락에서, 이때 성립한 독일제국을 제2제국으로 부른다—옮긴이)은 그 누구보다도 비스마르크의 창조물이었다. 독일 안에서 그는 권력을 황제의 손아귀에 집중시켜 결국 자신의 것으로 만들었고, 정당들을 서로 싸우게 하는 데 성공해 이득을 보았다. 국제사회에서 그는 프랑스를 고립시키고 다른 강국들을 독일에 우호적이거나 적어도 중립적으로 만들었으며, 이후 20년 동안 자기 나라를 발전시켜 유럽을 지배하는 군사·경제 강국이 되도록 이끌었다. 비스마르크 덕분에 유럽은 1871년 이후 줄곧 이런저런 형태로 '독일 문제'를 겪어야 했다.

윌리엄 라이언 매켄지 킹 · 캐나다의 분열을 막다

세계는 '캐나다 문제'는 겪지 않았다. 정말이지 세계는 거의 언제나 이 나라에 관심을 쏟지 않았다. 그러나 캐나다의 역사에서 윌리엄 라이언 매켄지 킹은, 독일 역사에서 비스마르크가 중요했던 것만큼이나 중요했다. 비스마르크가 나라를 건설했다면, 킹은 나라를 유지했다. 격동의 1920년대 일부와 대공황 직후, 제2차 세계대전, 그리고 평화 시대 초입 몇 년에 이르기까지다. 그는 우파와 좌파의 도전을 견디며 중심을 잡았고, 영어 사용자와 프랑스어 사용자 사이, 그리고 각 주들 간의 상호 불신과 분열로 인해 나라가 찢어지는 것을 결정적으로 막아냈다. 그는 22년간 총리로 재직하면서(그는 현재까지 캐나다에서 가장 오래 봉직한 총리다) 포괄적인 사회보장 체계의 초석을 놓았다. 그는 자신의 자유당이 대단한 정치력을 지니도록 키워낸 완벽한 정치인이었다.

여론조사가 활성화되기 이전 시대에 그는 나라 안의 분위기를 감지하고 그것이 특정 방향으로 얼마나 멀리 갈 지를 알아내는 재주가 있었다. 그는 더욱 공정한 사회를 건설하려는 이상주의자였지만, 자신이 이길 수 없는 싸움은 피하려는 실용주의자이기도 했다. 그는 부지런히 일하며 세세한 문제에 관심을 쏟을 수 있는 엄청난 능력을 가지고 있었다. 그가 남긴 서류 더미에는 온 나라 사람들에게 보낸 편지가 가득했다. 그 가운데 일부는 중요한 인물들이었지만 나머지는 그렇지 않은 사람들이었다. 그는 애경사와 생일 인사장 보내는 일도 매우 세심히 했다. 혼자 있기 좋아하는 사람이었지만 상당히 넓은 범위의 사람들과도 잘 지냈다. 그는 자신이 보증을 서서 정치적 반대파들을 곧잘 자기 정부에 끌어들이거나 적어도 그들을 설득하려 노력했다.

월리엄 라이언 매켄지 킹.

그러나 킹은 다른 정치 지도자들이 그러하듯이 우리를 매혹시키거나 휘어잡지 못한다. 굳이 말하자면 그는 우리를 질리게 하며, 이는 특히 캐나다인들에게는 진실이다. 우리는 그가 대단히 모호하고 혼란스럽게 만드는 사람이라고 기억한다. 문제들은 장황함과 애매함 속에 파묻혀 제대로 해결되지 못한다.

"의회에서 결정할 겁니다."

이것이 킹이 좋아하는 상투어지만, 그는 언제나 논쟁적인 문제에 관한 토론이나 논의를 피해가곤 했다. 제2차 세계대전 때 징병제 문제(영국계 캐나다인들은 상당수가 의무 군복무를 요구했지만 프랑스계 캐나다인들은 대부분 반대했다)가 양쪽 사람들을 갈라서게 할 듯한 위기에 직면했고, 돌이킬 수 없을 듯했다. 1942년 정치적 논란이 최고조에 이르렀을 때 킹은 유명한(또는 악명 높은) 해법을 내놓았다.

"징병제를 꼭 할 필요는 없지만, 필요하다면 하자."

지식인이자 헌법학자이며 급진주의자인 시인 F. R. 스콧(1899~1985)은 1954년에 발표한 시에서, 당시나 지금이나 많은 캐나다인들이 킹에 대해 느끼고 있는 바를 요약해 이렇게 말했다.

그는 우리를 무디게 만들었네.

우리는 아무 형체도 없다네
그가 절대로 편들지 않기 때문에.
그리고 아무 편도 없지
그가 절대로 형체를 띠게 버려두지 않기 때문에.

그는 틀린 것을 요령 있게 피하네
무엇이 옳다고 말하지 않은 채.
절대로 자기를 한편에 두지 않으면서
다른 편의 자기가 무엇을 하는지 안다네.

시는 나중에 가장 유명해진 구절로 마무리된다.

우리 신전을 지으세
평범함을 숭배하기 위해.
절반으로는 아무것도 하지 마세
반의반으로 할 수 있으리니.

아마도 캐나다인들은 당시 자신들의 모습을 킹이 너무 잘 드러냈음을 걱정하고 있는지도 모른다. 그리고 자신들이 아직도 그러함을 남몰래 두려워하고 있는지도 모른다. 청교도적이며 성적으로 억압되어 있고, 신중하고 심지어 소심하며, 남들이 말하는 것에 관심을 가지지만 섣불리 판단하고, 열심히 일하면서 인색한 경향이 있고, 캐나다인임을 자랑스러워하지만 바깥 세계의 중요한 나라와 사람들이 주목해주면 기뻐하며, 무엇보다도 공개적인 대립을 싫어하는.

그는 정말로 캐나다인인가? 심령론과 예언과 상담을 좋아하는 퉁명스럽고 까탈스러운 독신주의자. 캐나다인은 미신을 믿는가? 예컨대 중요한 결정은 시곗바늘이 일직선이 되었을 때 더 잘 내려진다는 그의 믿음 같은. 캐나다인은 죽어가는 애완견 곁에서 기도하며 찬송가를 부르고, 그들에게(또는 우리 어머니들에게) 무당이나 점괘판을 통해 이야기할 수 있는가? 캐나다인은 성공이나 실패를 겪은 날을 마무리하면서 생각을 기록하는가? 캐나다인은 모든 모욕과 칭찬의 말을 꼼꼼하게 기록하는가?

킹은 그렇게 했다. 우리는 그것을 안다. 그가 1890년대 초부터 1950년 그가 죽을 때까지 매일 일기를 썼기 때문이다. 이는 어떤 현대 정치 지도자들도 따라올 수 없는 역사적인 기록이다. 그는 자신이 죽은 뒤 일기를 불태우라고 지시했지만, 유언 집행자들은 망설인 끝에 그것을 보존했다. 그래서 우리는 지금 그에게 불리한 많은 사실을 알고 있다.

남아 있는 그의 모습은 또 다른 캐나다 시인 데니스 리(1939~)가 아이들을 위한 시집에서 묘사했다.

윌리엄 라이언 매켄지 킹
그 속에 앉아 현악기를 뜯네.
모든 것 사랑하듯이 어머니를 사랑했지
윌리엄 라이언 매켄지 킹.

킹은 기꺼이 스스로 용감한 과격파라고 생각했다. 캐나다 역사에서 몇 안 되는 반란자 가운데 한 사람의 정통 후계자라고. 1830년 대에 같은 이름의 윌리엄 라이언 매켄지(1795~1861)가 어퍼캐나다 Upper Canada(1791~1842년까지 캐나다 온타리오 남부에 존재했던 영국 식민지로, Upper는 위도가 아닌 세인트로렌스 강 상류라는 뜻이며 현재 캐나다의 남동부인 오대호 연안 지역이다—옮긴이) 정부를 무력으로 전복시키려다가 실패했다. 이곳은 가족 협정Family Compact으로 알려진, 친밀하게 결합된 특권 가문들 집단이 틀어쥐고 있었다. 반란은 처음부터 가망이 없었고, 매켄지는 미국으로 달아나 거기서 가족들과 함께 겨우 입에 풀칠을 하고 살았다. 얼마 뒤 캐나다 당국이 반란자들 사면을 허락하자 매켄지는 캐나다에 돌아와 선출직 의회 의원이 되었다. 그의 딸인 킹의 어머니는 한 변호사와 결혼해 온타리오의 한 작은 마을 지도층의 일원이 되었는데, 이 변호사는 직업군인의 아들로 그 아버지의 소속 연대가 반란 진압을 지원한 적이 있었다. 어머니는 여전히 자기 아버지를 영웅으로 생각했고, 아끼는 아들에게 그런 인상을 강하게 심어주었다. 킹은 항상 자신이 외할아버지의 과업을 수행하고 있다고 생각하기를 좋아했다. 예를 들어 약자를 위해 이야기하거나, 정직하고 효율적이며 공정한 정부를 주장하는 것 같은 일들이었다.

그는 불운한 반란자였던 외할아버지보다 훨씬 재능이 있었고, 훨씬 신중했다. 외손자는 자신의 에너지와 기회를 운명이 다한 십자군 운동에 낭비하지 않을 생각이었다. 만일 어떤 입장을 취한다면 그는 자신이 이긴다고 확신할 수 있는 일을 하기를 바랐다. 1922년 영국 총리 데이비드 로이드 조지가 대영제국을 터키와의 전쟁에 끌어들이려 하자, 킹은 캐나다가 언제 전쟁에 참여해야 하는지 독자적인 결정을 내려야 한다는 점을 분명히 했다. 이를 통해 그는 캐나다인 대다수의 여론과 보조를 맞추었다. 그들은 캐나다가 제1차 세계대전과 그 후의 평화회의에 참여한 결과 자주권이 확대되고 있음을 인식하고 자랑스러워하고 있었다. 그는 또한 상황을 요약하고 자신이 강한 반대에 맞닥뜨리지 않으면서 한 방향 또는 다른 방향으로 얼마나 멀리 갈 수 있는지 판단할 수 있는 비범한 능력을 지녔다. 그는 죽기 직전에 자신에 대해 이렇게 말했다.

내게 문제란 직감적으로 있거나 아니면 아예 없다. 나는 그것을 단박에 알거나, 아니면 그것은 내게 아무런 의미도 없다. … 나는 어떻게 그것을 방비해야 할지 계획을 세우는 데 많은 시간을 들일 수도 있지만, 처음부터 내가 무슨 일을 하기를 원하고 그것을 어떻게 해야 하는지 알고 있다.

킹은 대체로 독학을 한 외할아버지와 달리 몇몇 세계 유명 대학에 다녔다. 토론토 대학에서 학부를 다닌 후 신설 시카고 대학에 들어가 인습 타파를 주장하는 유명한 경제학자 소스타인 베블런(1857~1929) 밑에서 공부했다. 토론토에서부터 그는 이미 사회 문제(그를 비판하는 사람들이 자주 지적하듯이, 성매매 같은 것들이다)에 관심을 보였는데, 시카고에서는 막 태동하고 있던 사회복지관운동(19세기 말 미국에서 활발히 진행된 운동. 주로 빈민 구제 및 가난한 이민자들의 미국 사회 내 정착을 도왔다―옮긴이)에 관여했다. 이는 통제되지 않은 자본주의의 최악의 문제들 가운데 일부를 개선하기 위한 노력이었다. 시카고 대학을 졸업한 뒤 하버드 대학에 들어가 박사 학위 공부를 시작했고, 이를 마치기 전에 런던정경대학LSE으로 옮겼다. (그가 캐나다 정부를 위해 작성한 보고서를 근거로 1909년 하버드 대학이 그에게 박사 학위를 수여했다. 그는 캐나다 총리 중 이 학위를 받은 유일한 인물이다.) 그는 1900년에 캐나다로 돌아와 공무원 생활을 시작했고, 곧바로 노동부 차관이 되었다.

이후 8년 동안 그는 매우 실질적이고 능란한 분쟁 조정자로서 명성을 쌓았다. 그리고 그 기간 동안 노동계와 재계가 자꾸 충돌하면서 그는 자신의 기량을 연마할 수 있는 많은 기회를 얻었다. 캐나다 서부 해안 지역에서 아시아계 이민에 반대하는 폭동이 일어나자 젊은 킹이 파견되었다. 그리고 캐나다 정부가 런던의 제국 정부에 대해, 제국의 다른 지역 특히 인도에서 들어오는 이민이 캐나다에서 인종 갈등을 일으키고 있다는 사실을 경고할 필요가 있다고 결정했을 때도 역시 두말없이 그를 선택했다. 캐나다 정부가 아시아의 아편 수출에 더욱 관심을 가지게 되면서 킹에게 중국 상하이에서 열린 국제아편위원회에 참석하라는 통보를 했다. 그 출장길에 그는 인도와 일본에 들러 이민 문제에 관한 협상을 벌였다. 당연한 결과로 자유당 출신의 윌프리드 로리에(1841~1919) 총리는 그가 의회 의원에 입후보할 적임자라고 판단했다.

1908년 킹은 예상대로 당선되었고, 이듬해 캐나다의 노동부 장관으로 내각에 참여했다. 그는 이 자리에 있으면서 의회를 통해 노동쟁의와 기업합동combine(카르텔을 이렇게 불렀다) 조사에 관한 중요한 조치들을 취하는 책임을 맡게 되었다. 그의 이력은 1911년 자유당이 정권을 내놓으면서 잠시 주춤거렸지만, 1914년 미국에서 보수가 매우 많은 일자리를 얻었다. 록펠러 가문의 노사 관계 자문역이었다. 이후 그는 미국에서 또 다른 알짜배기 일자리들을 제안받았다. 하버드 대학 교수 자리와 앤드루 카네기 회사의 기부를 총괄하는 임원 자리였다. 모두가 돈 많고 권력 있는 사람들과 어울릴 수 있는 솔깃한 가능성과 기회를 제공하는 일들이었다.

그러나 결국 캐나다와 공직 생활이 더 강력한 요구임이 드러났다. 그는 1919년 일기에서 이렇게 썼다.

인류를 위한 봉사라면 어디든 갈 수 있지만, 나는 다른 어느 곳보다도 내 자신의 나라를 위해 봉사해야 한다. … 그곳에서 명예를 지키고 존경받으며 살고 죽는 것이 그 어떤 야망보다도 소중하다. … 나의 욕망과 나의 기질은 모두 정치에 맞는다.

도덕적인 삶을 살아야 하고 사회를 위해 최선을 다하려고 애써야 한다는 어머니의 가르침, 장로회파 기독교도로서의 강한 신념과 대단한 자부심은, 자신은 임무를 부여받았으며 좋은 일(그의 경우에는 정치가로서의 일이었다)을 함으로써 신을 섬길 수 있다는 그의 신념을 더욱 굳게 했다. 그는 일생 동안 더 열심히 노력하고 더 잘할 수 있도록 힘을 달라고 자주 기도를 올렸다.

1919년 그는 자유당 지도자로서 캐나다에 영구 귀국했다. 그는 자유무역이나 균형 예산 같은, 낡은 세대들이 소중히 여기는 일들에 대해 모호하게 언급함으로써 그들을 설득했고, 1917년에 징병제에 반대한 것을 기반으로 퀘벡 출신 대표 대부분의 표를 얻었다. 그는 그 표들의 중요성이나 프랑스계 사람들을 연방 내의 파트너로 잔

1930년 윌리엄 라이언 매켄지 킹 내각의 각료 회의.

류시킬 필요성을 한시도 잊은 적이 없었다. 그는 당시 퀘벡에서 가장 경쟁력 있고 유능한 정치인 중 한 사람인 에르네스트 라푸앙트 (1876~1941)를 부당수로 선택할 수 있는 분별력이 있었고, 그의 판단을 믿어주었다. 킹은 점차 원숙해지면서 다른 강력한 인물들을 자기 내각에 임명할 정도로 자신감에 넘쳤다. 많은 정치 지도자들이 자주 그러기를 두려워하던 일이었다.

1921년에 킹은 마흔일곱 살이라는 비교적 젊은 나이에 처음으로 총리가 되었다. 대부분의 사람은 그가 경험이 없고 소수당 정부를 이끌고 있었으므로 오래 견뎌내지 못할 거라고 생각했다. 그러나 실제로 그는 일해 나가면서 재빨리 배웠고, 반대자들을 압도하는 데 능숙함을 입증했다. 킹은 자신이 만들어내는 데 일조한 헌정 위기의 이점을 안고 1926년 권좌에 복귀했다. 자유당 다수 정부였다. 그러나 성공한 정치인들의 이력에는 흔히 행운이 따르게 마련이다. 그는 1930년 선거에서 낙선함으로써 승계자인 보수당이 대공황에 잘못 대처한 비난을 떠안게 만들었다. 1935년 "킹이냐, 카오스(혼돈)냐"라 는 슬로건을 내세워 그가 총리로 복귀했을 때 사태는 개선되기 시작 하고 있었다.

킹이 진지하게 결혼한다는 희망을 품어본 적이 있든 없든, 그는 이제 결혼을 포기하고 독신자로 사는 것에 익숙해지고 있었다. 그 는 충직한 일꾼들과 부하들을 감상적인 측면과 무자비한 측면을 뒤 섞어 부리고 있었다. 그는 그들의 생일을 기억해주기도 했지만, 오 랜 시간 일하도록 요구하기도 했다. 그는 때로 외롭다고 불평도 했 지만, 사교 활동을 많이 하는 것은 시간 낭비라고 투덜거리기도 했 다. 아니면 그런 식으로 말했다. 그의 일기는 조금 다른 모습을 보여 준다. 일기 안의 그는 친구들과 유쾌한 저녁을 보내기 좋아하는 사 람이다. 또한 춤을 잘 추기로 유명했다. 그는 자주 로리에 하우스(캐 나다 오타와에 있는 로리에 총리가 살던 집으로, 로리에와 그 부인이 잇달 아 사망하면서 킹에게 물려주었고 킹이 사망할 때 국민들에게 내놓아 캐 나다 국가 사적지가 되었다—옮긴이)에서 저녁 모임을 열어주었다. 그 곳에서는 자기 방식대로 접대할 수 있었다. 그는 또한 귀여운 개들과 놀거나, 종교 서적을 보고, 가까운 친구 몇과 함께 세상을 떠난 사람 들을 회상하면서 휴식을 취했다. 그는 예순 살 생일을 맞아 윌리엄 글래드스턴(1809~1898), 로리에, 아치볼드 프림로즈(로즈버리 백작, 1847~1929) 같은 사람들의 영혼이 자신을 찾아왔다고 기록하면서 즐거워했다.

그는 정치를 하느라 가난하다고 주장했지만, 이는 사실이 아니다.

봉급의 상당 부분을 저축했을 뿐만 아니라 팬들로부터 선물도 받았다. 그렇지만 그는 "부끄러운 줄도 모르는 구두쇠였다"고 한 공무원은 말했다.

어떤 비용이든, 아주 적은 금액조차도 자신의 지출 계정이나 심한 경우 개인적으로 지출하지 않으려고 온갖 수단을 다 쓰곤 했다.

그러나 그는 킹스미어에 있는 자기 시골집을 치장하는 데는 많은 시간과 돈을 들였다. 그는 18세기 지주처럼 교훈적인 이야기를 담고 있는 그림 같은 유적에 대한 취향이 있었다. 오타와에서는 로리에의 옛집에서 살았는데, 이 두 집에는 빅토리아 시대의 골동품들이 가득했고, 유럽에서 수집한 꼴사나운 그림과 조각품, 얕은 돋을새김bas relief 작품들도 있었다. 로리에 하우스의 응접실에 대해 한 언론인은 이렇게 말했다.

〔그곳에는〕 금박을 한 진홍색 플러시 천과 커다란 꽃병, 쓸모없는 장식품들을 두기 위한 유리 커버의 탁자들이 가득했다. 모두가 상류층의 중고품 가게를 채울 만한 값비싼 폐물들을 모아 놓은 것이었다.

많은 사람들은 그가 매력적이지 못하고 심지어 역겹다는 것을 알게 되었다. 그에 관해 어떤 불건전한 부분이 있었다고 한 자유당 지도자는 불평했다. 그것은 단지 그의 입에서 악취가 난다는 것만이 아니었다. 그의 매너는 지나치게 알랑거리는 편이었다. 1930년대에 오타와에 주재했던 한 영국 고등판무관은 이렇게 썼다.

내 아내는 그와 한번 이야기하고 난 뒤, 마치 고양이가 여기저기 핥은 것 같은 느낌이 들어서 돌아와 목욕을 해야 했다고 말했다.

그러나 그를 싫어한 사람들도 그에게 어떤 인상 깊은 부분이 있음은 인정했다. 확실히 공직에 있는 인물로서는 그랬다. 그의 연설은 대단한 웅변은 아니었지만 잘 만들어진 충실한 연설이었다. 그는 캐나다와 캐나다인들을 철저하게 파악했고, 두 강대국인 대영제국과 미국 사이에서 줄타기를 하고 있는 캐나다의 세계 내 위치를 잘 알고 있었다. 그는 런던과 워싱턴에서 모두 존중을 받았고, 광범위한 그의 지인들 중에는 양국 수도의 주요 정치 지도자들이 다수 있었다. 제2차 세계대전 기간 워싱턴을 방문했을 때 그는 백악관에 묵으면서 루스벨트와 단둘이 긴 대화를 나눴다. (전쟁이 끝나기 직전에 루스벨트 대통령이 죽자, 킹은 교령회交靈會에서 그의 영혼을 만나 위안을 받았다.)

킹의 여러 가지 약점 때문에 그가 얼마나 똑똑하고 날카로우며 노련한 정치 지도자였는지를 간과하는 경향이 있다. 그는 미국이나 영국에서 성공할 수도 있고 눈부신 경력도 쌓을 수 있었지만 캐나다에서 살며 일하는 것을 선택했다. 그는 공직 생활을 하는 동안 관찰자이자 등장인물로서 역사에 참여했다. 그는 제1차 세계대전 전에 런던에 가서 영국 외무부 장관 에드워드 그레이(1862~1933) 등 영국 정치 지도자들과 제국에 관한 이야기를 나누었다. 1930년대 베를린에서는 아돌프 히틀러를 비롯한 나치스들과 유럽의 정세에 대해 토론했다. 그리고 제2차 세계대전 기간에는 워싱턴에 가서 전략에 관해 논의했다. 그는 캐나다가 대영제국의 작은 구성원으로부터 자주적인 나라가 되어 국제 문제에서 중요한 역할을 하는 데까지 변신해

가는 과정에서 상당 기간 동안 나라를 이끌었다.

그는 1930년대에 독재자들이 대두하는 것을 실망스러운 눈빛으로 바라보았지만, 그들과 타협하기 위해 먼 길을 갈 용의가 있었다. 국민의 단결을 항상 최우선시한 그는 이탈리아의 에티오피아 침략이나 에스파냐 내전 같은 외국의 위기 상황에서 어느 한 편을 드는 것을 피하기 위해 최선을 다했다. 그는 이런 문제들에 대한 캐나다의 여론이 확연히 갈려 있음을 알고 있었다. 그는 1937년 나치스 고위층과 이어서 히틀러를 만났을 때, 희망적 사고로 인해 얼빠진 소리 몇 마디를 일기장에 적었다.

내가 그와 마주 앉아 이야기하면서 판단한 바를 말하자면, 그는 정말로 자기 동포와 자기네 나라를 사랑하는 사람이고 그들의 이익을 위해 어떤 희생이라도 할 사람이라는 것이다.

그리고 다섯 개 대학의 학위를 가지고 있는 킹은 잘난 체하는 태도를 드러내지 않을 수 없었다.

히틀러를 이해하려면 그의 어린 시절에 기회가 제한되어 있었다는 사실과 그가 투옥되었던 일 등을 기억해야 한다. 그가 독학을 통해 이루어낸 것을 보면 정말로 경탄할 만하다.

그러나 킹은 독일이 영국을 공격할 경우 캐나다는 영국을 도우러 올 것이라고 나치스에게 말하기도 했다.

그는 이어진 전쟁 기간 동안 나라를 이끌었고, 결국 끝까지 통합된 나라를 이루었다. 다른 사람이었다면 아마 그렇게 해낼 수 없었을 것이다. 통합 논쟁이 그 후 계속 이어졌기 때문에 우리는 때로 이 나라가 제2차 세계대전 동안 얼마나 위험하고 치명적일 수 있는 분열에 가까이 있었는지를 인식하지 못한다. 킹은 이 분열을 해결하지 못했다. 그러나 그는 연방이 깨지는 것은 막았다. 그것 자체가 중요한 성과였다.

결정적인 문제는 징병제였다. 1917년 그것이 시행되면서 퀘벡의 대다수 여론을 멀어지게 만들었고, 캐나다인들이 서로 반목하게 했다. 캐나다에는 그런 위기가 다시 와서는 곤란했다. 징병제는 1940년에 있었던 국민투표에서 압도적인 다수의 지지를 받았지만, 나라는 깊은 분열을 드러냈다. 영어를 사용하는 캐나다인들은 찬성투표를 했지만, 프랑스어를 사용하는 퀘벡에서는 다수가 반대했다. 킹은 의회에 법안을 제출했지만, 그는 입법이 당분간 추진되어서는 안 된다는 점을 분명히 했다. "꼭 해야 하는 것은 아니지만 필요하다면 한다"는 징병제에 대한 그의 해법은 귀중한 시간을 벌어주었다. 1944년 말이 되어 군 병력은 필요한데 지원병은 충분히 모집되지 않았음이 확연히 드러났다. 킹은 징병제를 앞장서서 주장한 국방부 장관 제임스 랠스턴(1881~1948)을 내각에서 가차없이 잘라냈지만, 그는 적어도 제한적인 징병제는 도입해야 한다고 마지못해 결론을 내렸다. 그렇지만 그는 운이 좋게도 대가를 덜 치렀다. 랠스턴은 킹의 방향 전환을 이용해 자신의 정치적 이득을 취하지 않고 계속해서 정부와 전쟁 활동을 충실하게 지원했다.

그해 11월 내각의 위기가 계속되는 가운데 킹은 정치를 하면서 여러 해 동안 갈고 닦은 온갖 기술들을 사용했다. (그는 일기에서 자신을 마지막 수난을 당하는 예수와 비교했다.) 그는 동료들의 애국심에 호소하고, 나라가 쪼개지거나 아니면 마찬가지로 끔찍한 일이지만 자유당이 무너질 것이라고 경고했다. 그는 눈물을 흘리고, 사임하겠다고 위협하고, 심지어 정부가 장병을 징집하지 않으면 군부가 쿠데타를 일으킬 것이라고 내비치기도 했다. 그는 대부분의 동료들을 자기편으로 끌어들이는 데 성공했다. 결정적으로 퀘벡 출신의 핵심 인물 루이 생로랑(1882~1973)까지 포함해서였다. 장관 단 한 명만 사퇴했다. 킹은 일기에 이렇게 썼다.

십자가 처형의 날이 지나가고 부활의 날 아침을 맞았다는 느낌이 들었다.

많은 퀘벡 출신 하원 의원들이 징병제에 반대투표를 했지만, 자유당 자체는 살아남았고 퀘벡에서는 징병제 반대 목소리가 잠잠해졌다.

1940년에 킹은 보수당 원내 대표에게, 자신은 다수 의석을 이용해 징병제를 강행하지 않을 거라고 말했다. 그는 자신이 국민들에게 무엇을 해야 하는지 말하는 것이 아니라 국민이 무엇을 원하는지 찾아내 이끌어야 한다고 믿는다고 말했다. 킹 자신이 어떤 권위를 가졌다면, 그것은 그가 국민들의 바람을 존중하고 자신의 약속을 지키리라는 것을 국민이 믿기 때문이라는 것이다. 궁극적으로 대중은 공익을 위해 무엇이 필요한지를 알게 되리라고 그는 주장했다.

진실이 국민들 앞에 놓여 있다면 그들은 이를 인식할 테고, 지도자는 올바른 노선을 유지해야만 이끌어 나갈 수가 있다.

킹은 자신이 주장한 것만큼은 대중을 믿지 않았고, 징병제 문제에서만 그런 것은 아니었다. 그는 빠져나갈 수만 있다면 긁어 부스럼을 만들지 않고 자신이 해야 할 때 조심스럽게, 그리고 에둘러서 문제를 처리하는 데만 나서기를 원했다. 한때 킹을 위해 일한 적이 있는 정치학자 H. S. 펀스(1913~1992)는 나중에 이렇게 썼다.

캐나다의 정치적 문제를 이해하고 캐나다 국민들이 전체적으로 정부에 대해 무엇을 용인하려 하는지 안다는 측면에서 매켄지 킹은 현재 정치 활동을 하고 있는 그 누구보다도 한참 앞서 있다.

캐나다는 지금 성공작으로 인식되고 있다. 캐나다는 퀘벡 분리주의를 어쩌면 영구히 피했을 테고, 성공적인 다문화 사회를 이루었다. 남쪽의 소란스러운 이웃과는 달리 이 나라는 강력한 사회안전망을 구축했다. 정치적 분열은 사회를 둘로 쪼개 놓지 않았고, 적의를 품지 않고 정치를 토론할 수 있다. 캐나다인들은 총기 규제에 찬성하고, 오래전부터 대부분 임신중절과 동성 결혼을 받아들였다. 그러나 지금 정상적이고 영원할 것처럼 보이는 것들이 과거에도 언제나 그렇게 보였던 것은 아니라는 점을 기억해야 한다. 킹은 사람들을 화나게 하는 부분도 있지만, 화해와 합의 도출을 상징한다. 그는 이렇게 생각했다.

극단적인 사람은 언제나 대체로 위험하다. 그러나 정치보다 더 그런 곳은 없다. … 우리나라 같은 곳에서는 통치의 기술이 대체로 차이를 강조하기보다는 화해를 추구하고, 할 수 있는 한 중도에 가까이 다가

가는 것이라는 이야기가 참으로 진실이다.

그는 1948년 은퇴하면서 일기에 이렇게 썼다.

나는 모든 것이 매우 잘 흘러갔다는 사실로 인해 삶의 충만감과 엄청난 만족감, 그리고 자부심을 느낀다.

프랭클린 델러노 루스벨트
• 고립 정책 포기를 설득해 세계의 모습을 바꾸다

미국 역사에서 프랭클린 델러노 루스벨트는 캐나다에서의 킹만큼이나 중요하다. 미국은 대공황으로 인해 큰 피해를 당하고 분열되어 있었으며, 국제적인 상황이 악화되면서 방관하느냐 참여하느냐의 문제를 놓고 씨름을 해야 했다. 루스벨트는 미국인들의 자신감을 회복시키고 그들에게 희망을 주었으며, 여러 갈래의 분열을 막고 미국 사회를 단결시키는 데 성공했다. 그는 또한 미국인들이 더 넓은 세계에 관여해야 하는 시기를 위해 그들을 점진적으로 준비시켰다. 루스벨트는 설득의 기술과 여론을 읽고 그것을 자신이 이끌고 싶은 방향으로 몰아가는 면이 킹만큼이나 능숙했다. 킹과 마찬가지로 그도 자신의 친구들과 적들을 파악하고 그들이 자신의 모순과 모호함으로 인해 혼란에 빠지도록 몰아가는 데서 언제나 쉬웠던 것은 아니었다.

두 사람은 다른 공통점들도 있다. 둘 다 정치에 대단한 관심을 가졌고, 둘 다 자유주의자에다 강한 사회의식을 지녔으며, 둘 다 자기

1943년 퀘벡 회담에서 킹,
루스벨트, 처칠.

나라를 전쟁에 끌어들이지 않으려 했다. 또한 둘 다 소유욕이 강하
고 헌신적인 어머니의 세심한 보살핌 속에서 자랐다. (루스벨트의 어
머니는 기숙학교에 들어간 아들이 아팠을 때 그와 이야기하기 위해 사다리
를 끌어다 학교 창문에 대고 기어 올라간 적이 있다. 킹의 어머니는 그 정
도까지는 아니었다.)

둘은 상당한 차이점도 있었다. 루스벨트의 성장 환경에는 시골 농
장부터 유용한 연줄까지, 꽤 많은 돈으로 살 수 있는 온갖 특권이 있
었다. 그의 친가는 네덜란드계 원 정착민의 후예로, 한 조상은 미국
독립 때의 혁명군 대위였다(루스벨트는 이 사실을 영국인들에게 즐겨 말
하곤 했다). 시어도어 루스벨트(1858~1919) 대통령은 먼 친척이었다
(두 사람은 부계로는 6대조가 같아 12촌이지만, 프랭클린이 시어도어의 조
카딸과 결혼해 그의 조카사위가 되었다―옮긴이). 프랭클린 루스벨트의
외가 델러노 가문은 더 멀리, 미국에 처음 온 영국 청교도로까지 거
슬러 올라간다. 이 가문은 또한 '정복왕' 윌리엄 1세(1028~1087)의
후예라고 주장한다. 루스벨트의 어머니는 언제나, 루스벨트가 델러노

화이트하우스에서 처음으로 노변담화를 방송하는 루
스벨트.

가문의 일원이며 그의 지능과
에너지는 외가에게서 물려받은
것이라고 단호하게 말했다.

아마도 대단한 매력 역시 물
려받았을 것이다. 루스벨트는
킹이나, 이 문제에 관해서라면
비스마르크와 달리, 곧바로 개
인들이나 더 넓은 대중들에게
호소력을 발휘했다. 그 잘생기
고 솔직한 얼굴, 자주 사진에
도 찍힌 활짝 웃는 모습, 멋지
게 구부러진 담배 파이프. 이 모든 것이 사람들을 좋아하고 세계는
아주 좋은 곳이라고 생각한 누군가에 대한 인상을 만들어냈다. 여자
들은 모두 그가 매력적임을 알아보았고, 그도 역시 여자들이 매력적
이라고 생각했다. 그는 친척인 총명하고 성실하고 솔직한 성격의 엘
리너와 결혼했다. 그러나 한때 아내의 대외 관계 비서였던 여자와 저
지른 불륜을 아내에게 들킨 이후 결혼 생활은 결코 정상적인 관계로
회복되지 못했다.

그는 또한 의사 전달에도 능숙했다. 그는 대통령으로서 라디오
라는 새로운 매체를 아주 잘 이용했다. '노변담화爐邊談話'(Fireside
Chats. 루스벨트가 1933년 대통령 취임 직후부터 1944년까지 라디오를
통해 했던 대국민 연설에서 시작된 말. 지금은 정치인이나 기업가가 일반
대중을 상대로 정견이나 질의 설명회를 갖는 의미로 많이 쓰인다—옮긴이)
이라는 일련의 라디오 연설을 통해서였다. 약간 귀족적인 억양을 지

닌 그의 목소리는 차분하고 기운을 북돋아주며 매력적이었다. 미국 국민들에게 자신감이 필요했던 시기에 그는 국민들이 낙관적인 태도를 지닐 수 있게 했다. 그것은 단지 시늉이 아니었다. 루스벨트는 자신이나 나라가 가장 암울할 때에도 사태가 좋아질 수 있다는 희망을 잃지 않은 사람이었다.

어린 시절에 그는 부유층 젊은이로서 즐겁고 안락한 삶을 보냈다. 점점 더 큰 배를 타고, 사냥을 하고, 새를 기르거나 우표를 수집하며, 좋은 클럽에 참여했다. 그리고 최상급 학교에 들어갔다. 그로턴 기숙학교에 다닌 뒤 하버드 대학에 들어갔는데, 거기서 학업을 웬만큼은 했지만 아주 잘하지는 못했다.

그가 교회에 다닌 것은 다름 아닌 교회의 겉모습 때문이었다. 킹의 고통스러운 기도는 그와는 관계없는 것이었다. 그의 기독교 신앙은 솔직하고 단순했다. 엘리너는 이런 말을 한 적이 있다.

"내 생각에 그는 하느님에게 보호를 청하고 그것을 받을 수 있다고 실제로 생각하고 있는 듯하다."

루스벨트는 집안이 대대로 민주당 쪽이었지만 공화당인 시어도어를 매우 존경했으며, 미국 사회를 개혁하고 대규모 해군을 육성해 해외에 영향력을 발휘하려는 시어도어의 열의에 공감했다. 그는 이 친척 형의 말투를 흉내 내서 친구들을 즐겁게 했다. 그는 시어도어를 따라 정치에 입문하기로 결심했고, 1911년 뉴욕 주 상원의원에 출마해 당선되었다. 1913년 새로 대통령이 된 민주당의 우드로 윌슨(1856~1924)은 자신을 지지하는 전도유망한 젊은 루스벨트를 해군부 차관에 임명했다. 그는 전쟁 기간 동안 그 자리에 머물렀다('전쟁'은 1914~1918년의 제1차 세계대전을 말하는데, 그는 1920년까지 해군부 차관으로 있었다—옮긴이). 그는 때때로 지독할 정도로 효율을 보이며 유능하게 일했지만, 많은 사람들은 여전히 그를 매력적인 응석받이 애송이로 보았다.

1921년 척수성 소아마비가 발병해 그는 하반신 마비 환자가 되었는데, 그것이 그의 성공 원인일 것이다. 특히 엘리너는 늘 그렇게 생각했다. 그는 꿋꿋하고 과감하게 장애에 맞섰으며, 시간이 지나면서 상체의 힘을 키워 자기 몸을 움직일 수 있었고 적어도 잠깐 동안은 걷는다는 인상을 줄 수 있었다. 그는 연민이나 심지어 동정조차도 받아들이려 하지 않았다. 넘어지면 그는 그저 농담으로 넘길 뿐이었다. 그가 던지는 사근사근한 농담은 그의 몸 상태에 대해 관심을 갖지 않게 했다. 그는 휠체어에 앉아 있는 자기 모습을 촬영하지 못하게 하려 했다. 1921년 이후 그는 항상 앉아 있거나 버팀대 또는 다른 사람을 붙잡을 수 있는 곳에 서 있는 상태로 모습을 드러냈다. 그는 이미 자신의 주위에 헌신적이고 능력 있는 보좌진을 꾸리기 시작했다. 이들은 이제 그의 눈과 귀가 되어 그를 대신해 출장을 갔다 돌아와서 보고했다.

그는 상냥하고 사교 생활을 좋아했지만, 절친한 사람들에게조차도 자신의 일부분만 드러내는 매우 비밀스러운 사람이었다. 그의 마지막 부통령이었던 해리 트루먼(1884~1972) 같은 몇몇 사람들은 그가 차갑고 심지어 몰인정한 사람이라고 생각했다.

1939년 12월에 열린 워싱턴 프레스클럽 연례 만찬에서 키가 2.5미터나 되는 스핑크스 모형이 안경을 끼고 담배 파이프를 문 채 이를 앙다물고 방에 따스하게 빛을 내리쏘고 있었다. 농담을 즐겨 했던 루스벨트는 나중에 이 모형을 구해 대통령 도서관에 갖다 놓았다. 그는 당대 사람들에게 수수께끼 같은 인물이었고, 역사가들에게는 아직도 수수께끼로 남아 있다. 그는 자신의 생각을 거의 문서로 만들지 않았고, 자신이 믿는 사람들에게도 자기 생각이나 계획에 대해 아주 약간만 슬쩍 흘렸다. 그는 도서관 개관식에서 특히 즐거워 보이는 이유를 묻자 이렇게 대답했다.

"이곳에 오면 자기들이 던진 질문의 답을 찾을 거라고 여기는 모든 역사가에 대해 생각하고 있습니다."

그의 행정부는 자주 혼란을 겪었다. 부처와 기관들이 중복된 책무를 배정받거나, 사람들이 서로 다르거나 때로는 충돌을 일으키는 업무를 부여받았다. 예를 들어 국무부의 경우, 그는 서로 싫어하고 자주 의견 충돌을 일으키는 두 사람을 장관과 차관으로 임명했다. 그는 또 자신이 신뢰하는 측근 해리 홉킨스(1890~1946)를 중요한 대외 정책 문제를 다루는 데 활용했다. 그것은 자기 사무실에 권한을 확실하게 계속 남겨두기 위한 방법이었다. 통상 루스벨트 혼자만 일의 전모를 알았고, 때로는 그조차도 알지 못하고 있었다. 그는 이런 말을 한 적이 있다.

"나는 곡예사요. 나는 내 왼손이 하는 일을 절대로 오른손이 알게 하지 않소."

전쟁을 치른 위대한 지휘관 더글러스 맥아더(1880~1964)는 이렇게 말했다.

"〔그는〕 거짓말을 해서 자신에게 도움이 될 때는 절대로 진실을 말하지 않을 것이다."

루스벨트는 집권 4기(4기지만 그가 마지막 임기 초반에 죽어 1933년 3월부터 1945년 4월 그가 죽을 때까지의 12년 남짓에 그쳤다—옮긴이)

동안 때로 의도적이고 모순되고 심지어 어리석게 행동하기도 했다. 그는 취임 직후 몇 달 사이에 런던 회의를 사실상 무산시켰다. 이 회의는 대공황을 극복하기 위한 수단으로 환율을 안정시키는 방안에 대해 거의 타결이 이루어질 즈음이었다. (그는 나중에 자신이 잘못을 했을지도 모른다고 인정했다.)

때때로 그는 오로지 자신의 직관에만 의존하는 듯했다. 그의 정부에서 노동부 장관을 지낸 프랜시스 퍼킨스는 이렇게 말했다.

그는 서로 어떤 특별한 관계도 없는 것처럼 보이는 엄청나게 다양한 일들에 대해 거의 천리안적인 지식과 이해를 뿜내곤 했다.

그런 통찰력을 실천으로 옮기는 것은 별개의 문제였다. 그는 자주 하나의 정책을 시도했다가 스스로 뒤집어버리곤 했다. 때로는 처음 정책이 결과를 낼 시간도 주지 않았다. 경제사가들은 여전히 그가 정말로 변화를 가져왔는지, 또는 미국 자체가 점진적으로 일어섰는지를 두고 논쟁을 벌인다. 하지만 분명한 사실은 그가 미국인들에게 더 나은 시대가 정말로 오고 있다는 확신을 심어주었다는 점이다. 아마도 그의 가장 큰 강점은 커다란 위기가 닥친 순간에도 여전히 침착했다는 점일 것이다. 대공황 자체와 전 세계에 불어닥치려 하는 폭풍우 앞에서 말이다.

킹과 마찬가지로 루스벨트는 강인한 성격으로 자신의 환경을 두려워하지 않았다. 그는 또한 에이브러햄 링컨과 마찬가지로 상대를 설득해 현실성 있는 제휴를 이끌어낼 수 있는 능력이 있었다. 남부 출신의 대중주의자 휴이 롱(1893~1935)은 이렇게 말한 적이 있다.

"그곳에 들어가면 루스벨트가 자신을 찢어버리려 한다는 것을 알게 된다. 그러면 근거 없는 낙관론에 빠진 채 나오게 된다."

1940년 프랑스가 함락된 뒤 그는 헨리 스팀슨(1867~1950)과 프랭크 녹스(1874~1944) 등 두 명의 공화당 지도자를 각각 육군과 해군 수장으로 받아들였다.

그의 임명 방식은 좋게 말해서 기묘했다. 예를 들어, 철저한 반영파反英派인 조지프 케네디(1888~1969)를 런던 주재 대사로 만들거나, 나치스가 독일에서 정권을 잡았을 때, 외교관 경험이 전혀 없는 미국 남부사 전공의 저명한 역사가 윌리엄 도드(1869~1940)를 베를린 주재 대사로 임명한 것 등이 그렇다.

1933년 미국이 소련과 외교 관계를 수립하자 그는 허영심이 강한 윌리엄 불릿(1891~1967)을 선택했다. 불릿은 1919년 소련에 가서 캐비어를 먹고 볼셰비키 지도자들과 만나며 일주일을 보내고 온 후부터 줄곧 새 소비에트 정권을 옹호해왔다. 불릿은 자기 힘으로 두 나라 사이에 우호적인 관계를 끌어낼 수 있다고 생각했다. 그는 다른 외교적 접근으로 소련의 공산당 인사들에게 야구를 어떻게 하는지 가르쳐주려 했고, 붉은 군대 기병대원들에게 폴로를 소개했다. 그러나 스포츠도 소용이 없었다. 폭투로 소련 사람 하나를 나가떨어지게 만들었고, 기병대는 공을 가지고 필드 바깥을 달리곤 했다. 불릿이 소련 외교 정책을 책임지고 있는 막심 리트비노프(1876~1951)를 접촉한 것도 마찬가지로 성과가 없었다. 불릿의 결론에 따르면 리트비노프가 유대인이기 때문이었다. 1936년 무렵이 되면 불릿은 이전의 열의가 완전히 바닥나고 철저한 반공주의자가 되어 있었다.

루스벨트는 어쩔 수 없이 국내 문제에 정신이 팔려 있는 바람에

1933년 루스벨트의 첫 번째 대통령 취임식.

처음에는 대외 문제에 관심을 덜 기울였다. 그의 전반적인 접근법은 이전의 상사였던 우드로 윌슨의 방침을 답습한 것이었다. 미국과 미국의 민주적 가치관은 소련의 공산주의나 유럽의 낡은 제국주의 강대국들보다 나은 사례를 세계에 보여주고 있다는 것이었다. 영국에 대한 그의 태도는 여전히 애증이 엇갈리고 있었다. 그는 영국의 지배 계급을 불신했고, 그 제국을 매우 못마땅해했다. 그는 윌슨과 마찬가지로 민주주의와 자유무역의 확산이 세계 각국을 더 가까이 묶어주고 세계를 더 낫고 안전한 곳으로 만들어줄 것이라고 생각했다.

그는 1920년대에는 국제연맹LN 지지자였지만, 1930년대에 접어들면서 그것이 띠고 있는 모습을 비판적으로 바라보기 시작했다. 국제연맹에 반대하는 많은 미국인들에게 호소하기 위해 한 연설에서 그는 국제연맹이 이제 순전히, 자기네가 늘 해오던 이기적인 게임에 몰두하는 유럽 강대국들의 도구가 되었다고 말했다. (1945년 이후의 세계를 구상할 때가 되자 루스벨트는 새로 만들어지는 국제연합UN은 미국과 소련이 모두 참여함으로써 순조롭게 출발해야 한다는 점을 분명히 했다.)

루스벨트는 윌슨과 마찬가지로 국내 문제에 초점을 맞춘 공약을 기반으로 선출되었고, 전임자(공화당 출신의 미국 31대 대통령 허버트 후버—옮긴이)와 마찬가지로 국내 문제에 집중하고 필요하면 인접한 나라들과 협상하는 것을 선호했다. 그러나 유럽이라는 더 넓은 세계에서 1930년대에 일어난 거대하고 불길한 변화는 그로 하여금 해외의 사태 전개에 점점 더 큰 관심을 갖지 않을 수 없게 했다. 1930년대 대부분의 기간에 그의 대외 정책은 간헐적으로 진전되었다. 그의 여러 행위들을 비판하기는 쉽다. 예컨대 1933년의 국제 환율을 안정시키려던 시도에 반대했던, 명백히 즉흥적이었던 그의 결정 같은 일이다. 미국이 빠지자 협정은 무너졌고, 세계 경제 위기는 매우 심화되었다. 당시나 지금의 그를 비판하는 많은 사람들은 그가 1930년대에 민주국가들을 결집시켜 독재 체제의 대두에 맞서기 위해 더 많은 일을 할 수 있었다고 생각한다. 그러나 그가 너무 강력하게 치고 나갔다면 아마도 미국 대중들의 고립주의 정서를 자극하고, 결정적으로 의회에서 고립주의자들의 지지를 잃었을 것이다. 그들의 지지는 미국 경제를 다시 살리기 위한 그의 정책 수단들에 대한 승인을 얻는 데 필요한 것이었다. 그는 선원과도 같았다. 그는 자신이 험한 바다를 항해하고 있으며, 언제라도 조난당할 수 있음을 알고 있었다. 대공황과 제2차 세계대전을 거치면서, 어쨌든 나라의 단결을 이루고 자신감을 회복하는 데 성공한 것은 그의 능력과 투지를 입증하는 증거다.

그는 첫 번째 임기(1933~1937) 동안 국내 문제와 뉴딜 정책에 정신이 팔려 있었고, 미국 여론을 수용하는 방향으로 대외 정책을 만들어가려 했던 듯하다. 미국의 여론은 조지 워싱턴이 '뒤얽힘 entanglements'(워싱턴이 두 번째 임기 종료를 앞두고 쓴 고별사에 나오는 말로, 미국의 국익에 아무런 도움이 되지 않는 유럽의 외교 문제에 유착하거나 얽혀들지 말라는 당부였다—옮긴이)이라고 말했던 것에 강력히 반대했다. '고립주의isolationism'라는 말은 제1차 세계대전 기간에야 미국의 정치 용어로 들어왔지만, 그것은 미국인들의 사고에 있는 강력하고 오래된 압박감을 대변한다. 고립주의자들은 미국이 도덕적으로 우월하다는 가정(그리고 미국의 지리적 위치가 미국에 많은 자원을 주고, 두 개의 대양이 더 넓은 세계 앞에 강력한 방어막이 되어주었다는 인식)을 기반으로 해서 다른 곳(아마도 미국의 남쪽과 북쪽에 바로 인접한 나라들은 제외하고)에서 진행되고 있는 일들에는 관심이 없다는 견해를 지녔다. 나머지 세계가 국가 간의 대립으로 스스로 무너지려 하더라도 미국이 경찰 노릇을 할 수 있는 것은 아니었다.

1930년대의 고립주의자들은 최근에 있었던 제1차 세계대전 개입에 대해서도 반발했다. 미국인의 생명과 미국의 자원이 소모되었는데 무엇을 위해 그랬단 말인가? 고립주의자들의 관점에서는 유럽인들이 미국을 자기네들의 피비린내 나는 싸움에 끌어들였고, 윌슨은 미국의 대중을 조작하고 속여 선전포고를 한 셈이었다. 고립주의는 역사가들의 연구로 힘을 얻고 헨리 포드나 유명한 비행사 찰스 린드버그 같은 저명한 미국인들의 노력에 힘입어 대중과 의회 안에서 광범한 지지를 얻었다. 일본이 만주에 이어서 1937년에 중국 본토를 침략하고, 무솔리니가 에티오피아를 점령하고, 히틀러가 유럽에서 공격적인 대외 정책을 취하는 등 1930년대에 국제 정세가 더욱 암울해지자 미국인들은 더욱 열렬하게 중립에 머물기를 바랐다. 1937년 초에 실시된 한 여론조사에서 미국인의 95퍼센트는 자기네 나라가 장래에 있을 어떠한 전쟁에도 관여하지 말아야 한다고 생각하고 있었다.

어느 대통령도 다시는 직위를 이용해 미국을 전쟁에 끌어들이지 못하도록 확실히 하기 위해 의회는 1935년 이후 일련의 중립법을 통과시켰다. 가장 중요한 사실로, 이들 법은 전쟁을 하고 있는 나라에 대한 금융 원조나 무기 수출을 금지하고, 대통령이 전쟁 상태의 존재를 인정하기를 거부해 이 조항들을 빠져나가지 못하게 했다. 의회는 또한 증액된 방위비에 대한 대중의 저항을 반영했다. 루스벨트가 1935년에 겨우 11억 달러의 방위 예산(전체 예산 규모는 811억 달러였다)을 요구하자 광범위한 대중의 저항이 일어났다. 영향력 있는 주간지 『네이션*The Nation*』은 이렇게 보도했다.

우리는 전쟁의 신 앞에 머리를 조아림으로써 히틀러와 무솔리니 수준으로 급격히 가라앉고 있다.

하지만 루스벨트는 첫 임기 동안 미국이 세계 무대에 더 많이 참여하기 위한 두 가지 중요한 발걸음을 내디뎠다. 그는 소련을 승인함으로써 미래의 동맹자와 관계(험난한 일임은 인정할 수밖에 없지만)를 맺을 수 있게 했다. 그리고 좀 더 나라 가까이에서는 라틴아메리카 이웃들과의 관계에서 새로운 시대를 열었다. '선린정책Good Neighbor Policy'은 이 지역에서 미국의 군사력 사용을 포기하며 서반구 모든 나라의 이득을 위해 협조할 것을 강조했다. 루스벨트는 1936년 부에 노스아이레스 회의에서 연설을 했는데, 이는 그 자리에 모인 대표들을 향한 것일 뿐 아니라, 고국의 국민들을 겨냥한 것이기도 했다. 그는 외부의 강대국들에게, 그들이 서반구에 간섭하려고 하면 강력한 저항에 직면할 거라고 경고했다. 그러면서도 세계 다른 지역에서 일어나는 전쟁은 불가피하게 "수많은 방식으로" 아메리카 대륙을 위협할 것이라고 강조했다.

1937년 루스벨트가 두 번째 임기를 시작할 무렵에는 더 넓은 세계에서 벌어지고 있는 일들이 점점 험악해져갔지만, 그는 언제나 미국 대중의 여론과 대공황의 뒤처리라는 끝나지 않은 일을 인식하고 있었다. 또한 1937년에 연방 대법원을 뉴딜에 동정적인 판사들로 유리하게 구성하려는 실패한 시도를 둘러싸고 의회와 갈등 관계에 들어감으로써 자신의 입지를 손상시켰다. 그러나 국내외의 비판자들은 당시와 그 후에도 그가 독재 체제에 대한 민주 진영의 반대와 저항을 잘 이끌었어야 했다고 말했다. 1937년 일본이 중국을 침략했을 때 루스벨트의 대응은 영국 총리 네빌 체임벌린(1869~1940)에게 논의를 위해 미국을 방문해달라고 초청하는 것이었다. 체임벌린은 이를 거절하고 동료들에게 이렇게 말했다.

"미국인들에게서는 말 외에는 아무것도 기대하지 않는 것이 언제나 최선이고 안전한 일이야."

루스벨트의 가장 큰 두려움은 자신의 자리를 보존하게 해주는 제휴를 깨버릴 행동이나 입장을 취하는 것이었다. 그는 많은 자기 동포들이 영국이나 프랑스와 결탁하는 것처럼 보이는 어떤 일에도 반대한다는 사실을 염두에 두어야 했다.

독일과 오스트리아를 떠나려고 애쓰는 필사적인 유대인 난민들을 더 받아들였다면 남부의 민주당원들과 많은 대중의 지지를 잃었을 것이다. 그들은 여전히 많은 미국인들이 일자리를 찾지 못하고 있는데 미국이 왜 더 많은 이민자를 받아들여야 하는지 이해할 수 없었다. 그것은 쉽지 않은 선택이었고, 어쩌면 언제까지나 방어할 수 있는 일은 아니었다.

캐나다의 킹과 마찬가지로 루스벨트도 국민의 단결을 지도 원칙으로 삼았다. 그러나 그에게 동정적인 전기 작가들까지 주장하듯이, 그는 자신의 정치적 자산 가운데 더 많은 부분을, 힘이 커져가고 있는 위협 요소에 대해 더욱 강력하게 설명하는 데 사용하고, 독일에게 위협받고 있는 나라들을 위한 좀 더 구체적인 원조를 둘러싼 의회와의 싸움에서 대중의 지지를 모으려고 시도했어야 했다.

미국의 여론은 유럽과 아시아 상황이 악화되면서 1939년 무렵에는 눈에 띄게 바뀌고 있었다. 한 여론조사에서는 이제 37퍼센트의 미국인들이 영국·프랑스·폴란드 지원에 찬성했고, 30퍼센트는 잘 모르겠다고 대답했다. 루스벨트는 세계가 직면하고 그들에게도 닥칠 가능성이 높은 위험에 빠진 미국인들을 교육하기 위해 그저 매우 조심스럽게 자신의 직위를 사용할 준비를 했을 뿐이다. 그는 자신이 할 수 있는 선에서 너무 많은 위험을 떠안지 않고 좀 더 대비 태세를 갖추도록 미국을 움직이곤 했다.

그는 연설에서, 노변담화에서, 기자회견에서 능수능란하게 아이디어를 제시했다. 그는 미국인들을 향해 미국의 지리적인 이점은 이제 더 이상 예전처럼 그들을 안전하게 지켜주지 못한다는 점을 강조했다. 공군력의 발전은 대양이 더 이상 보호벽이 될 수 없으며, 조만간 장거리 폭격기가 유럽이나 동아시아에서 아메리카 대륙에 다다를 수 있음을 의미했다.

　그는 매우 격렬한 반응을 자극하면서도 교묘하게 발을 뺄 줄도 알았다. 일부 가장 완강한 고립주의자들의 본거지였던 시카고에서 한 1937년의 유명한 연설에서 그는 세계 평화를 위협하고 무고한 시민을 상대로 잔학 행위를 저지르는 침략국들에게 경고했다. 그는 비록 중국의 상당 부분을 점령한 일본이나 빠르게 재무장을 하고 있는 독일, 에티오피아를 침략한 이탈리아를 언급하지는 않았지만, 연설을 듣는 사람들은 그가 어느 나라를 이야기하고 있는지 분명하게 알 수 있었다. 사회에서 전염병이 확산되는 것을 막기 위해 환자를 격리시키듯이, 세계는 위험한 나라에 대해 같은 일을 해야 한다고 그는 말했다. 그러나 기자들이 어떤 조치를 취할 셈이냐고 묻자 가볍게 응수했다. 그것은 그저 '태도'를 밝힌 것이고, 자신은 분명히 "사용하기 겁나는 단어인" 제재를 쓴다는 의미는 아니었다는 것이다.

　1937년 일본이 중국을 침략하자, 그는 중립법을 적용하지 않고 미국이 양쪽 모두에 무기를 팔 수 있도록 허용했다. 하지만 그의 행정부는 실제로는 중국 쪽으로 기울었다. 1938년 12월, 미국은 공격을 받고 있는 중국 국민당에 2500만 달러의 융자를 제공했고, 이를 시작으로 여러 차례 융자를 해주었다. 이와 동시에 루스벨트는 많은 미국인들의 생각과 마찬가지로, 히틀러와 이탈리아에 있는 파시스트 동맹자 무솔리니에 대해 강경해졌다. 1938년 11월 나치스가 통제하는 국가가 부추겨 유대인 기업들을 파괴하고 유대인들에게 폭력을 가한 '수정의 밤Kristallnacht'(독일계 유대인 청년이 파리 주재 독일 대사관의 3등 서기관을 암살하자 이에 대한 보복으로 유대인들을 공격한 사건인데, 수많은 유리창이 깨졌다 해서 이런 이름이 붙었다—옮긴이) 사건을 통해 루스벨트는 히틀러가 편집증에 의한 '미치광이'임을 확신했다.

그는 계속해서 중립법을 우회하고 그런 다음 개정하는 방법을 탐색했다. 그는 1937년에 이미 양쪽에 대한 무기 수출 금지를 위한 '캐시 앤드 캐리cash and carry'(상품을 판매할 때 고객이 직접 와서 현금으로 대금을 지불하고 물건을 가져가도록 하는 제도—옮긴이) 정책을 대체하게 될 행정명령에 서명했다. 대통령은 미국이 어느 나라에 자국의 상품을 팔 것인지에 대한 상당한 재량권을 가지게 되었다. 루스벨트는 독일이나 일본보다는 영국과 프랑스에 도움을 주기 위해 이 정책을 만든 것이었다. 1938년에 그의 행정부는 의회에서 새로운 해군확충법을 통과시키는 데 성공했고, 육군과 해군은 대對 일본 전쟁이 일어날 경우에 대비한 그들의 계획을 새롭게 정비했다.

그는 공개 선언을 통해, 자신은 이제 유럽과 아시아에서 일어나고 있는 일들을 자유민주주의와 전체주의 사이의 가치관 충돌로 보고 있으며, 다른 지역의 상황 전개 결과로 인해 미국인들의 삶의 방식 자체가 위협받고 있음을 분명히 했다. 그는 1939년 국정 연설에서 이렇게 말했다.

바깥으로부터 불어닥치는 폭풍우가 미국인들에게 없어서는 안 될 세 가지 제도에 곧장 도전하고 있습니다. 첫 번째는 종교입니다. 그것은 다른 두 가지의 원천입니다. 나머지 둘은 민주주의와 국제사회에서의 성실성입니다.

1939년 4월 무솔리니가 멋대로 알바니아를 침략하고, 히틀러가 체코슬로바키아의 남은 부분에 대한 보전(체코슬로바키아는 1938년 독일·폴란드·헝가리에 변경 지역을 빼앗기는 등 영토를 잠식당하고 있었다—옮긴이)을 존중하겠다고 불과 반 년 전에 했던 약속을 깨자, 루스벨트는 그들의 행동이 훈족이나 반달족의 행위와 마찬가지라고 했다. 그는 독일과 이탈리아에 유럽과 서아시아의 31개국을 공격하지 않겠다는 약속을 하라고 요구했지만, 이 발언은 두 나라의 노골적인 비웃음만 샀다. 루스벨트는 독일이나 이탈리아가 자신의 제안을 받아들일 것이라는 환상은 거의 갖지 않았다. 그러나 그는 킹에게 이렇게 말했다.

"만약 우리가 거부당한다면 문제가 분명해지고, 당신 나라나 우리나라 여론의 도움을 받을 수 있을 것이오."

9월 1일, 독일이 정당한 이유 없이 폴란드를 공격함으로써 유럽에서 제2차 세계대전이 시작되었다. 폴란드에 구원을 약속했던 영국과 프랑스가 잇달아 독일에 전쟁을 선포했다. 이틀 뒤 루스벨트는 라디오에 출연해 노변담화를 진행했다. 그는 미국 국민들에게 이렇게 말했다.

저는 한 번이 아니라 여러 번 말했습니다. 전쟁의 기미를 보았다고요. 전쟁을 싫어한다고요. 저는 그것을 몇 번이고 말하겠습니다. 저는 미국이 이 전쟁에 말려들지 않기를 바랍니다. 그렇게 될 것이라고 믿습니다. 저는 여러분의 정부가 기울이는 모든 노력이 그 목표를 향해 나아갈 것이라는 점을 확약하고 또 확약합니다.

그가 말한 내용에는 연합국들을 고무하는 이야기가 별로 없었다. 거의 마지막 한 구절만 예외였다.

우리나라는 중립국으로 남을 것입니다. 그러나 나는 모든 미국인이 생각 속에서도 중립으로 남아 있어야 한다고 요구할 수 없습니다. 중립 파라도 사실을 고려할 권리는 있습니다. 중립파라도 스스로의 마음이나 스스로의 양심을 닫도록 요구받을 수는 없습니다.

실제로 그는 재빨리 움직였다. 몇 주 뒤, 영악하게도 자칭 '평화법안'을 제출한 것이다. 이 법안에서 그는 전쟁을 하고 있는 나라에 대한 무기 수출 금지 폐지와 '캐시 앤드 캐리'의 확대를 제안했다. 그와 지지자들은 집정 이후 처음으로 대외 정책 문제에 전력투구했다. 여론이 더욱 빠르게 연합국 쪽으로 옮겨가고 있는 것이 도움이 되었다. 한 여론조사에서는 미국인의 84퍼센트가 연합국의 승리에 찬성했다. 루스벨트는 상·하원 의원들을 설득하기 위해 막후에서 움직였다. 그리고 필요한 경우에는 그들의 친구들에게 자리를 마련해주거나 그들의 지역구에 도움이 되는 경제적 유인책을 써서 그들을 매수했다. 그의 사무실에서는 대중이 그들의 생각을 알 수 있도록 노력했다. 폭로 전문 원로 언론인인 윌리엄 앨런 화이트(1868~1944)는 매우 성공적인 대중 캠페인을 벌여 압박을 더했다. 법안은 다수결로 여유 있게 통과되었다. 그러나 그 후로는 그런 여유는 찾아보기 어려워진다.

1940년 5월, 독일의 침략이 무서운 속도로 프랑스를 휩쓸자 루스벨트는 다시 한 번 노변담화 방송을 했다. 그는 프랑스와 벨기에의 민간인들이 겪고 있는 공포에 관심을 가져달라고, 적십자에 기부를 해달라고 호소했다. 그는 또한 수가 줄어들고 있는 완강한 고립주의자들에게 도전장을 던졌다.

이런 여러 가지 이유 가운데 그 어느 것에도 눈을 감은 사람들에게, 다가오고 있는 폭풍우가 덮칠 가능성을 받아들이려 하지 않는 사람들에게, 이 모든 사람들에게 지난 두 주는 많은 환상이 부서지는 것을 의미했습니다. 그들은 환상을 잃었습니다. 우리가 멀리 떨어져 고립되어 있으며 따라서 다른 모든 곳이 영향받지 않을 수 없는 위험으로부터 안전하다는 환상 말입니다.

그는 의회에 가서 군비를 갖추기 위한 추가예산 105억 달러를 요청했고, 전례 없는 세 번째 임기 도전에 동의했다. 또한 영국에 더 많은 군수품을 파는 문제를 처리하기 위해 단호히 움직였다.

그러나 전전긍긍하던 그 처음 몇 달 동안에는 영국이 윈스턴 처칠의 활기 찬 새 지도부를 세우기는 했지만 계속해서 싸워 나갈 것인지, 또는 그럴 수 있을지 전혀 분명치 않았다. 8월이 되자 처칠은 영국 국민들과 세계에, 항복은 없을 것이라는 점을 분명히 밝혔다. 더구나 독일 공군은 영국의 공중 방어막을 파괴하려는 시도에서 밀리고 있는 것으로 보였다. 루스벨트는 자신의 권한을 최대한 이용했다. 그는 미국과 영국 사이의 비밀 군사 회담을 용인했고, 행정권을 이용해 남·북아메리카에 있는 영국 기지들을 미국에 장기 임대하는 대가로 영국에 미국의 구축함을 내주는 거래를 승인했다. (그는 정치적인 소요를 불러일으키지 않기 위해 해군을 설득해 아주 우수한 구축함을 한물간 것으로 발표하도록 했다.) 그는 또한 서반구를 보호하기 위한 조치들도 취했다. 캐나다와 접한 국경 부근에서 킹을 만나 방위 협정을 체결했다. 이듬해 하이드파크에 있는 루스벨트의 시골 농장에서 조인된 후속 협정은 캐나다와 미국의 군수품 생산을 통합하기 위한 것이었다.

선거 캠페인에서 루스벨트는 유권자들에게 이렇게 약속해 공화당의 공격을 무력화했다.

"여러분들의 아들들은 어떤 해외의 전쟁에도 내보내지 않을 것입니다."

그는 민주당의 공약에 있는 "외국이 공격해올 경우를 제외하고"라는 구절을 의도적으로 생략했다. 연설문 작성자가 그의 의도가 무엇인지 묻자 루스벨트는 이렇게 대답했다.

"물론 우리가 공격당하면 싸워야지."

선거가 무사히 지나가자 그는 영국에 대한 원조를 확대하기 위해 움직였다. 영국은 돈이 부족했고, '캐시 앤드 캐리'는 더 이상 선택지가 될 수 없었다. 1940년 12월에 열린 기자회견에서 그는 영국 자체를 방어하는 것이 미국을 방어하는 가장 좋은 방법이라고 주장했다. 전쟁 물자를 대서양 건너편에서 요긴하게 쓸 수 있는데 그것을 국내에 쌓아두고 있는 것이 무슨 의미가 있느냐고 그는 물었다. 그리고 지금은 영국인들이 어떻게 갚을 것이냐를 걱정할 때가 아니라고, 결국 그들은 빚을 갚거나 보상을 할 것이라고 했다. 그는 기자회견에 참석한 거의 모든 사람이 자신의 생각에 동의할 거라고 추측했다. 지금은 돈 걱정을 할 때가 아니라는 생각 말이다. "유치하고 어리석고 낡은 달러 기호를 치워"버리자고 그는 말했다. 그는 그런 기교를 부린 뒤에 투박한 비유를 했다.

내 이웃집에 불이 났고 내게 길이 100미터가 넘는 정원용 호스가 있다고 생각해봅시다. 이웃집 사람이 내 정원용 호스를 가져다가 소화

1941년 8월 영국 군함 프린스 오브 웨일스 호에서 대서양 헌장에 대해 회담하기 위해 만난 루스벨트와 처칠.

전에 연결시킬 수 있다면 나는 그가 자기네 집에 난 불을 끄도록 도울 것입니다. 이제 내가 어떻게 해야 하겠습니까? 나는 그 일을 하기 전에 이웃에게 "여보시오, 내 정원용 호스는 15달러 주고 산 거요. 그거 가져가려면 15달러를 내게 주셔야겠소" 하고 말하지 않습니다. 이런 거래가 도대체 뭡니까? 나는 15달러를 바라지 않습니다. 나는 불을 끈 뒤에 내 정원용 호스를 돌려주기만 바랍니다.

두 주 뒤에 방송된 노변담화에서 그는 자신의 생각을 구체화했다. 그는 미국인들과 그 아이들, 그 손자들의 안전에 대한 이야기로 시작했다. 그는 자신들에게 슬금슬금 다가와 그 어느 때보다도 가까이 있는 위험에 대해 경고했다. 그들의 삶의 방식 자체가 나치스와 그 동맹자들에 의해 위협받고 있었다. 영국이 무너지면 미국은 대서양이 그 위협에 대한 안전한 방벽이 되리라고 확신할 수 없었다. 새로운 장거리 폭격기가 그것을 확신케 했다.

이 대양들의 폭은 쾌속 범선들이 다니던 시대에 생각했던 폭이 아닙니다.

독일의 수중에 떨어질 것이 거의 확실한 아소르스 제도(포르투갈 본토에서 서쪽으로 약 1,500킬로미터에 있는 포르투갈령 군도로, 군도 전체가 하나의 자치 행정구로 되어 있다―옮긴이)는 하와이보다도 미국 대륙에 더 가까웠다. 미국은 자국의 방어를 생각해야 하지만, 영국을 위해서도 더 많은 역할을 해야 했다.

우리는 민주주의의 거대한 무기고가 되어야 합니다.

그가 의회에 제출한 법안은 또 하나의 영리한 제목을 달고 있었다. '미국 방위 촉진을 위한 법'이었다. 이를 위한 토론은 어렵고도 격정적이었지만, 결국 루스벨트가 승리해 1941년 3월 큰 표차로 통과되었다. 이 법은 어느 나라든지 그 나라의 방어가 미국에 매우 중요한 경우 그 나라에 전쟁 물자를 주거나 빌려주거나 팔 수 있는 포괄적인 권한을 대통령에게 부여했다.

그해 봄, 루스벨트는 또한 서반구 방어를 위해 필요하다고 간주되는 구역을 점차 확대했다. 아소르스 제도와 그린란드의 대부분, 그리고 아이슬란드를 포함시켜 서반구의 방어 범위를 대서양 깊숙이까지 이동시켰다. 6월에 독일이 소련을 침공하자 미국은 영국을 지원하기 위해 더욱 가까이 다가섰다. 루스벨트는 영국에 긴요한 보급품을 실어 나르는 대서양 호송선에 관해 영국과 논의를 시작하도록 해군에 허가했다. 8월, 루스벨트와 처칠은 1918년 이래 처음으로 뉴펀들랜드 섬 앞바다에서 만나 공동 원칙들에 합의했다. 이는 대체로 루스벨트의 주장을 따른 것으로, '대서양 헌장'으로 알려지게 된다.

그다음 달, 독일의 잠수함이 아이슬란드 해상에서 미국의 구축함 그리어 호에 발포했다. 루스벨트는 노변담화에서 이 사건을 활용해 미국의 군대가 자국의 방어 범위로 간주하는 대서양 지역에서 자신들을 방어할 뿐만 아니라 그곳에 있는 모든 상선도 보호할 것임을 밝혔다. 그는 그렇게까지 구체적으로 말하지는 않았지만, 이는 호송선에 대해 영국·캐나다와 책임을 공유하는 출발점이었다. 그는 또한 그리어 호가 영국 항공기와 함께 독일 잠수함을 추적하고 있었고 먼저 공격했다는 사실은 언급하지 않았다. 이듬해 루스벨트는 자신에 대해 유쾌하게 말했다.

"나는 완전히 모순 덩어리일 수도 있습니다. 더 나아가 나는 전쟁에서 이기는 데 도움이 된다면, 잘못된 길로 인도하거나 사실이 아닌 말을 할 의사가 분명히 있습니다."

이렇게 잔꾀를 부리며 이끌어가는 것도 1941년 12월 7일 일본이 하와이 진주만에 있던 미국의 태평양 기지를 기습 공격함으로써 막을 내렸다. 이 사건으로 미국 국민들은 참전하는 쪽으로 의견을 모았다. 며칠 뒤 히틀러는 미국과의 전쟁을 선포함으로써, 미국인들이 유럽의 전쟁에 끼어들어 싸워야 하느냐는 오랜 의심을 깨끗이 지워버렸다. 히틀러는 미국을 '잡종' 주민이 살고 있는 나라라고 경멸했다. 상당 부분이 루스벨트 덕분에, 미국은 이제 직면하게 된 큰 전쟁에 심리적으로나 물리적으로나 이미 준비가 되어 있었다. 미국인들은 무엇이 걸려 있는지에 대해 5년 전보다 더 명확히 이해했다.

이후의 시기에 루스벨트는 자신의 나라에 강력하고 고무적인 리

더십을 제공해 난국을 잘 헤쳐
나가고, 전후 세계의 모습을 형
성하는 데 많은 역할을 하게 된
다. 1936년과 1940년 대통령 선
거에 나섰던 공화당의 맞수 앨프
리드 랜던(1887~1987)과 웬들 윌
키(1892~1944)가 똑같이 해낼 수
있었으리라고는 생각하기 어렵다.
훨씬 더 걱정스러운 대안을 생각
해보고 싶다면 필립 로스의 소설

1941년 진주만 습격 후 제2차 세계대전 선전포고
명령에 서명하는 루스벨트.

『반미 음모*The Plot Against America*』(2004)를 보면 된다. 이 소설에서는
반유대주의자이며 친독일적인 찰스 린드버그가 1940년에 대통령이
된다.

루스벨트는 미국이 암울했던 시기에 취임했다. 그때 얼마나 암울
했었는지, 우리는 지금 때때로 잊고 있다. 심지어 냉정한 평론가들조
차도 광범위하고 폭력이 난무하는 내정 불안이나 심지어 내전까지
도 이야기했었다. 대공황은 미국인 네 명 가운데 한 명을 실업으로
내몰았고, 자본주의와 민주주의는 더 이상 유효하지 않고 새로운 형
태의 경제·정치체제가 필요하다고 주장하는 목소리들이 때로는 아
주 강력하게 터져 나왔다. 그 시대의 세계는 사회가 무너지고 새로
운 권위주의 정권이 대두하는 사례를 너무도 많이 보여주었다. 루스
벨트가 없었다면 미국은 다른 길을 걸어갔을 것이다. 그리고 그가
없었다면 제2차 세계대전은 다른 형태로 전개되었을 것이다. 우리의
세계는 루스벨트가 그토록 결정적인 역할을 한 1945년 이후의 기구

들에 의해 만들어진 것인데, 그가 없었다면 이 세계 역시 상당히 다른 모습이 되었을 것이다.

비스마르크는 프로이센의 융커로, 자신의 계급과 시대가 지니고 있던 가치관과 태도를 상당히 보유하고 있었다. 킹과 프랭클린 루스벨트는 모두 자유주의와 민주주의 세계의 소산이었지만, 킹은 대영제국 내 한 지역의 중류계급 출신이었던 데 반해 루스벨트는 세계에서 가장 부유한 축에 속하는 나라의 상류계급 출신이었다. 그러나 이런 모든 차이점에도 불구하고 세 사람은 시대와 환경의 특혜를 받았고, 각자는 자신에게 부여된 기회를 잡을 준비가 되어 있었다.

그리고 세 사람은 모두 그들을 그렇게 유능한 지도자로 만든 핵심적인 특징들을 공유했다. 그들에게는 스스로 성취하고자 하는 큰 목표가 있었으며, 이를 끈질기게 추구하고 자기네 나라를 자신의 의도대로 이끌고 나가는 데 필요한 재능과 기술과 결의가 있었다. 그것은 그들이 잘못을 저지르지 않았다는 말은 아니다. 모두 잘못을 저질렀지만 그들은 그 잘못에서 배울 줄 알았고, 무엇보다 중요한 것으로, 언제 타협을 해야 하는지 알았다. 그들은 대체로 강력한 지도자들이 쉽게 빠질 수 있는 함정을 피할 수 있었다. 그리고 그것이 그들은 항상 옳았다고 생각되는 이유 가운데 하나다.

제 2 장

오만과 독선의 결과

내가 캐나다에서 자랄 때 친구나 이웃들에 대해 이야기하다 보면 언제나 누군가가 책망하듯 이런 말을 하는 순간이 오곤 했다.

"하지만 뒷공론은 하면 안 돼."

그리고 역사에도 그 비슷한 것이 있다(아마도 다른 이유에서일 테지만). 말이나 행위로 자신의 시대에서 두드러졌던 인물들의 개인적인 일에 흥미를 갖는 것이 어쩐지 부적당하거나 불필요하다고 느껴질 때가 있다.

그러나 나는 뒷공론을 하고자 한다. 그리고 뒷공론을 할 주제는 무궁무진하다. 예카테리나 대제나 그에 상응하는 중국의 측천무후 則天武后 같은 사람에 대해서는 어떻게 이야기를 꾸밀 수 있을까? 아니면 대륙을 횡단했던 데이비드 리빙스턴(1813~1873)이나 알렉산더 매켄지(1764~1820) 같은 탐험가들에 대해서는? 과거의 인물, 그들의 이야기와 개성은 처음 나를 역사로 이끈 것들이다. 분명히 우리는 모두 이야기를 좋아한다.

많은 사람들이 그렇겠지만 나도 과거로부터의 목소리를 듣기 좋아한다. 역사의 주역의 목소리든 관찰자의 목소리든 말이다. 나는 오래전에 떠난 사람들의 시시콜콜한 부분을 좋아한다. 그들이 어떤 것을 입고 먹었으며, 그들이 누구를 좋아하고 싫어했는지를. 나는 어렸을 때 부모님과 조부모님들이 해주시던 그분들의 과거 이야기들을 좋아했다. 캐나다인 할아버지가 5킬로미터를 걸어 온타리오 주 런던 부근의 학교에 간 일이나, 웨일스인 할아버지가 영어 단어 하나도 모르면서 잉글랜드의 기숙학교에 들어간 일 같은 것들이다. 어머니가 런던 공원에서 후프를 가지고 놀던 일도 있고, 제2차 세계대전 때 캐나다 해군에 들어갔던 아버지의 모험 이야기도 있다. 나는 또한 내가 전혀 알지 못했던 사람들의 이야기도 좋아했다. 마누라 친구들이 얼마나 우둔한지에 관해 불평하는 새뮤얼 피프스든, 자기 자신의 심리를 탐색하는 미셸 드 몽테뉴든 말이다. 우리는 자신과 매우 다른 듯 보이는 사람들, 가치관과 세상을 보는 방식이 때때로 우리 자신과는 매우 다른 사람들 역시 따분함이나 호기심, 열정에 이르기까지 우리가 느끼는 것과 같은 감정을 가지고 있음을 깨닫게 된다.

다른 사회과학이나 인문학과 마찬가지로 역사 역시 경제학의 영향을 받아왔기 때문일 테지만 역사가들은 사건을 형성하는 데 개성이나 감정이 하는 역할에 대해 때때로 거북함을 느낀다. 내 생각에는 양쪽을 모두 고려해야 한다. 만약 히틀러가 아닌 다른 사람이 1930년대에 독일의 국정을 맡고 있었다면 그 사람은 영국·프랑스와의 전쟁에, 그리고 그 뒤에 소련·미국과의 전쟁에 모든 것을 걸었을까? 만약 일본 군국주의자들이 미국은 자기네가 물리치기에는 너무 강해지고 있다는 전망에 강박관념을 갖지 않았다면 일본이 1941년에(여전히 승산이 높았지만) 전쟁에 나섰을까? 두려움, 자부심, 분노. 이런 감정들은 합리적인 계산만큼이나, 그리고 어쩌면 그보다도 더 태도와 결정에 영향을 미친다.

그리고 그것은 '만약에What If'로 시작되는 질문들로 이끈다. 만약에 히틀러가 제1차 세계대전 때 참호에서 죽었다면? 만약에 윈스턴 처칠이 1931년 뉴욕 5번가에서 차에 치였을 때 치명상을 입었다면? 아니면 스탈린이 1921년 맹장수술을 받다가 죽었다면? 우리는 정말로 그런 인물들을 이야기의 어딘가에 넣지 않고 20세기의 역사를 생각할 수 있을까? 나치스와 소련 사회에 관해 묘사하고 쓰고자 출발했던 이언 커쇼(1943~)나 스티븐 코트킨(1959~) 같은 역사가들이 그 사회들의 정점에 있던 두 사람의 전기를 쓰는 쪽으로 옮겨간 것은 인상적인 일이다. 정치학자들은 개인의 역할을 가지고 씨름하는 것이 내키지 않았지만, 이제 그들의 학술지에도 '이제 위대한 인물을 찬양하자―정치인 상기하기' 같은 제목의 논문들이 실리고 있다.

역사 속의 개인이나 단일 사건의 영향을 평가하려면, 우리가 인식하든 못하든 곧바로 과거에 대한 또 다른 결과를 생각하게 된다. 1914년 6월 해가 쨍쨍 내리쬐는 여름날 사라예보에서는 일이 어떻게 다르게 전개되었을지 생각해보자.

오스트리아 제위 계승자인 프란츠 페르디난트 대공은 어리석게도 이 보스니아의 도시를 방문하고 있었다. 보스니아에 살고 있던 사람들을 비롯한 많은 세르비아 민족주의자들은 불과 6년 전 오스트리아-헝가리제국이 보스니아를 오스만 제국으로부터 빼앗아 병합한 데 대해 아직도 분개하고 있었다. 그들이 생각하기에 이 지역은 세르비아에 속하는 곳이었다. 그리고 6월 28일은 대공이 방문하기에 특히 좋지 않은 날이었다. 코소보 전투(1389년 세르비아 왕국과 오스만 제국이 이곳에서 전투를 벌여 오스만 제국이 승리했고, 세르비아는 오스만 제국의 속국이 되었다―옮긴이)에서 대패한 것을 기억하는 세르비아의 국가 기념일이었기 때문이다. 수상한 테러 조직의 음모가 있는 듯하다는 경고에도 불구하고 오스트리아의 경비가 허술했던 것도 문제였다.

그날 아침, 권총과 폭탄으로 무장한 결연한 젊은이들이 마을 근처로 가서 매복한 채 대공을 기다렸다. 행렬이 도착하자 한 사람

1914년 6월 29일 사라예보에 반세르비아 폭동의 여파로 거리에 모여든 사람들.

이 폭탄을 던졌지만 빗나갔다. 암살 용의자 몇 명이 경찰에 체포되었고, 나머지는 용기가 꺾였다. 오직 한 사람 가브릴로 프린치프 (1894~1918)만이 잡히지 않고 거사를 준비했다. 그는 임무를 완수할 기회를 잡으려고 강변의 중심가를 돌아다니다 그곳의 유명한 카페 근처에서 쉬려던 참이었다. 그가 성공할 가능성은 희박했다. 그런데 그때 갑자기 대공의 관광용 무개차無蓋車가 나타났다. 운전기사가 길을 잘못 들어 프린치프 바로 앞의 작은 거리에 나타난 것이다. 운전기사가 차를 돌리려고 애쓰는 사이에 프린치프가 다가가 직사直射 거리에서 대공 부부를 쏘았다.

대공의 죽음은 세르비아를 통제하에 두거나 멸망시키기 위해 오스트리아 정부에 필요했던 명분이 되어주었다. 그것은 다시 오스트리아-헝가리제국을 지원한다는 독일의 결정을 촉발했고, 러시아는 세르비아를 지원하기로 했다. 그 암살이 없었다면 1914년에 유럽이 전쟁을 벌였을 것 같지는 않다. 유럽에서는 전면전이 일어나지 않았을 것이다. 알 수는 없는 노릇이지만, 그렇게 추정할 수는 있다.

사후 가정은 역사의 유용한 도구다. 결과가 어떻게 하나의 행동이나 결정으로부터 흘러나왔는지를 이해하는 데 도움을 주기 때문이다. 율리우스 카이사르는 서기전 49년에 자신의 병력을 이끌고 루비콘 강을 건너 로마로 진군하기로 결정하면서 자신의 정부에 도전했다. 그 강은 그가 총독으로 있던 주와 로마가 직접 통치하는 이탈리아 영토 사이의 경계선에 해당했다. 그의 행동은 반역이었고, 사형이나 유배라는 처벌을 받을 수 있었다. 그가 성공을 거둔 것은 로마 공화국의 죽음이자 제정 로마의 탄생을 의미했다.

에르난도 코르테스는 1519년 멕시코 내륙으로 진군해 들어가는, 거의 상상도 할 수 없는 도박을 한다. 그에게는 600명의 병사와 15명의 기병, 15문의 대포가 있었고, 이를 가지고 잘 조직된 강력한 현지 왕국들을 상대해야 했다. 만약에 현지인들이 서로 분열되어 정복당하도록 방치하지 않고 힘을 합쳐 소규모의 침략자 무리에 대항했다면 어떻게 되었을까? 멕시코는 독립국으로 살아남았을 가능성이 충분하다. 일본이 그랬다. 1860년대와 메이지유신 기간에 외부로부터 비슷한 도전에 직면했고, 이때 일본은 성공적인 변신을 이루어 외세를 막아냈다. 강력하고 자주적인 토착 세력이 있었다면 북아메리카의 역사도 상당히 달라졌을 것이다.

사후 가정은 우발적인 사건과 사고가 역사에서 중요하다는 사실을 일깨워주긴 하지만 조심해서 써야 한다. 과거에서 너무 많은 것을 바꿔버리면 대체된 역사는 점점 더 그럴듯하지 않게 된다. 우리는 또한 상상할 수 없거나 심지어 일어났을 것 같지 않은 일들을 기대해서도 안 된다. 고대 그리스의 극작가들이라면 데우스 엑스 마키나deus ex machina(고대 그리스 연극에서 쓰인 무대 기법의 하나로, 위급하고 복잡한 상황에서 기중기 같은 것을 이용해 공중에서 갑자기 신이 나타나 문제를 해결하는 수법이다—옮긴이)를 동원해 불가능한 상황을 해결할 수 있었을 것이다. 역사에서는 그렇게 할 수 없다. 과거의 인물들이 자신의 성격이나 시대에 비추어 가능할 것 같지 않은 방식으로 생각하고 반응할 것을 기대할 수도 없다. 예를 들어 영국 여왕 엘리자베스 1세가 21세기의 페미니스트처럼 행동하기를 기대할 수 없다. 역사 속의 인물들이 왜 그렇게 행동했는지를 이해해보려 할 때는 항상 그들이 자기 앞에 놓인 대안으로서 어떤 것을 볼 수 있었을지를 판단하려고 해야 한다.

나는 이제 역사를 바꾼(또는 내가 그렇게 생각하는) 네 명의 인물을 살펴보려 한다. 마거릿 대처, 우드로 윌슨, 이오시프 스탈린, 아돌프 히틀러다. 물론 이들은 매우 다른 환경 속에서 활동했다. 앞의 두 사람은 민주적 지도자지만, 뒤의 둘은 특히 20세기형의 독재자들이다. 그들은 대단한 권력을 쥐고 있었을 뿐만 아니라 자기네 국민들의 몸과 마음 모두를 통제하기를 원했다. 열광적인 지지가 아니라 단순한 복종만을 요구했던 구식 독재자들과 그들을 구별하기 위해 전체주의라는 새로운 용어가 만들어져야 했다.

그러나 네 사람 모두가 지닌 공통점은 이미 언급했다. 그것은 걷잡을 수 없는 야망이다. 마찬가지로 중요한 것은 그들이 변화가 일어나는 시기에 살면서 행운을 누렸다는 점이다. 그것이 그들에게 기회를 주었고, 그들은 그 기회를 붙잡았다. 윌슨은 진보 운동의 바람을 타고 1912년 백악관에 입성했다. 당시 많은 미국인들은 변화와 개혁을 받아들일 자세가 되어 있었다. 대처는 불만이 팽배한 1970년대 영국의 사회·경제 상태(높은 실업률과 경제 침체, 그리고 이어지는 1978~1979년 겨울의 심각한 파업 사태)를 활용해 먼저 보수당 지도자가 되고 이어서 총리가 되었다. 스탈린과 히틀러는 제1차 세계대전과 대공황에 의해 야기된 구질서의 붕괴와 평판 실추를 이용해 급진적인 변화의 기수로서 스스로를 내세웠다.

또한 네 사람 모두 자신들이 옳고, 자신들이 훨씬 더 큰 세력(국민이든 인종이든 역사의 흐름이든)을 대변한다는 확고한 신념을 지녔다. 비스마르크, 매켄지 킹, 프랭클린 델러노 루스벨트와 마찬가지로 그들은 자신들이 바라는 유형의 사회와 세계에 대한 분명하고도 주목할 만한 비전을 갖고 있었다. 그러나 그들은 자기네의 목적을 달성하기 위해 타협할 준비가 덜 되어 있었고, 시간이 지나면서 무엇이 최선의 길인지를 알고 있는 것은 자신들뿐임을 확신했다.

물론 대처·윌슨·스탈린·히틀러가 같은 부류라고 얘기하려는 것은 아니다. 앞의 두 사람은 헌법과 법의 지배, 자유 언론, 강한 시민 조직이 있는 민주주의적 사회의 한계 안에서 활동해야 했다. 윌슨과 대처는 열정과 스스로 품행이 방정하다는 확신을 가지고 자신들에게 권력이 주어졌을 때 그것을 행사했지만, 그들은 그 한계를 존중하고 거기에 제한을 당했다. 반면에 히틀러와 스탈린은 무제한의 권력을 가졌고, 현대적인 기술 덕분에 과거의 어느 독재자들보다도 그것을 더욱 철저히 적용시킬 수 있는 수단도 지니고 있었다.

이 네 사람의 공통된 특성으로 내가 발견한 것은 성공과 권력이 이들을 도취하게 했다는 것이다. 이들 각자는 자신만의 독특한 방식으로 고대 그리스인들이 '오만ýᵥris'(신화에서 유래한 말로, 신에 대한 모욕과 무례한 행위 등으로 연결되는 극도의 자존심과 자신감을 말한다—옮긴이)이라 부른 것의 먹이가 되었고(그 극도의 오만은 인간을 스스로 오류가 없다고 생각하게 만든다), 그들이나 불행한 그의 국민들은 이로 인해 벌을 받았다.

우드로 윌슨 • 설득형이었으면 전체주의 막았을까

1913년 미국 대통령이 된 우드로 윌슨에 대해 워싱턴 주재 프랑스 대사가 이렇게 말한 적이 있다.

〔그는〕200년 전에 살았더라면 세상에서 가장 포악한 군주가 되었을 것이다. 그는 자신이 틀릴 수 있다는 생각은 눈곱만큼도 하지 않는 듯 보이기 때문이다.

윌슨은 대처와 달리 세계적인 강대국으로 가고 있는 나라를 이끌고 있었다. 제1차 세계대전 직전 그가 처음 정치에 입문할 때 미국 경제는 급속히 성장하고 인구도 증가하고 있었다. 시어도어 루스벨트 대통령 집권기에 강력한 해군을 건설하기 위한 첫발을 내디뎠다. 전쟁은 미국이 주요 외교·군사 강국으로 변모하는 일을 재촉했다. 1919년의 파리 평화회의에서 윌슨은 국제연맹의 창설을 고집해 통과시켰다. 그러나 그의 정치 인생은 깊은 실망감 속에 끝이 났다. 의회의 비준을 얻지 못한 것이다. 앞으로 살펴보겠지만 이 실패는 주로

그 자신의 성격적 결함 때문이었다. 타협을 너무 자주 쉽게 거부하게 만드는 완고함이나, 자신은 절대적으로 옳고 상대방은 절대적으로 틀렸다는 확신 같은 것들이었다.

윌슨은 버지니아에서 장로파 교회 목사의 아들로 태어났다. 그의 어린 시절 기억은 내전(1861~1865)에 관한 것들이었다. 그는 항상 합중국이 유지되어야 한다고 생각했지만, 그는 여전히 남부인이었고 특히 인종에 대한 태도에서 그러했다. 그의 배경도 그가 독실한 기독교 신앙을 지니도록 만들었다. 칼뱅파 기독교와, 죄나 엄격한 신에 대한 믿음에 영향을 받았다. 그러나 그의 어린 시절과 훈육은 즐거운 것이었다. 헌신적인 그의 부모는 그를 강압적으로 교육하기보다는 격려해 주었다. 그들은 아이가 이런 말을 하면 아이만큼이나 즐거워했다.

"나는 머리가 좋고 기억력도 최고인 것 같아."

그는 매우 야망도 컸다. 부유해지기 위해서가 아니라 유명해지고 남에게 도움을 주기 위해서였다.

그는 학생 시절 뛰어난 모습을 보였다. 처음에는 프린스턴 대학을 다녔고 나중에 존스홉킨스 대학에 들어가 박사 학위를 받았다. 그는 잠시 법률가가 되려 했지만 자연스럽게 학문 세계에 끌렸고, 그곳에서 다시 탁월한 모습을 보였다.

마흔여섯 살에 그는 프린스턴 대학 총장이 되었고, 학점이 후해 젊은이들이 대충 간판이나 따러 다니는 학교를 일류의 학문의 전당으로 변모시키는 일에 착수했다. 자신 역시 존경받는 정치학자이자 역사가, 그리고 심금을 울리는 웅변가로서 명성을 쌓았다. 1910년이 되자 민주당 지도부의 핵심 인물들을 비롯한 여러 사람들은 뉴저지 주지사나, 아마도 궁극적으로 국무를 담당하는 직책의 입후보 대상자로 그를 입에 올리기 시작했다.

월슨에게는 시기적절했다. 20세기에 접어드는 이때는 정치·사회적으로 상당한 동요의 시기였다. 확산되는 진보 운동(이 운동은 민주당원뿐만 아니라 시어도어 루스벨트 같은 공화당원들도 끌어들이고 있었다)은 정부의 부패, 기업의 독점과 카르텔, 미국 사회의 불평등과 빈곤을 공격했다. 대중은 낡은 질서에 더럽혀지지 않은 새로운 지도자를 원했

1919년 우드로 월슨이 베르사유 평화회의를 마치고 미국에 돌아왔을 때 사진.

고, 정직성과 이상과 능력 면에서 당연히 누려야 할 명성을 지니고 있던 월슨은 여기에 꼭 들어맞는 사람이었다.

이제 50대 초반인 월슨은 지도자처럼 보였고 그가 하는 말도 그렇게 들렸다. 그는 잘생기고(어떤 사람들은 장의사처럼 보인다고도 했지만) 위엄이 있고 과묵했다. 그에게는 루스벨트 대통령처럼 붙임성이 좋고 전혀 모르는 사람에게도 말을 걸 수 있는 능력이 없었다. 그러나 억누르고 있는 속에는 근사한 사랑을 할 수 있는 감성적이고 정열적인 사람이 들어 있었다. 그는 가족과 몇몇 믿을 만한 친구들, 그리고 살아가면서 사랑한 여자들(그의 두 아내를 포함해서)에게 따뜻하고 상냥하게 대할 수 있었다. 그는 저녁에 큰 소리로 책을 읽거나 농담(그리 재미있는 것은 아니었음을 인정해야겠지만)을 하기를 좋아했다.

그는 암울할 때도 있었고 실패도 겪었지만, 싸움에서 용기가 부족했던 적은 없었다. 그러나 너무 융통성이 없어서 때때로 목표를 이루

는 데 실패했다. 한때 윌슨의 가장 신임받는 조언자 가운데 하나였던 에드워드 하우스 대령은 이렇게 말했다(분명히 감탄조다).

　문제 하나가 제기될 때마다 그는 완전히 열린 마음을 유지한 채 올바른 결정으로 이끌 모든 제안이나 조언을 받아들인다. 그러나 그가 받아들이는 것은 오직 문제를 검토하고 결론을 내릴 준비를 하는 동안만이다. 일단 결정이 내려지면 그것으로 끝이고, 모든 조언과 제안은 완전히 막을 내린다. 그 뒤에 그를 움직이게 할 수 있는 것은 없다.

　프린스턴 대학에서의 말년에 그는 새로운 학생 기숙사를 건립한다는 자신의 계획을 둘러싸고 동료들 및 졸업생들과 복잡한 논쟁에 말려들었다. 불필요한 논쟁이었다. 그가 더 널리 자문하고 타협할 용의를 보여주었다면 그는 충분히 성공했거나 적어도 부분적인 성공이라도 거두었을 것이다. 그때 그는 달갑지도 않고 예기치도 못했던 패배를 당해 잠깐 사임을 생각하기도 했다.

　그는 그때나 그 후에나 강인한 성향의 동료와 함께 일하는 데 서툴렀다. 또한 반대자들과 협상하는 것도 잘 못했다. 그들과 합의를 이끌어내거나 그들을 끌어들이려 노력하는 대신에 바깥의 어둠 속으로 던져버렸다. 그는 종종 그러하듯이 자신의 명분이 옳다고 확신할 때는 자기 생각에 동의하지 않는 사람들을 그저 틀린 것이 아니라 사악하다고 생각했다. 그의 이력에서는 그가 배신당했다고 생각했을 때의 에피소드들이 두드러진다. 프린스턴 대학에서의 논쟁에서 가까운 친구이자 동료였던 잭 히븐이 반대편에 섰다. 윌슨은 이렇게 말했다.

우드로 윌슨의 초상이 들어간 미국의 10만 달러 지폐.

"내게 거짓말을 하는 사람들을 좋아할 정도로 내가 눈이 멀고 어리석다니…"

그는 절대로 히븐을 용서하지 않았고, 다시는 그와 이야기하지 않았다.

윌슨은 1919년 의회를 상대로 똑같은 일을 하게 된다. 윌슨이 생각하기에 의회는 완전한 평화와 새로운 세계 질서라는 자신의 꿈을 충분히 강력하게 지원하지 않음으로써 자신을 배신한 것이었다. 1919년에도 역시 반복되는 형태지만, 그는 프린스턴 대학에서 쓰러져(아마도 뇌졸중이었던 듯하다) 두통이 반복되고 한쪽 눈은 일시적 실명 상태에 빠졌으며 정서 불안에 시달렸다.

프린스턴 대학에서의 패배는 그로 하여금 정계로 옮겨갈 준비를 하게 했다. 뉴저지 주지사에 출마하라는 제안이 들어오자 그는 재빨리 수락했다. 그는 기업 통제 같은 일을 할 강력한 조직을 만들어 낼 수 있는 진보적이고 깨끗하며 효율적인 행정에 대한 약속을 내세웠다. 그는 일반 투표에서 54퍼센트의 지지를 얻어 낙승을 거두었다. 주지사로 일하던 2년 동안 여러 가지 개혁이 두드러졌고, 1912년에는 북부에서든 자신의 출신지인 남부에서든 많은 사람들에게 확고

우드로 윌슨과 그의 정부 각료들.

한 민주당의 대통령 선거 후보로 간주되었다. 선거운동에서는 행운이 그를 도왔다. 공화당이 자중지란을 일으켜, 시어도어 루스벨트가 신생 진보당 당수 자격으로 출마하기 위해 탈당했다. 윌슨은 일반 투표에서 43퍼센트의 지지밖에 얻지 못했지만, 이는 선거인단 과반수를 얻기에는 충분한 결과였다.

대통령으로서 그는 주지사 시절과 같은 에너지와 결단력을 보여주었다. 그는 또한 엄청난 홍보광임을 입증했다. 임기 첫해에만도 60여 차례의 기자회견을 열 정도였다. 첫 임기 동안에는 국내 문제에 집중해 여러 가지 진보적인 정책들을 도입했다. 관세를 낮추고, 연방준비제도를 설립하고, 연방거래위원회를 만들었다. 1913년에 그는 한 친구에게 이렇게 말했다.

"우리 행정부가 주로 대외 문제를 다루게 된다면 그것은 운명의 장난일 거야."

그러나 그는 바깥 세계를 완전히 무시하지 못했다. 특히 미국과 가까운 나라들에 대해서 그랬다.

윌슨의 대외 정책에 대한 관점은 도학자적이고 단순했다. 미국은 선을 지향하는 세력이고, 세계의 나머지 나라들에 본보기가 되어야 했다. 그는 선거운동 과정에서 이렇게 말한 적이 있다.

"미국은 하나의 상상idea이고, 미국은 하나의 이상ideal이고, 미국은 하나의 비전vision입니다."

그는 필요한 곳에서는 미국의 이웃들 문제에 무력 개입을 해서 그 이상을 확산시킬, 그리고 미국의 이익을 보호할(그가 언제나 이를 받아들인 것은 아니지만) 뜻이 있었다. 그는 한 영국 외교관에게 이렇게 말한 적이 있다.

"나는 남아메리카의 공화국들에 좋은 사람 뽑는 법을 가르쳐줄 생각이오."

그는 조잡한 구실로 미국 병사들을 멕시코에 보내면서, 그것이 인류에게 도움이 된다고 변명했다.

유럽에서 제1차 세계대전이 발발하자 윌슨은 많은 미국인들과 마찬가지로 그들이 어리석음과 야만 상태로 후퇴하는 것을 보고 전율을 느꼈다. 그는 죽어가고 있는 첫 번째 아내의 침대에서 자신을 억지로 떼어냈다(신장염에 걸린 그의 첫 번째 아내 엘렌 액슨 윌슨은 전쟁이 시작된 지 9일 만에 죽었다—옮긴이). 중재자로서 자신의 역할을 하기 위해서였다. 처음에 그는 자기 나라가 이 다툼에 끼어들 만한 흥미도 필요도 없다고 확신했다. 그는 1914년 의회에 보낸 서한에서 이렇게 말했다.

[미국은] 인명을 해치려는 이 시기에 명목상만이 아니라 실제로도

중립을 지켜야 합니다. 우리는 행동뿐 아니라 생각에서도 한쪽에 치우치지 말아야 합니다.

그러나 전쟁이 계속되면서 미국은 연합국 쪽으로 기울었고, 윌슨은 그것을 저지하기 위한 노력을 별로 하지 않았다. 자신과 상당수의 미국인들은 연합국, 특히 같은 민주국가인 영국과 프랑스 쪽에 동조하고 있었다. 미국의 은행들은 점점 더 많은 돈을 연합국에 빌려주었고, 미국의 공장들은 연합국의 주문으로 이득을 보았다. 1917년 러시아의 2월 혁명으로 차르의 전제 체제가 무너지자 연합국의 주요 걸림돌 가운데 하나가 제거되었다. 그러나 결국 미국이 참전해야 한다고 윌슨을 납득시킨 것은 독일의 바보짓이었다. 독일 잠수함들이 미국 배를 격침하고 미국 국민들을 죽였으며, 1917년 초에는 독일 정부가 멕시코를 설득해 미국을 공격하게 하려 했다. 그것이 결정타가 되었다. 윌슨은 4월 2일 의회로 가서 선전포고 결정을 얻어냈다.

그는 처음부터 미국이 여타 참전국들과는 다른 조건과 목표를 가지고 전쟁에 뛰어든다는 점을 분명히 했다. 유럽의 제국주의 강대국들과는 달리 미국은 스스로를 위해 아무것도 요구하지 않았다. 속령이나 배상금이나 모두 마찬가지였다. (윌슨은 많은 미국인 동포들과 마찬가지로 전 세계에서 미국의 무역과 투자가 확대되고 있는 것이 기뻤다.) 요컨대 미국은 절대로 스스로를 연합국으로 부르지 않고 '제휴 세력'이라 불렀다.

윌슨은 미국의 힘을 사용해 전쟁을 끝내고 전쟁에 책임이 있다고 생각하는(많은 사람들도 그렇게 생각했다) 독일 군국주의를 무너뜨리는 것을 목표로 했다. 그러나 승리 없는 평화가 와야 했다. 게다가 그 기회를 잡아, 각국이 함께 '세력 공동체'로 뭉쳐지는 국제사회를 건설해야 했다. 이것이 낡고 불신받는 세력균형을 대체하는 것이다. 월슨은 일련의 연설과 성명을 통해 자신의 비전을 상세히 밝혔다. 가장 유명한 것이 1918년 1월에 발표한 14개조다. 이는 새로운 공개 외교와 자유무역, 군비축소, 각국의 주권과 통합에 대한 존중, 그리고 아직 독립을 이루지 못한 민족들을 위한 '자치권'이 존재하는 새로운 세계 질서를 개괄한 것이다. 이 모든 것을 유지하고 강화시킬 중추는 '국가들의 보편적인 연대'였다. 다시 말해서 국제연맹이다.

월슨의 말은 전쟁에 지친 세계 곳곳에 울려 퍼졌다. 마침내 1918년 11월 전쟁이 끝나자 그는 예정된 평화회의에 참석하기로 결정했다. 유럽에서 열광적인 대규모 군중이 그를 환영하기 위해 나왔다. 미국 대표단 가운데 한 사람의 전언에 따르면, 그는 대서양 횡단 항해 도중 이미 그들에게 이렇게 말했다.

"우리가 상대해야 할 사람들은 자기네 국민들을 대표하고 있는 것이 아니오."

그에 대한 환영 연회는 자신이 세계의 대중들을 이해하고 있고 그들 자신의 지도자들이 할 수 없는 방식으로 그들을 대변하고 있다는 자신의 믿음을 확인하는 자리였다. 그것은 민주주의자로서는 기이한 추정이었고, 그는 적어도 부분적으로는 오류를 범하고 있었다. 그를 환영했던 많은 사람들은 더 나은 세계 질서에 관한 그의 비전에 공감했지만, 나머지 다른 사람들은 그가 자신들이 겪은 고난에 대해 그들과 자기네 나라에게 보상을 해주고 그들의 적을 응징해주리라는 희망에서 나온 것이었다. 그러나 월슨은 파리에 모인 세계의 정치가들과 고국에 남아 있는 정치인들 가운데 자신만이 세계가 무엇을 원하고 무엇을 필요로 하는지 알고 있다고 고집스럽게 믿게 된다. 그런 확신 때문에 그는 의회에서 국제연맹에 대한 비준을 얻을 기회를 박차버리게 된다.

그는 1919년 1월 파리에 도착한 뒤 회담 전에 첫 번째로 해야 할 일은 국제연맹 문제여야 한다고 고집했다. 그것만 처리되면 회담에서 국경선이나 배상 같은 문제들에 관해 좋지 않은 결정이 나오더라도 큰 문제가 아니라는 것이었다. 그것은 새로 만들어지는 국제연맹이 해결할 수 있었다.

불행하게도 그는 또한 미래의 골칫거리를 묻어두고 있었다. 1918년 11월 선거(상·하원 의원 선거다—옮긴이)에서 그는 전쟁과 다가올 평화를 당파적인 이슈로 만들었다. 그가 유권자들에게 민주당을 의회 다수당으로 만들어 국민이 자신의 리더십을 인정하고 있음을 보여달라고 촉구한 것이다. 이는 당연하게도 전쟁 수행을 충실하게 지원했던 공화당을 분노케 했다. 그는 또한 평화회의의 미국 대표단을 초당파적으로 구성하는 것도 거부했다. 예를 들어 전직 대통령 윌리엄 태프트(1857~1930)나 두 차례의 공화당 행정부에서 뛰어난 능력을 보였던 엘리휴 루트(1845~1937) 같은 사람을 지명할 수 있었다. 상원에서 조약을 비준하기 때문에 상원 대외관계위원장 헨리 캐벗 로지(1850~1924)를 지명할 수도 있었다. 그러나 윌슨은 민주당원들과 시시한 사람들을 지명했다. 이런 무시(로지는 이를 그렇게 봤다)는 이미 윌슨을 싫어하고 불신하고 있던 유력 정치인의 반감을 키우는 작용을 했다. (프랭클린 루스벨트는 이 일에서 교훈을 얻어 공화당이 자신의 평화 목표를 지원하도록 확실히 했다.)

물론 어떤 연맹의 일원이 되기를 전혀 바라지 않는 '완고파irrecon-cilables'라는 일부 강경한 공화당원들도 있었지만, 많은 사람들은 미국이 언제 전쟁에 참여할지 결정할 권리를 보장하는 기구를 받아들였을 것이다. 그 기구는 먼로 독트린(미국의 제5대 대통령 제임스 먼로가 1823년 제창한 미국의 외교 방침으로, 유럽 열강이 아메리카 국가들에 간섭하는 것을 거부하고 미국 역시 유럽의 문제에 대해서는 중립을 지킨다는 내용이다—옮긴이)에 규정된 대로 미국이 서반구 나라들과의 관계에서 특수한 지위에 있음을 받아들였다. 미국의 여론 역시 여론조사 시대 이전이었지만, 누구나 알 수 있었듯이, 어떤 형태의 연맹이 필요하다는 데는 찬성하고 있었다. 미국의 한 유명한 신문이 독자들에게 의견을 물었는데, 3분의 2 이상이 찬성했다.

그러나 윌슨은 중도파를 설득하려는 노력을 별로 하지 않았고, 반대파에 대해서는 말할 것도 없었다. 그는 잠깐 미국에 돌아와 있던 1919년 2월과 3월에 로지를 더욱 불쾌하게 만들었다. 그는 로지의 고향 땅인 보스턴에서 국제연맹을 지지하는 자극적인 연설을 했다. 똑같이 어리석게도 그는 언제나 자신의 품위를 의식하고 있는 동조적인 상원 의원들까지도 자극했다. 그들이 볼 기회도 없었던 연맹 규약 사본을 배포해버린 것이다. 워싱턴에서 윌슨은 심지어 자기 당 내의 흔들리는 의원들을 달래는 데도 전력을 다하려 하지 않았다. 그는 자신이 경멸하던 남부 출신의 특정 민주당 의원과는 이야기를 하지 않으려 했다. 의회의 요청으로 그는 상원 주요 의원들과 만찬을 함께했다. 로지와 다른 대외관계위원회 소속 의원들도 참석했다. 그것은 분명한 실책이었다. 윌슨이 그들을 대한 방식에 대해 한 참석자는 이렇게 말했다.

그들은 교회학교 교실에서 아주 엄한 선생한테 공부를 게을리했다고 꾸중을 듣고 있는 듯했다.

심지어 윌슨이 새로 태어난 손자를 처음 보면서 던진 썰렁한 농담 한마디조차 부적절한 것이었다.

"입을 벌리고 눈을 감은 것을 보니, 커서 상원 의원이 되겠구나."

윌슨은 아예 상원을 제치고 미국이 국제연맹에 가입할 수 있을지를 생각하기 시작했다.

파리로 돌아오자 그는 의회를 공격했다. 그가 보기에 의회는 자신이 국제연맹을 지원하는 일에 대해 미온적이었다.

4월에 그는 다시 의식을 잃고 쓰러졌다. 독감에 걸렸던 것이 악화되었거나, 약한 뇌졸중으로 넉 달 뒤에 오게 되는 훨씬 심각한 것의 전조였던 듯하다. 이유가 무엇이었든, 그는 이로 인해 평생 얼굴에 경련을 일으켰고, 더욱 감정적이고 변덕을 부리고, 더 자주 짜증을 냈다. 또한 더욱 독선적이고 옹고집을 부리게 되었다.

연맹 규약을 첫 문장에 집어넣은 핵심적인 평화조약(독일과의 조약이다)이 마침내 1919년 6월 28일 체결되었다. 윌슨은 곧바로 미국으로 가는 배를 탔다. 상원으로부터 이에 대한 비준을 받기 위한 싸움을 계속해야 했기 때문이다. 그는 단호했다. 그 구절들에 대한 어떤 절충도 받아들이지 않겠다는 것이었다. 상원이 그 권한을 행사하기를 선택해 수정을 하거나 '단서 조항'(용어 변경)을 붙인다면 그는 그 모두를 거부할 심산이었다. 자신의 민주당과 간단한 단서만 붙이기를 원하는 동정적인 공화당 의원들을 한데 묶어 제휴할 수도 있었지만, 그는 이를 고려하기를 거부했다. 그해 7월 그 조약을 상원에 회부하면서 한 그의 연설은 도발적이었다. 국제연맹은 "인류를 위한 유일한 희망"이었다. 그는 상원 의원들에게 도전장을 던졌다.

우리가 이를 거부해 세계의 심장을 망가뜨려야 하겠습니까?

그가 8월에 조약에 대한 청문회를 열고 있던 로지의 위원회에 출석하자 언쟁이 벌어졌다. 로지는 여전히 어떤 형태의 연맹에 대해서는 찬성하고 있었다. 그러나 그는 그것을 독일과의 조약 안에 끼워 넣지 말고 나중에 별도로 협상해야 한다고 주장했다. 문제가 좀 정리된 뒤에 말이다. 그가 어떤 동기에서 그런 주장을 했든, 그리고 윌슨에 대한 증오가 부분적으로 역할을 했든 하지 않았든, 그의 반론은 불합리한 것은 아니었다.

윌슨은 조약 싸움을 국민들에게 들고 가기로 결심했다. 그는 국민들은 자기 편이라고 확신했다. 9월 3일, 윌슨은 워싱턴을 떠나 3주 동안의 서부 여행에 나섰다. '완고파' 핵심 인물의 텃밭이었다. 아직 매우 더운 때였고, 윌슨은 지치고 아파 보였다. 그의 두 번째 아내와 친구들, 그리고 주치의는 피곤한 여행이 될 것이라며 가지 말라고 말렸다. 그는 이렇게 말했다.

"나는 조약을 살리기 위해서라면 어떠한 희생이라도 기꺼이 감수할 것이오."

그가 하루에 두세 차례씩 연설을 하면서 서쪽으로 이동하자 점점 더 많은 군중이 그의 연설을 듣기 위해 모여들었다. 조약에 대한 찬성이 늘고 있는 듯했고, 그의 동료들은 윌슨이 몇 가지 간단한 단서 조항을 받아들일 용의가 있다면 조약이 상원을 통과할 수 있을 것이라는 희망을 품기 시작했다.

9월 25일 밤, 그는 중증의 뇌졸중이 발병했고 평생 완전히 회복되지 못했다. 프린스턴 대학이나 파리에서 싸우는 동안에 그랬던 것처럼, 그는 감정적으로 약해졌고 터무니없이 고집을 부렸다. 그는 백악관의 병상에 누워 조약에 관해 절대 타협하지 말라고 지시했다.

로지가 자기 위원회에서 제기된 수정 사항을 반영해 조약을 비준하기 위한 동의를 제출했지만, 그것은 공화당 완고파와 여전히 윌슨의 지시를 따르는 민주당 의원들의 협공으로 부결되었다. 1920년 3월, 간단한 단서 조항만 붙여 조약의 비준을 얻어내기 위한 마지막 시도가 양당 온건파들에 의해 이루어졌다. 23명의 민주당 의원이 윌슨에 거역해 찬성투표를 했다. 그러나 공화당 온건파와 손잡은 이들의 투표는 의안을 통과시키는 데는 충분하지 않았다. 미국은 나중에 독일과 별도의 조약을 맺었지만, 국제연맹에 가입하지는 못했다.

만약 윌슨이 다른 유형의 사람이었다면 사태는 다르게 전개되었을 것이다. 히틀러의 독일과 무솔리니의 이탈리아, 또는 군국주의자들의 일본에 대처하기 위한 더 강력한 국제기구가 있었더라면 이후 수십 년이 어떤 모습으로 흘러갔을까. 윌슨은 세계에 거대한 비전을 제시했다. 하지만 자신의 결점 때문에 생전에 그 비전을 현실로 만들지 못한 것이 유감스럽다.

마거릿 대처 • 전쟁 승리가 키운 옹고집

윌슨과 마찬가지로, 자신이 보는 눈이 어느 누구보다도 더 확실하다는 마거릿 대처의 내적 확신도 잇단 성공 때문에 이치에 안 맞게 강화되었다. 윌슨과 마찬가지로 대처도 예기치 않게 당의 지도자가 되었고, 그 뒤 공직에 선출되었다. 윌슨과 마찬가지로 대처도 사회를 변화시키는 데 도움을 준 일련의 대담한 개혁을 실행에 옮겼다. 그리고 윌슨과 마찬가지로 군사적 승리를 이끌었다.

대처에게 1982년의 포클랜드 전쟁은 존재감을 드러내는 순간이기도 했지만, 그 안에 자신의 몰락의 씨앗을 품고 있었다. 자신이 어떤 싸움에서도 이길 수 있고 이겨야 한다는 믿음은 여러 가지 경고 사인이 그것을 포기해야 한다는 것을 보여주고 있을 때에도 재앙을 초래할 정책을 채택하고 거기에 매달리도록 그녀를 이끌었다. 이슈는 분명히 하찮은 것이었다. 지방정부의 재원이 되었던 가옥세를 모든 성인이 내는 인두세人頭稅로 대체한 것이었다. 앞으로 보게 되겠지만 그것이 그녀의 정치생명을 끝장내버렸다.

대처는 가장 있을 법하지 않은 보수당 출신 총리였다. 전임자나 절대다수의 보수당 하원 의원들과 달리 그녀는 아웃사이더였다. 남성이 지배하는 정당에서 그녀는 여성이었다. 그녀는 진지하게 받아들여지기 위해 자기 당 안에서, 그리고 자신의 정치적 반대자들과 싸워야 했다. 그녀가 처음으로 발언하기 위해 일어서자 노동당 평의원들이 '암컷' 소리를 내며 조롱했다. 그녀는 누구보다도 열심히 일해서 이를 메웠고, 나중에 세세한 데까지 통달해 다른 사람들을 놀라게 하고 때로는 질리게 했다. 더구나 보수당 지배 세력은 거의가 상류계급이었다. 그녀는 하층 중류계급 출신으로, 아버지는 식료품 상인이었다. 어린 시절에 그의 가족은 가게 위층에서 살았다. 그녀는 공립학교를 다녔지만, 대부분의 보수당 남성 의원들은 학비가 비싼 사립학교에 다녔다. 대처는 옥스퍼드 대학에서 화학을 공부했는데, 다른 동료들은 대부분 예술 과목을 공부했다. 그녀는 여행이나 외국 인들을 별로 좋아하지 않았지만, 다른 보수당 의원들은 해외에서 휴 가를 보내는 데 익숙해지며 자랐다. 그녀는 출세를 하면서 좀 더 고 상한 말투를 익히고 부유한 사업가와 결혼했지만, 비슷한 배경 출신 인 전임자 에드워드 히스(1916~2005)와 달리 결코 상류계급의 일원 으로 받아들여지지 않았다. 사실 그녀는 아웃사이더의 처지를 한껏 즐겼다. 그것이 이미 만만찮았던 그녀의 근성을 더욱 굳세게 하는 역 할을 했다. 그녀는 이렇게 말했다.

당신 자신의 생각을 정하세요. 당신은 친구들이 그것을 하기 때문 에 무엇을 하거나 무엇을 원하는 게 아닙니다.

영국 정치 연구를 자신의 과업으로 삼은 캐나다의 유명한 정치학 자 앤서니 킹(1934~)은 이렇게 말했다.

대처에게서는 언제나 자신이 싫어하는 사람들이 연 파티에 참석한 불청객 같은 분위기가 흘렀다.

그는 대처가 리처드 닉슨(1913~1994)이나 스티븐 하퍼(1959~) 같은 다른 '아웃사이더' 정치인들처럼 그런 신분이 심리적으로도 만 족스럽고 좋은 전술이 될 수 있음을 알아차렸다고 주장했다. 대처는 주변 사람들에 대해 도덕적 우월감을 느낌과 동시에 그들의 관습과 원칙을 무시했다. 실제로 아웃사이더들은 반대의 접근이 성공을 이루는 가장 좋은 방법이라 생각할 것이라고 킹은 말한다. 대처는 자신이 원할 때는 매력적일 수 있었지만, 소리를 지르거나 탁자를 쾅 치는 것도 망설이는 법이 없었다. 유럽이사회(유럽연합EU 회원국 국가원수 또는 각료와 별도의 유럽이사회 의장, 집행 기관인 유럽위원회 위원장이 참석하는 회의—옮긴이) 회의에서든 자기 동료들과의 사이에서든 말이다. 그녀는 자신에 대해 자랑스럽게 말했다.

"내가 여러 가지로 잘못을 했죠."

대처는 정치 생애에서 단순하지만 굳게 지켜온 신념이 있었다. 그녀에게는 포용하고 절충하는 정치를 할 시간이 별로 없었다. 그녀가 생각하기에 그것이 영국을 곤경에 빠뜨린 주범이었다. 정부는(심지어 보수당 정부도) 노동조합 같은 선출되지 않은 조직에게 너무 많은 양보를 했다. 그녀는 이런 말을 한 적이 있다.

"『구약』의 선지자들은 '형제들이여, 의견을 모읍시다'라고 말하지 않았습니다. '이것이 나의 믿음이오. 이것이 내가 열렬하게 믿는 것이오'라고 그들은 말했습니다."

그녀는 1979년 처음으로 보수당 대표 선거에 나섰는데, 한 신문과의 인터뷰에서 자신이 당선되면 실용 내각이나 합의 내각은 원치 않는다고 말했다.

"신념 정권이 되어야 합니다."

그녀의 가장 가까운 조언자 가운데 한 사람은 이렇게 말했다.

"그녀는 아이디어가 좋은 여자가 아닙니다. 신념이 있는 여자입니다. 신념이 아이디어보다 낫습니다."

그녀는 책을 많이 읽지도 않았고, 싱크탱크에 많은 관심을 기울이지도 않았다. 그녀는 자신의 성장 환경 및 경험, 그리고 소수의 믿을

1975년 보수당 대표 시절의 마거릿 대처.

만한 동료들의 의견으로부터 더 많은 것을 끌어냈다. 검약, 근면, 자립 같은 덕목들을 높이 평가했고, 애국심이 매우 강했다. 그녀가 떠밀리다시피 은퇴한 뒤에 역사가 앤드루 로버츠(1963~)와 점심을 먹었는데, 웨이터가 대처에게 잉글리시 머스터드를 원하는지 프렌치 머스터드를 원하는지 묻는 실수를 저질렀다. 그는 의문의 여지가 있을 수 없다는 듯이 외쳤다.

"잉글리시!"

젊은 여성으로서 그녀가 관찰해보니, 한때 긍지에 넘쳤던 국민의 진취성을 사회주의가 갉아먹고 있었다. 국가 권력은 개인의 희생을 통해 증대되었다. 역대 정부는 경제를 망치고 돈을 헤프게 쓰며 열심히 일하는 중산층에게 세금 부담을 가중시키고 있었다. 그녀는 자신의 출신 배경이 그래서인지 중소기업가나 자영업자, 연금 수급자 같은 부류의 사람들이 느끼는 억울함을 본능적으로 알았다. 이들은 보수당은 해럴드 맥밀런(1894~1986) 같은 온건파의 영향을 받아 자신들을 버렸고, 노동당은 항상 자기네의 적이 되려 한다고 생각했다. 그녀는 1975년 보수당 대표 선거에 출마하면서 자랑스럽게 말했다.

"(영국)에 대한 나의 모든 생각은 열일고여덟 살 이전에 만들어졌습니다."

1960년대 말과 1970년대 초는 영국에 호의적이지 않았고, 대처는 다른 보수당 우파 인사들과 마찬가지로 영국이 경제 붕괴에 직면하지 않을까 우려하고 있었다. 그러나 1976년 그녀와 장시간 대화를 나눈 한 기업인에 따르면, 그녀는 현재 상황이 수치스러워 무슨 일이든 해야 한다는 신념 외에 아무런 분명한 정책 처방이 없었다고 말했다.

행운과 좋은 타이밍은 그의 편이었다. 하원에서 몇 안 되는 여성 의원이라는 것은 불리하게 작용하기도 하지만, 당시 총리였던 히스가 내각에 여성 각료를 입각시키려고 찾게 되자 대처가 확실한 대상자로 꼽혔다.

그녀는 지도자인 히스에게 불만을 갖고 있던 보수당의 여러 사람들에게서도 도움을 받았다. 그들이 보기에 히스는 노동조합, 특히 투쟁적인 광산 노조를 다루는 데 허약했고, 이로 인해 보수당은 1974년 선거에서 노동당에 패배했다. 당내에서는 급진적인 자유시장파가 형성되고 있었다. 이들은 또한 사회를 제어하는 정부의 힘을 복구하려 노력하고 있었고, 대처는 이에 끌렸다. 그 지도 인물인 키스 조지프(1918~1994)는 당 대표 선거에서 히스에 도전하기로 결심했고, 그것이 대처에게 무대를 마련해주었다(조지프는 잦은 설화舌禍로 낙마해, 그를 지원하려던 대처가 대타로 나섰다―옮긴이). 히스가 조용히 물러가기를 거부한 것도 도움이 되었다. 그것이 어떤 온건파 후계자 후보도 나설 수 없게 막아버렸다. 1975년에 대처는 당 대표로 선출되었다.

이즈음 그녀의 상징물들이 이미 개발되어 있었다. 금발의 매끄러운 머리 모양, 단순하고 잘 마름질된 정장, 진주 목걸이, 그리고 위압적인 핸드백 등이다. 한 텔레비전 프로듀서는 그녀에게 목소리를 조금 낮춰서 아주 날카로운 소리가 되지 않도록 하라고 조언했다. 백전

노장 언론인에서부터 자기네 내각의 하급 관료, 또는 정치적 반대파에 이르기까지 놀랄 만큼 넓은 범위의 남자들이 대처가 상당히 섹시하다고 생각했다. 프랑스 대통령 프랑수아 미테랑(1916~1996)은 대처가 "칼리굴라(로마 제국 제3대 황제로 본명은 가이우스. 칼리굴라는 어린 시절에 얻은 별명이다—옮긴이)의 눈과 마릴린 먼로의 입"을 가졌다는 유명한 말을 했다. 그녀는 또한 연설에 대한 조언도 받아들였다. 그녀의 연설은 대체로 길고 두서가 없었는데, 한 줄 문장의 달인이 되었다. 대처는 심지어 몇 가지 즉흥적인 농담을 메모하기도 했는데, 유머 감각이 없는 사람에게는 하나의 도전과도 같은 것이었다. 그녀의 참모들은 무의식중에 튀어나오는 중의적重義的 표현들을 두려워하게 되었다. 젊은 실습생에게 "나는 그렇게 큰 연장을 본 적이 없어!"라고 말할 때나, "이게 나를 마구 흔들지 않겠어?"('마구 흔들다'로 번역한 'jerk off'는 '자위하다'라는 뜻이 있다—옮긴이) 하면서 야전포 발사를 사양하는 것 같은 경우다.

대처의 그다음 행운은 1978~1979년의 시끄러웠던 '불만의 겨울 Winter of Discontent'이었다. 공공 부문의 잇단 파업(일부는 폭력으로 얼룩지기도 했다)은 많은 유권자들에게 노동조합을 통제 아래로 끌어내려야 할 때가 되었음을 납득하게 했다. 노동당은 그렇게 할 수 없음이 분명해 보였다. 마거릿 대처는 새로운 출발을 약속한 참신한 얼굴이었다. 1979년 총선거에서 보수당은 339석을 얻어 269석의 노동당을 제쳤다. 대처는 다우닝가 10번지 총리 관저 밖에 서서 이때를 위해 세심하게 메모한 기도문을 인용했다(프란치스코회 창설자인 아시시의 성 프란치스코(1182~1226)의 「평화의 기도」 가운데 한 구절이다—옮긴이).

1982년 5월 4일 "잡았다(Gotcha)"라는 표지 제목의 영국 『선(The Sun)』지와 1982년 5월 "우리는 이기고 있다 (Estamos ganando)"라는 표지 제목의 아르헨티나 잡지 『헨테(Gente)』.

불화가 있는 곳에 화합을 불러오기를!

우습게도 그녀가 그렇게 하지 않았다는 게 아이러니다.

총리로서의 첫해는 쉽지 않았다. 분명히 상대 당은 심하게 분열되어 있었고, 1981년에는 노동당에서 비주류 그룹이 갈라져 나와 새로이 사회민주당을 결성했다. 그러나 노동조합은 여전히 정부에 도전했고, 영국 경제는 갈수록 악화되었으며, 그녀의 정당은 그녀에 대해 어떻게 생각해야 할지 갈피를 잡지 못하고 있었다. 영향력 있는 보수당 인사 그룹(일부는 그녀의 내각 각료였다)이 공공 지출을 대폭 삭감한다는 대처의 계획에 강력하게 반대하고 나섰다. 그들(그녀는 그들을 경멸적으로 '찌든 자들'이라고 불렀다)의 반대는 대처의 결의를 더욱 굳게 만들었을 뿐이었다. 대처는 자신이 영국을 위해 무엇이 옳은지를 알고 있다고 확신했고, 자신의 노선을 바꿀 생각이 전혀 없었다. 그녀는 1980년 가을에 열린 당대회에서 얼음장같이 냉담하게 말했다.

"돌리고 싶다면 당신이 돌리세요. 숙녀는 돌리는 게 맞지 않아요."

서민들은 좋아했지만, 실업률이 계속 급격히 증가(1981년에 100만 명이 늘었다)하고 기업들이 도산하자 나라 전체에서 대처의 인기는 곤두박질쳤다. 그해 연말에 실시한 한 여론조사에서 응답자의 23퍼센트만이 대처가 일을 잘하고 있다고 생각했다.

그녀를 구원하고 그녀가 안정적으로 재선출될 거라고 확신할 수 있게 한 것은 또다시 행운이었다. 이번에는 영국 해안에서 멀리 떨어진 곳에서 일어난 전쟁이었다. 1982년 4월 초, 아르헨티나 군사정부가 포클랜드 제도에 쳐들어왔다. 그곳은 아르헨티나가 오래전부터 자기네 땅이라고 주장해 오던 곳이었다(아르헨티나에서는 이곳을 말비나스 제도라고 불러 이 전쟁은 말비나스 전쟁이라 불리기도 한다—옮긴이). 아르헨티나 군부는 영국이, 특히 여성 총리가 이끄는 상태에서 대응을 하지 않을 거라고 생각했다. 그러나 대처는 처음부터 결심을 하고 전혀 자세를 바꾸지 않았다. 영국은 이 섬들을 되찾아야 한다는 것이었다. 대서양을 건너 급파된 원정군이 실패하면 어떻게 되느냐는 텔레비전 인터뷰의 질문에 그녀는 이렇게 대답했다.

"실패요? … 실패, 그럴 가능성은 없습니다."

사실은 그럴 가능성이 있었다. 그러나 또다시 행운이 한몫을 했다. 아르헨티나 지도자들은 약하고 분열되어 있었으며, 특히 군사정부 수반 레오폴도 갈티에리(1926~2003) 장군은 술을 자주 마셨다. 그들의 군대는 전투를 예상하지 못하고 전투 장비를 제대로 갖추지 않고 있었다. 포탄 몇 발이 영국 배들을 맞혔으나 터지지 않았다. 대처는 차분하고 단호한 자세를 유지했고, 아르헨티나가 섬들을 돌려주기 전에는 평화가 있을 수 없음을 분명히 했다. 6월 14일 전쟁이 영국의 승리로 끝날 때쯤에는 그녀에 대한 전반적인 지지율이 51퍼센트에 달했다. 6개월 전 지지율의 두 배를 넘어선 것이다.

포클랜드 전쟁은 언제나 대처의 이력 가운데 가장 중요한 순간이었고, 영국 현대사에서 하나의 전환점이었다. 이 섬들의 소유권을 둘러싼 영국과 아르헨티나 사이의 오래 끌어온 분쟁은 갑자기 침략으로 확대되었다. 대처의 많은 보좌관들은 그 먼 거리를 건너가 반격에 나서는 것은 불가능하다고 말했지만, 그녀는 이런 조언을 물리쳤다. 그것은 엄청난 도박이었지만, 그녀는 전쟁에서도 이기고 정치적으로도 승리를 거두었다. 당내 회의론자들은 말문이 막혔고, 심지어 반대자들도 감동을 받아 존경을 나타냈다. 대중에게 그는 '우리 매기'(매기Maggie는 마거릿Margaret의 애칭이다—옮긴이)가 되었다. 그리고 이 사건은 영국이 아직 건재하며 사자의 꼬리를 잡아당기는 것이 위험함을 입증했다. 아르헨티나를 상대로 승리를 거둔 데서 자신은 나라의 재탄생을 볼 수 있었다고 대처는 첼트넘 경마장에서 열성 당원들에게 말했다.

우리는 물러서는 나라가 되기를 거부했습니다. 우리는 그 대신 새로 발견한 자신감을 가지고 있습니다. 국내에서 벌어진 경제와의 싸움 과정에서 태어나고, 1만 3천 킬로미터 밖에서 검증해 진짜임을 확인한 것입니다.

포클랜드 전쟁은 바로 시금석이 되었다. 대처는 이를 통해 자신의 행동·정책과 다른 사람들의 그것을 판단했고, 자신을 지지하지 않은 사람들을 결코 용서하지 않았다. 그리고 승리는 또한 그녀를 사실상 난공불락으로 만들었다(혹은 그렇게 보였다). 열렬한 대처 숭배자 가운데 한 사람인 매력적인 탕아 앨런 클라크(1928~1999)는 전쟁이 끝난 직후 가까운 친구에게 이렇게 말했다.

"총리는 이제 완전한 행동의 자유를 얻었네. … 처칠 이후 그런 자유를 누린 지도자는 없었지. 그리고 처칠조차도 그것이 아주 오래가지는 못했네."

이듬해 보수당은 의회에서 더욱 큰 의석 차로 재집권했다.

대처의 자신감은 이제 요지부동이었다. 전쟁은 그녀가 자신의 방식대로 움직이고 자기 마음에 귀를 기울였을 때 가장 큰 성공을 거두었음을 보여주었다. 그게 아니더라도 그녀는 그렇게 결론을 내렸다. 이미 충분히 커진 독선적인 경향은 이제 철석같았다. 한 각료는 승리가 "자신이 모든 문제에 관해 옳다는 그녀의 신념을 더욱 확고하게 했다"고 말했다. 대처는 이제 각료들에게서 이야기를 듣는 것보다 훨씬 많은 말을 그들에게 했다. 자신이 이미 결정한 정책들을 내놓고 동의를 요구했다. 그녀는 내각을 개편했다. 그 과정에서 남은 사람들은 그녀의 손아귀에서 고분고분했다. 「스타트렉」에서 보그가 자주 말했듯이 대체로 저항은 무의미했다. 그녀는 자기 내각의 재무부 장관 나이절 로슨에게 이렇게 말한 적이 있었다.

"나는 이겨야 합니다."

그녀에게 동의하지 않는 사람은 모두 '찌든 자'라는 딱지가 붙을 듯했다. 아니면 더 험악하게는 '역적'이었다. 그녀가 들을 수 있는 거리에서는 부르지 말아야 하지만, 그녀의 별명은 이제 '암탉 아틸라'

(서양에서 공포의 대상이었던 훈족 왕 아틸라(406~453)를 영어로 'Attila the Hun'이라 부르는 것에 빗대 'Attila the Hen'이라 한 것이다—옮긴이)였다.

다음 선거 때가 되자 대처리즘 자체는 아닐지라도 대처 여사에 대한 대중의 열광은 바닥날 조짐이 보였다. 한 조사에 따르면 그녀는 '가혹'하고 '무정'하다고 여겨졌으며, 그녀가 이끄는 정부는 표류하고 있는 듯했다. 이는 그녀를 짜증나게 하고, 영국 사회를 개조한다는 (아니면 그의 회고록 한 장의 제목처럼 '세상을 바로잡는다'는) 거창한 작업을 계속하려는 결의를 다지는 역할을 했을 뿐이다. 대처는 1987년 선거에서 다시 이겼고(다만 당의 의석수는 21석이 줄었다), 새로운 각오와 활력, 그리고 자신의 정당성에 대한 확신을 지닌 채 업무에 나섰다.

그녀의 목표 가운데 하나는 교육이었다. 그녀는 오랫동안 교육이 좌파 교원 노동조합에 의해 지배되고 있고, 이들은 분명치 않고 대체로 쓸모없는 커리큘럼을 사용해왔다고 생각했다. 그가 자주 이야기했듯이 역사는 사실에 관한 것이어야지 자신이 추세라고 치부한 것이어서는 안 되며, 세계의 다른 곳보다는 영국에 초점을 맞추어야 한다는 것이다. 대처는 자신이 믿을 수 없다고 생각한 두 그룹인 노동조합과 지역 정치인들의 손아귀에서 공립학교를 빼내오기 위한 작업에 나섰다.

그보다 더욱 야심 찬 일로, 그녀는 지방정부 자체와 싸우기로 결심했다. 지방의회의 권한을 깎아내 그들을 중앙정부의 손아귀에 더욱 강하게 틀어쥐겠다는 것이었다. 이렇게 하면 그녀가 낭비적이라고 생각하는 지방정부의 지출을 억제하고, 어떻게든 효율성을 높이

북아일랜드를 방문한 마거릿과
데니스 대처 부부.

며, 중앙정부 외의 또 다른 권력의 중심을 제거할 수 있게 되는 것이
다. 그녀가 쓰기로 한 핵심 수단 가운데 하나가 새로운 형태의 지방
세였다. 주택의 가치에 매기는 세금(영국에서는 이를 '요금rates'이라고
말한다) 대신에, 모든 사람이 똑같이 지방의 서비스를 이용한다는 것
을 근거로 모든 성인은 동일한 세금을 내게 되었다. 그녀의 정부에서
는 이를 '공동체 부담금community charge'이라 불렀지만, 다른 사람들
은 모두 '인두세poll tax'라 불렀다. 과거에 왕들이 부과했던 세금의 이
름을 딴 것인데, 이 세금은 언제나 사람들이 아주 싫어했다.

대처는 1987년 선거 훨씬 전부터 이런 생각에 푹 빠져 있었다. 이
는 그녀에게 두 가지 커다란 이점이 있었다. 그것은 우선 단순했고,
그다음으로 주택 가치가 올라 세금을 더 많이 내게 되자 격렬하게
항의했던 많은 보수당의 주택 보유자들을 달랠 수 있었다. 우열을
가리기 힘든 선거구들(예를 들어 보수당이 좋은 성적을 거두지 못한 스
코틀랜드 같은 곳)에서는 세금에 상한을 두는 조치가 인기가 있어 표
를 얻는 데 도움이 될 터였다(적어도 그녀는 그렇게 생각했다).

돌이켜 생각해보면 정부는 인두세를 몇 년에 걸쳐 단계적으로 도입하고, 아마도 몇 개의 과세 구간을 설정해 가난한 사람들보다 부자들이 더 많은 세금을 내도록 하는 방식을 택했더라면 이 문제를 그럭저럭 넘겼을 것이다. 대처는 조심스럽게 접근할 상황이 아니었다. 1987년 보수당 당대회는 균일세 도입을 위한 단호한 민중의 열의를 보여주게 될 것으로 보였다. 그것도 가능한 한 빨리 도입하라는 것이었다. 언제나 크고 드라마틱한 제스처를 좋아했던 대처는 이에 동의했다.

비판과 반대가 힘을 모으기 시작했다. 인두세는 징수에 비용이 많이 들 터였다. 그것은 역진적이고 불공정했다. 가난한 사람들에게 더 많은 부담을 지우는 것이었기 때문이다. 자신을 몰아낸 대처를 결코 용서하지 않았던 히스는 공개적으로 물었다.

"우리 당의 철학을 지난 세기의 것으로 바꾸려는가?"

당 내부는 더욱 어수선해졌다.

1988년에서 1990년 초 사이에 이뤄진 여러 연구들은 새로운 세금이 주요 지역구의 보수당 지지자들을 포함해서 많은 주택 소유자들에게 옛날 재산세보다 부담을 늘릴 것임을 보여주었다. 초기에 인두세가 도입된 스코틀랜드에서는 보수당 지지율이 급격히 떨어졌고, 그것은 오늘날까지도 회복되지 않고 있다. 1990년에는 인두세가 잉글랜드와 웨일스에서 시행되어 광범위한 저항을 불러일으켰다. 잉글랜드에서만 1700만 명의 주민들이 납세를 거부했고, 런던에서는 대중 시위가 벌어져 살아 있는 사람들의 기억 속에 남아 있는 최악의 민간 폭력 장면을 연출했다.

대처는 물러서기를 거부했다. 1989년의 여론조사에서 1939년 여론조사가 시작된 이래 그녀가 가장 인기 없는 총리임을 보여주었음에도 말이다. 원칙을 옹호하고, 리더십을 보이고, 강인해지고 … 이런 것들이 과거에는 그녀에게 도움이 되었다. 그리고 그녀는 자신이 큰 잘못을 저지르고 있다는 사실이나 싸울 가치가 없는 이슈가 어떤 것인지에 대해 이야기해줄 수 있는 사람을 거의 몰아냈다. 마침내 일을 막다른 골목에 몰아넣은 것은 오랫동안 참으며 많은 괴로움을 당했던 부총리 제프리 하우였다. 사표를 낸 것이다. 하우는 당원들에게 보낸 편지에서 대처의 유럽이사회에 대한 적대적이고 비생산적인 관계에 초점을 맞추었지만, 보수당원들의 심금을 울린 것은 대처의 유럽공동체EC에 대한 '끔찍한 인상'에 관해 하원 의원들에게 한 연설 구절이었다. 보수당원들은 이제 다가오고 있는 것으로 보이는 난파를 피하기 위해 점점 더 필사적이 되어가고 있었다. 총리는 누구의 말도 듣지 않으며 중요한 문제들을 즉흥적으로 처리하는 일이 잦아 나라 자체를 위험에 빠뜨리고 있다고 하우는 강조했다.

그해 11월에 대처는 물러났다. 자기 당이 더 이상 자신을 지도자로 원치 않는다는 것이 분명해지자 물러나지 않을 수 없었다. 1991년 『배너티 페어Vanity Fair』와 한 인터뷰에서 그녀는 자신이 선거에서 진 적이 없다고 주장했다. 신임 투표에 의해서든 국민에 의해서든 말이다. 그녀는 자신을 깨진 유리 조각에 비유했다. 한 측근은 이렇게 말했다.

"그녀는 자리에서 쫓겨난 뒤 즐거운 날이 하루도 없었습니다."

그러나 대처는 스스로가 어떤 일을 해서 몰락하게 되었는지를 이해했다는 증거는 결코 보여주지 못했다.

스탈린과 히틀러 • 사람들의 영혼까지 개조하려 한 독재자들

윌슨과 대처는 선출된 지도자였다. 그리고 당시 그들의 권한이 컸지만 그것은 임기에 의해 제한되고 입헌 민주정의 가치관과 제도들에 의해 제약을 받았다. 20세기에는 엄청난 권력을 가진 독재자들(때로는 종신인)도 있었다. 현대 터키의 창설자 무스타파 케말 아타튀르크(1881~1938)를 제외하고는 스스로에게 제한을 가하거나 자신이 틀릴 수도 있음을 받아들인 사람들을 생각하기란 쉽지 않다.

20세기는(어쩌면 21세기도) 이데올로기의 시대였다. 그것이 그 신봉자들의 육신과 영혼을 움켜쥐었다. 마르크스주의, 파시즘, 민족주의. 그것을 믿는 사람들에게 이 이데올로기들은 유일한 진리였다. 각 이데올로기는 그것이 승리하기를 바란다면 희생을 하라고 요구했고, 그것들은 개인보다 훨씬 중요하고 영속적이었다. 20세기의 공포를 가져온 것은 그러한 이데올로기들과 공업화·과학·기술·대중매체의 결합이었고, 그것이 인간 사회와 인간의 영혼을 주무를 수 있게 만들었다. 그리고 거치적거리는 사람들과 계급들과 민족들을 청소할 수 있게 만들었다. 그러나 공포는 저절로 생겨나지 않는다. 그것은 이를 움직이게 만드는 어떤 사람이나 어떤 민족이 필요했다. 따라서 이제 개개 지도자의 역할 문제를 짚어봐야 한다.

중국을 예로 들어보자. 중국 공산당이 1949년 내전에서 승리해 중국 본토를 장악했을 때 마오쩌둥이 아니라 덩샤오핑鄧小平이 당의 영수였다면 그는 틀림없이 일당一黨 국가를 수립했을 것이다. 그러나 그는 중국이 이후 치르게 되는 대가를 강요하지는 않았을 것이다. 마오쩌둥의 조급한 토지개혁과 농업 집단화 강요에 따라 수백만 명

제1차 세계대전 때 바이에른 제 16예비보병연대의 하사였던 히틀러(맨 오른쪽).

이 의도적으로 살해되거나 굶주려 죽은 일, 대약진운동(1958~1961 년 사이에 중국이 추진한 농·공업의 대대적인 증산 정책─옮긴이)으로 중국의 경제 상당 부분이 타격을 입은 일, 그리고 문화혁명에서 나 타난 광란의 파괴 같은 것들이다. 마오쩌둥이 죽은 뒤 정권을 잡은 덩샤오핑은 경제 통제를 완화하고 개혁을 추진했으며 평화적으로 중 국을 변모시킨 커다란 변화에 시동을 걸었다.

윌슨이나 대처와 마찬가지로 스탈린과 히틀러도 자기네 사회에 대 한 비전과 그것을 성취하기 위해 도전한다는 야망과 의지를 가지고 있었다. 그들 역시 행운과 환경의 덕을 보았다. 히틀러는 제1차 세계 대전 때 독일군의 참호에서 부상당했지만 살아남았다. 스탈린은 제 정러시아에서 처형을 면하고 내전에서도 살아남았다. 히틀러의 이력 은 1923년 뮌헨에서 일으켰던 정권 탈취 기도(나치스 당원들이 일으 킨 쿠데타 미수 사건으로, 이른바 '뮌헨 반란'을 가리킨다─옮긴이)가 좌 절되면서 끝났을 수도 있었다. 그는 영웅이 아니라 범죄자가 될 수도 있었다. 스탈린의 이력도 같은 시기에 끝장날 수도 있었다. 지금 공

1919년 스탈린과 레닌.

산당으로 알려진 조직의 고위층들이 블라디미르 레닌의 마지막 편지들에서 그에 대해 어떻게 얘기했는지를 제대로 알았더라면 말이다. 죽기 직전의 레닌은 스탈린이 자신의 손아귀에 무제한의 권력을 집중시켰다고 말했다.

나는 그가 언제나 그 권력을 충분히 조심스럽게 사용하리라고 확신할 수 없습니다.

레닌은 좀 더 직설적으로, 당이 스탈린을 몰아내고 "좀 더 포용력 있는" 사람으로 대체해야 한다고 주장했다. 스탈린은 이런 레닌의 견해가 공개되지 않도록 단속하는 데 성공했다.

히틀러는 제1차 세계대전의 패배로 자신감이 무너진 독일에서 매우 어려운 시기에 권좌에 올랐다. 사회는 좌파와 우파, 바이마르 공화국을 지지하는 사람들과 그렇지 않은 사람들로 분열되어 있었다. 그러나 독일에 특히 심한 타격을 입혀 많은 독일인들에게 급진적인 새 조치와 강력하고 과단성 있는 지도자가 필요하다는 것을 납득시킨 대공황이 없었더라면 그는 결코 권력을 잡지 못했을 것이다. 스탈린에게는 제1차 세계대전 동안에 러시아의 구체제가 무너지고 1917년 가을 볼셰비키들(나중에 스스로를 공산주의자들이라 부른다)이 정권을 장악하면서 기회가 찾아왔다. 무명의 혁명가가 갑자기 거대한 나라를 책임지는 권력 핵심의 일원이 되었다. 당 지도자 블라디미르 레닌이 쉰네 살의 나이로 갑자기 죽자 그의 동료들은 승계를 놓고 분열되었고, 스탈린은 끈기 있게 그들 사이에서 움직인 끝에 결국 최고의 자리에 오를 수 있었다.

히틀러와 스탈린은 권력 강화에 성공하자 점점 더 비판과 반대를 받아들이지 않고, 자신들의 역사가 어디로 흘러가는지를 그 누구보다도 분명하게 알고 있으며 자신들은 절대로 오류가 없다는 내적 확신을 키워갔다. 그들은 위대한 지도자가 동의하지 않거나 듣고 싶어 하지 않는 이야기를 함으로써 자신의 인생을 위험에 빠뜨릴 생각이 없는, 흠모하고 아부하는 추종자들에 둘러싸였다. 히틀러가 좋아한 건축가 알베르트 슈페어(1905~1981)는 전쟁 뒤에 이렇게 말했다.

> 한 가지는 분명하다. 오랫동안 그의 측근에서 일한 무리들은 그에게 완전히 의존적이고 순종적이었다는 사실이다.

1930년대의 대숙청 때 스탈린의 측근 상당수는 가족을 잃었지만, 아무도 불만을 드러내려 하지 않았다. 뱌체슬라프 몰로토프는 자신의 충성심을 입증하기 위해 유대인 아내와 이혼해야 했다(몰로토프의 아내 폴리나 젬추지나는 1939년 간첩 연루 혐의를 받았지만 증거가 나오지 않자 당직만 박탈당했다. 이들이 이혼한 것은 이때가 아니라 젬추지나가 1948년 반역죄로 체포되었을 때다—옮긴이). 그의 아내는 나중에 체포되었고, 스탈린이 죽는 바람에 겨우 살아남았다. (몰로토프 부부는 이후 재혼했다.)

두 사람은 파멸적인 결과가 눈에 뻔히 보이는 상태에서도 자신들의 목표를 고집스럽게 추구했다. 그러나 스탈린과 히틀러는 윌슨이나 대처와는 달리 단순히 사회만 바꾸고자 한 것이 아니었다. 그들은 자기네가 인간성 자체를 변모시킬 수 있다고 생각했다. 그들은 이 이상을 위해서 자신들이 필요하다고 생각하면 얼마든지 인명을 희생시킬 용의가 있었다. 히틀러가 독일 민족을 세계 최고로 만들겠다는 자신의 꿈을 이루기 위해 점점 더 많은 수의 적들과 전쟁을 벌이면서 수백만 명이 죽었다. 그리고 완전한 사회주의사회를 만들려는 스탈린의 시도에서도 수백만 명이 죽었다. 스탈린이 1920년대 초 자신의 공산당과 그 적들 사이에 벌어진 내전에서 한 중요한 도시를 점령하면서 말했듯이, 그는 주민의 51퍼센트를 구할 수 있다면 "즉 혁명을 구할" 수 있다면 나머지 49퍼센트를 희생시킬 수 있었다. 두 사람은 그런 책동이 결국 자기네 국민들에게 어떤 결과를 초래하는지를 직접 보기를 회피하는 쪽을 선택했다. 다른 민족들은 말할 것도 없었다. 스탈린은 1930년대에 기근이 덮친 지역을 순시하지 않았고, 히틀러는 제2차 세계대전 동안 폭격받은 도시들을 순시하기를 거부했다.

이제부터 특히 히틀러의 전쟁 개시 결정과, 1930년대에 벌어졌던 스탈린의 소련 농장 강제 집단화와 대숙청에 대해 살펴보겠다. 전자는 자신의 나라와 세계의 상당 부분을 파괴했고, 후자는 소련 경제와 사회에 큰 타격을 입혀 독일과 일본의 힘이 커가고 있는 가운데 자기 나라는 여전히 약한 상태로 남아 있게 했다. 히틀러가 없었다면 독일은 베르사유 조약의 조문 개정을 포함해 나라의 힘과 지위를 재천명하기 바라는 보수적인 내셔널리스트 정권이 들어섰을 것이다. 그러나 독일은 이를 전쟁이 아니라 평화로운 수단으로 이루겠다고 결정했을 것이다. 심지어 헤르만 괴링(1893~1946)이나 하인리히 힘러(1900~1945) 같은 나치스 지도자들조차도 그들의 목표를 평화적으로 달성하려 노력하거나 부분적인 승리에 만족했을 것이다. 소련에서는 또 다른 공산당 지도자가 레닌의 신경제정책NEP을 시행하도록 했을 것이다. 그것은 제한된 자본주의가 계속될 수 있도록 허용하고, 점진적이며 가속적으로 사회주의를 향해 나아가게 하는 것이었다. 히틀러와 스탈린은 모두 그런 식으로 절충할 생각이 없었다.

그들의 삶의 이력, 그들의 믿음, 그들의 성격은 이런 사실들을 이해하는 데 중요하다. 그들의 어린 시절은 몇몇 부분에서 비슷했지만 차이점도 컸다. 두 사람은 모두 어린 시절 권위주의적인 아버지 밑에서 자라 불행했다. 그래서 둘 다 어머니와 가까웠다. 스탈린은 고기를 먹고 적당히 술을 마신 반면, 히틀러는 채식주의자에다 담배를 피우지 않았으며 술도 거의 마시지 않았다. 스탈린은 여자들과 친밀한 관계를 맺었지만, 히틀러의 성관계는 심지어 그의 애인 에바 브라운과의 사이에서도 언제나 분명치 않았다. 두 사람은 모두 자기네가 소속하고 싶어 했던 세계에서 아웃사이더였다. 스탈린은 조지아(그루지야) 출신으로 언제나 조지아 억양의 러시아어로 이야기했고, 히틀러는 독일의 일부가 되기를 열망하는 오스트리아인이었다. 두 사람은 적어도 처음에는 사회적으로 거북하고 심지어 천박한 존재였다. 1920년대에 한 상류층 독일인은 히틀러가 급사장처럼 보이고 그렇게 행동했다고 말했다. 스탈린은 자주 무식쟁이처럼 욕을 했다. 두 사람은 엄청나게 무례할 수도 있었지만, 자신이 원할 때는 매력적이기도 했다. 두 사람의 눈은 강렬했다. 히틀러의 눈은 크고 파란색이었고, 어떤 사람들이 호랑이 눈을 닮았다고 하는 스탈린의 눈은 호박색이었다. 히틀러는 심지어 사교장 같은 데서도 나서기를 좋아했고 거드럭거리며 걸었고, 혼자서 떠들며 흥분하면 고함에 가까울 정도로 목소리를 높였다. 스탈린은 말을 잘하지 못했으며, 한쪽 구석에 조용히 앉아 있기를 좋아했다. 옷도 단순하게 입었고, 너무 얌전해 자신을 내세우지 못했다. 스탈린은 매우 부지런했지만, 히틀러는 게으르고 되는 대로 움직였다.

두 사람은 지배·복수·증오 같은 비슷한 충동에 의해, 그러나 상당히 다른 이상에 의해 규정되고 행동했다.

제1차 세계대전 이전 빈에서 목표도 없이 전전하던 젊은 히틀러는 당시 유럽에 떠돌아다니던 인종주의와 사회진화론 사상을 알게 되고 이를 받아들였다. 인류는 서로 다른 능력을 지닌 여러 인종으로 나뉘고, 각 인종이나 민족은 본래 생존을 위해 서로 투쟁하게 되어 있다는 생각은 뿌리 깊은 확신이 되었다. 히틀러에게 독일 민족은 진화의 계통수系統樹에서 가장 꼭대기에 있고 자신의 의지를 열등한 민족들에게 강요할 수 있는 민족이어야 했다. 그가 1930년에 에를랑엔 대학에서 한 연설에서 말했듯이, 독일인들은 투쟁을 통해 세계의 패권을 얻는 데 다른 어느 민족보다 더 큰 권리를 가지고 있었다. 그의 관점과 열렬한 독일 내셔널리즘은 한 번도 흔들려본 적이 없었다.

스탈린의 비전은 또 다른 근원에서 온 것이었다. 사회의 모든 문제를 자본주의 탓으로 돌리는 사회주의 사상, 특히 카를 마르크스의 사상이었다. 스탈린은 사회주의(여러 가지 방법으로 정의되지만 재산 공

러시아 경찰의 정보
카드에 있는 1911년
당시의 스탈린 사진.

유와 계급 철폐가 포함된)가 단순히 새롭고 더 나은 사회뿐만 아니라
새로운 인간 본성까지도 만들어낼 것임을 결코 의심치 않았다. 그리
고 그는 역사가 필연적으로 그 방향으로, 그 유토피아를 향해 나아
가고 있다고 믿었다. 환경이 바뀌기만 하면 인간은 사회주의적인 남
녀가 되고, 공동체적으로 생각하고 느끼고 일하게 되는 것이다. 필요
하다면 사회주의의 적들, 즉 적응을 거부하는 자들(상류 및 중산계급
사람들과 낡고 해로운 사상 및 가치관에 매달려 있는 시골의 무지렁이들)
은 제거되어야 한다. 히틀러가 보기에 서로 다른 인종의 특성이란 것
은 절대 변할 수 없었다. 그러나 인종은 부적합하고 열등한 자들을
제거하는 등의 선택적 번식을 통해 정화되고 강화될 수 있었다. 두
사람은 모두 일찌감치 자신의 지도 사상을 수용하고, 그것이 모든
것을 설명하고 모든 것을 입증했다는 확신을 결코 바꾸지 않았다.

두 사람은 모두 자신의 당을 지배하고 이를 통해 국가기구를 장악
했다. 또한 사회를 완전히 통제하는 것을 목표로 삼았다. 그들은 검
열·탄압·폭행 등 이전 독재자들이 충분히 시험한 오래된 방법들을

썼지만, 그 방식은 대규모로 진행되었고 기계화되었다. 프랑스혁명의 공포정치는 1년도 채 안 되는 기간 동안 지속되어 4만 2천 명을 죽였지만, 소련 인민을 상대로 한 공산당의 전쟁은 러시아혁명으로 시작해 1953년 스탈린이 죽을 때까지 계속되었다. 1934년에서 1940년 사이에 있었던 스탈린의 '대숙청'에서는 100만 명이나 되는 사람들이 총살당했다. 수백만 명이 감옥이나 강제노동 수용소인 굴라크로 보내졌고, 많은 사람들이 돌아오지 않았다. 정확히 숫자를 알기는 불가능하지만, 대숙청을 연구한 유명 역사가 로버트 콩퀘스트(1917~2015)는 이 기간 동안 1천만 명이 죽었다고 추산한다. 나치스는 1933년에서 1939년 사이에 동포 1만 명을 죽였으며, 이후 히틀러는 전쟁을 틈타 유럽 전역에서 훨씬 많은 사람들을 죽였다.

20세기의 독재자들(여기에는 히틀러와 스탈린뿐 아니라 중국의 마오쩌둥이나 작은 나라 알바니아의 엔베르 호자(1908~1985) 같은 여러 흉내쟁이들도 포함된다)은 대량 판매와 대중 설득과 대량의 거짓말 같은 현대적인 기법들도 사용했다. 나치스 독일과 소련이 1939년의 불가침 협정에 따라 잠시 한편이 되었던 1940년에 소련의 한 통역관이 베를린에서 근무하기 위해 파견되었다. 그는 거기서 자신의 고국을 생각나게 하는 여러 가지 일들을 발견했다.

'지도자'에 대한 우상화가 같았고, 군중집회와 가두 행진이 같았다. … 매우 비슷하게 과시적인 건축물들이 있고, 우리의 사회주의 리얼리즘과 마찬가지로 영웅 테마가 그림으로 그려졌으며, … 대량의 이데올로기적 세뇌가 이루어지고 있었다.

두 정권은 모두 기독교에 대해 적대적이었지만 자기네 지도자들을, 검소하게 살고 국민을 위해 몸을 던져 고난을 겪고, 기적을 일으킬 수 있는 그리스도 같은 인물로 끌어올리기 위해 기독교적인 주제들을 멋대로 끌어다 썼다.

히틀러와 스탈린은 모두 자기 개인에 대한 숭배를 허용하고 그것을 즐겼다. 히틀러에 대해 쓴 뛰어난 전기 작가 이언 커쇼가 주장하듯이, 히틀러에게는 사실상 정치 밖의 생활은 없었다. 찬양하는 관중들 앞에서 위대한 지도자, 즉 퓌러führer(총통)의 역할을 해내는 것은 그 상像을 자신에게 투영해 뼛속까지 그렇게 되는 데 도움을 주었다. 스탈린은 적어도 권좌에 오른 초기에는 그러한 숭배의 한가운데에 서는 것을 머뭇거리는 듯했지만, 측근 몰로토프가 생각하기에 그는 시간이 지나면서 그런 아첨을 상당히 즐기게 되었다. 스탈린은 그런 숭배를 마르크스주의의 용어로 정당화할 수 있었다. 당은 진리를 독점하고 있기 때문에 혁명의 전위지만 위기의 순간에는 모든 것이 한 곳(또는 몇 사람의 권력자)으로 집중되어야 한다는 것이다.

하지만 독일과 소련의 국민들을, 상층부에 있는 노련한 홍보 담당자들에 의해 이리저리 휘둘리는 무기력한 대중으로 보는 것은 잘못이다. 두 나라의 개인숭배는 실제 정서와 세상을 다시 바르게 만들 강력하고 단호한 지도자를 향한 열망을 반영한 것이다. 독일과 소련 국민들은(유럽의 다른 나라들도 마찬가지지만) 자기네 사회가 뿔뿔이 해체되는 것을 지켜보고 있었다. 제1차 세계대전, 혁명, 폭력적인 내부 갈등은(그리고 러시아의 경우에는 전면적인 내전과 경제·사회의 붕괴가) 사람들을 떠돌게 만들었다. 군주 체제에서 국가에 이르는 분명히 견고했던 과거의 체제들이 갑자기 사라져, 혼란스럽고 불안한 새 세계로 변했다. 독일과 소련의 수많은 국민은 심리적으로, 강력하며 심지어 독재적인 지도자라도 받아들일 태세가 되어 있었다.

히틀러와 스탈린은 진부하고 무익한 해법을 내세우는 것처럼 보이는 통상적인 지도자가 아니었다는 바로 그 이유 때문에 확신과 감동과 새로운 시작에 대한 기대를 줄 수 있었다. 추종자들은 아이들이 부모를 떠받들듯이 무비판적으로 그들을 떠받들었다. 스탈린의 측근 가운데 한 사람은 그를 '아버지'라고 불렀다. 바이에른의 베르히테스가덴에 있던 히틀러의 산장 여자들은 분명 그가 방금 밟고 지나간 자갈을 먹었다. 1953년 스탈린이 죽었을 때 소련 전역의 국민들은 진짜로 슬퍼서 울었다.

카리스마적인 통치에 대한 막스 베버의 정의는 이 두 사람의 권력을 설명하는 데 도움이 된다. 이에 따르면, 지도자는 그가 차지한 자리 때문에 중요한 게 아니고 그의 인격 때문에 중요하다. 특히 히틀러는 이를 본능적으로 인식했다. 그는 1920년에 이미 이렇게 선언했다.

"우리에게는 천재적인 독재자가 필요하다."

그의 글과 연설에 끊임없이 등장하는 주제는 자신과 같은 '고등 인격'을 가진 누군가가 권력을 잡도록 사회를 와해시키는 방법에 관한 것이었다. 그만이 언제나 자신을 총리나 대통령이 아닌 '퓌러'라고만 부를 것을 요구했다. 다른 칭호는 권력에 제한이 있는 자리라는 냄새가 나기 때문이었다. 그와 스탈린은 모두 공포를 수시로 이용했지만, 그들은 절대로 그것에만 의존하지는 않았다. 그들에게는 자발적인 협력자가 많았다. 커쇼가 인용한 한 나치스 당원은 "퓌러를 위해 그가 원하는 노선에 따라 일하는 것"이 모든 독일 국민의 의무라고 말했다. 그들은 명령을 기다려선 안 되고, 미리 헤아려 움직여야 했다. 스탈린이 말을 들으려 하지 않는 농촌 주민들에게 집단화를 강요하자 열성적인 젊은 공산당원들이 그를 만족시키기 위해 도시에서 시골로 쏟아져 들어가 무슨 짓이든 하려 했다. 살인까지도 마다하지 않았다.

소련의 집단화는 말이 되지 않는 것이었고, 실제로 소련의 농업에 큰 타격을 주어 오늘날까지도 그로부터 회복되지 않고 있다. 그러나 스탈린이나 그와 같은 생각을 하는 사람들에게는 새로운 사회주의 사회가 건설되려면 이 정책은 피할 수 없었다. 이는 이론에서 말하는 것이고, 이론은 반드시 옳아야 했다. 다른 생각을 받아들이는 것은 소련을 통치하는 공산당의 권한 기반 자체에 의문을 제기하는 것이었다. 1920년대에 경제 회복을 가져와 소상인들과 소작농들에게 도움을 주었던 신경제정책의 제한된 자본주의는 스탈린과 그 추종자들에게 저주나 다름없었다. 그것은 사회주의로 가는 도정에서 전술적 후퇴였고, 사회주의의 달성을 무기한 연기하는 것이었다. 더구나 세계 혁명의 희망이 사라지면 소련은 한 나라에서 홀로 사회주의를 건설하게 되는 것이다.

대규모 공업 노동계급이라는 형태의 필수적인 건설 자재는 아직 존재하지 않았다. 따라서 현실을 이론에 맞추려면 소련은 공업화가 되어야 하고, 그러기 위해서는 자본과 노동력이 필요했다. 농촌은 두 가지를 모두 제공할 수 있었다. 곡물 수출과 자기 땅에서 내쫓긴 농민이라는 형태로 말이다. 스탈린은 집단화가, 장애물이 되고 있는 계급을 제거하거나 개조할 뿐만 아니라, 효율적이어서 식량 생산을 급속히 늘릴 수 있으리라고 생각했던 듯하다. 그는 또한 적대적인 자본주의 세계에 대한 공포에도 쫓기고 있었다. 그들은 소련을 내부에

소련의 모스크바에 세워졌던 제1차 5개
년 계획을 선전하는 광고대.

서 뒤엎도록 도와주거나 그곳을 침략함으로써 혁명을 옮길 준비를 갖추고 있었다. 집단화와 공업화는 여러 적들에 맞서 소련의 힘을 강화한다는 추가 목표에도 기여하는 것이었다(적어도 그는 그렇게 생각했다).

스탈린은 1928년 공산당 내부의 반대파들을 제압한 뒤 긴급 개발 계획을 발표했다. 그것이 제1차 5개년 계획이다. 농민들은 원하든 원치 않든 자기네 땅을 집단농장에 팔고 공장에 취직하듯이 노동자가 되거나, 아니면 도시로 이주해야 했다. 그는 농민들, 특히 좀 더 부유한 계층인 쿨라크에게 특별한 적대감을 가지고 있었다. 아마도 그 자신이 농촌 출신이기 때문이었을 것이다. 가축에서부터 농기구까지 그들이 가진 모든 것은 국가의 소유가 되어야 했다. 국가가 제대로 농산물 생산에 나설 수 있도록 하기 위해서다.

스탈린은 미래를 창조하기 위해 나서면서, 심지어 비용이 점점 더 증가하는 경우에도 결코 흔들리지 않았다. 패배한 반대파들이 그와 똑같이 할 수 있었을까? 정확히 알 수는 없지만, 그들은 뒷걸음질 쳤

1933년 소련의 집단농장에서 얼어붙은 감자를 파고 있는 어린이들.

을 가능성이 매우 높다. 스탈린 외의 그 누구도 그런 의지를 가진 사람은 없었다. 레프 트로츠키는 당에서 제명되고 망명을 떠나야 했다. 한때 레닌의 후계자로 생각되었던 니콜라이 부하린은 스탈린에게 압도당해 그의 권력 장악을 인정했다.

1928년에서 1932년 사이에 스탈린은 농촌에서의 혁명을 밀어붙였다. 두세 세대 전만 해도 농노였던 사람들을 조상으로 둔 농민들은 자기네 땅을 팔고 새로운 집단농장에 예속되었다. 많은 사람들이 저항하려 했지만 그들의 무기는 국가의 것과 상대가 되지 않았다. 사람들은 농작물을 불태우고 가축을 죽여 이들을 집단농장에 넘기기를 거부했다. 7천만 마리의 소 가운데 모두 해서 3200만 마리가 죽은 것으로 추산되었고, 양과 염소의 3분의 2 정도가, 말의 절반 정도가 죽었다.

스탈린은 자신의 의지를 관철하기 위해 도시에서 당원들과 군대를 보냈다. 그는 또한 농민들에게 동정적일 수 있는 지방당의 하급 간부들을 숙청하고, 도시에서 새로운 당원들을 충원했다. 이들은 미래에 대한 비전과 자신들이 진짜 적과 싸움을 벌이고 있다는 군건한 믿음에 따라 농촌으로 갔다. 각 지역에서는 조사단이 쿨라크인 사람과 그렇지 않은 사람을 판정했다(때로 그 차이는 소 한 마리를 가지고 있느냐의 여부처럼 하찮은 것이었다). 쿨라크로 판정되는 것은 통상 사형선고에 맞먹는 일이었다. 대략 500만 명의 남녀와 아이들이 굴라크로 보내져 그곳에서 노예노동을 하게 되었다. 결국 소련 전역에서 1800만 명의 농민과 기타 국가의 적들이 추방되었다.

농업 생산은 뚝뚝 떨어졌다. 그러나 스탈린은 여전히 곡물과 기타 식료품 할당량을 맞추어야 한다고 고집했다. 그것은 "수출에 꼭 필요"했다. 1931년이 되면 국가는 씨앗까지 징발해 이듬해 뿌릴 씨가 없었다. 곳곳에서 기근 소식이 들려왔다. 1932년까지 카자흐스탄에서는 100만 명 이상이 굶어 죽었다. 비옥한 흑토로 언제나 소련의 곡창 지대가 되었던 우크라이나도 마찬가지로 큰 타격을 입었다. 이제 마을이 텅 비고, 시체들이 버려졌으며, 부모를 잃은 아이들이 철로변을 따라 구걸을 하고, 인육을 먹는다는 소문이 나돌았다. 우크라이나를 특히 싫어했던 것으로 보이는 스탈린은 그곳에서 일어난 모든 문제는 자신의 계획을 방해하는 농민들과 손잡은 우크라이나 공산당원들의 불충 때문이라고 자신을 납득시켰다. 그는 굶주리는 우크라이나 농민들이 "칭얼대서" 다른 사람들을 곤란하게 만들고 있다고 불평했다. 그는 또한 우크라이나인들이 국경선을 약화시켜 소련의 적인 폴란드를 도우려 한다고 확신하고 있었다. 따라서 그들 역시 반역자들이었다. (스탈린은 평생 소련에서 무언가가 잘못되면 모두 외국 세력과 그들을 대신해 국내에서 움직이는 파괴 공작원 탓으로 돌리는 경향이 있었다.)

그는 1933년 폴란드 및 일본과 불가침 협정을 맺어 이웃 나라의 침략에 대한 그의 공포를 적어도 일시적이나마 잠재울 수 있었다. 이로 인해 그는 더욱 자유롭게 농민들을 완전히 제압하는 일에 나설 수 있었다. 정부는 이제 모든 농작물은 국가의 재산이라고 선언했다. 사람들은 들판에서 썩어가는 감자를 캐거나 밀 낟알을 찾아 흙더미를 뒤졌다는 이유로 총살을 당했다.

우리가 알 수 있는 한 스탈린은 자신이 한 일을 털끝만큼도 의심해본 적이 없었다. 굳이 말하자면 1932년 가을, 그가 정말로 사랑했던 것으로 보이는 그의 두 번째 아내가 자살(스탈린의 두 번째 아내 나데즈다 알릴루예바는 파티장에서 남편과 말다툼을 한 뒤 자신의 침실에서 자살했다—옮긴이)한 뒤 더욱 강경하고 독선적이 되었다. 그는 기근에 관한 소식들을 '동화'라고 일축하고, 굶주리는 사람들은 혁명에 흠집을 내기 위해 자작극을 벌인 것이라고 주장했다. 1934년 그는 놀라운 승리를 선언했다. 그의 충직한 심복 가운데 한 사람은 스탈린이 "역사에 알려진 가장 위대한 혁명"을 가져왔다고 말했다.

농촌에 자신의 의지를 관철시킨 스탈린은 이제 아직 약간의 자율성을 가지고 있는 기구들로 관심을 돌렸다. 당 자체와 군대, 그리고 국가 경찰 엔카베데NKVD(내무인민위원부)였다. 그는 레닌그라드(현재의 상트페테르부르크)의 인기 있는 당 지도자를 살해(1934년 레닌그라드 공산당 총서기 세르게이 키로프(1886~1934)가 암살된 사건을 말한다—옮긴이)함으로써, 국가의 심장부에 수천 명(어쩌면 수백만 명)이 있다고 자신이 주장한 반역자들과 파괴 공작원들을 숙청하기 시작했다.

그는 엔카베데의 수장을 자그마하고 잔악한 충성파 니콜라이 예조프(1895~1940)로 바꿨다. 예조프는 이례적으로 많은 수의 국가 공무원들과 일반 대중들을 얽어 들이는 여러 가지 '수사'를 진행했다. 1936년 레닌의 신뢰받는 부하이자 혁명의 핵심 인물이었던 공산당 지도자들이 말도 되지 않고 근거도 없는 혐의로 공개재판에 회부되었다(그리고리 지노비예프와 레프 카메네프 등이 키로프 암살 혐의로 체포되어 숙청되었다―옮긴이). 그들은 언제나 반역자로 지칭되었고, 스탈린 살해 음모를 꾸몄다고 했다. 1937년이 되면 죄목은 더욱 기상천외하고 범위 면에서 더욱 무서워졌다. 예조프는 이제 자신이 국가기관들과 소련 전역에서 광범위하고 조직화된 음모를 발견했다고 주장했다. 그 목표는 자본주의를 복구하는 것이며, 이들은 이미 대규모 방해 책동을 벌이고 있다고 했다. 엄숙하게 발표된 그 사례로는 우수한 양들에 대한 거세가 있었다.

스탈린은 혁명이 안팎으로 위협을 받고 있다고 정말 믿었던 것 같다. 그는 자신의 이데올로기적 입장 때문에 그런 식으로 믿게 되었던 듯하다. 계급 간의 투쟁이 불가피하고 계속될 것이라는 관점을 완전히 받아들였기 때문이다. 자본주의와 자본주의국가들은 역사의 법칙에 따라 사회주의의 파괴를 모색할 수밖에 없었다. 그는 당 중앙위원회에서 한 극적인 연설에서 이렇게 물었다.

자본주의에 포위되어 있는 한, 외국의 하수인들이 국내로 들여보내는 파괴자와 간첩과 분열 획책자와 살인자들이 있으리라는 것은 분명하지 않습니까?

이에 따라 그는 예조프의 적극적인 지원 아래 '반혁명 분자의 육신 직접 제거' 정책을 발표했다. 스탈린은 볼셰비키 혁명 20주년 건배사에서 이렇게 말했다.

우리는 행동에 의해서든 사상(그렇다. 그의 사상이다!)에 의해서든 사회주의국가의 단결에 위협을 가하는 사람은 누구라도 무자비하게 없애버릴 것입니다. 모든 적을, 그 당사자와 그 친척들을 완전히 없애야 합니다!

이어진 숙청은 엘리트건 보통 사람이건 용서가 없었다. 139명의 전체 중앙위원 가운데 98명이 총살당했고, 나쁜 계급이나 나쁜 민족에 속한다고 생각된 소련 국민 수십만 명도 마찬가지였다. 폴란드인과 우크라이나인, 쿨라크와 쿨라크의 자녀들, 어떤 종교든 믿는 모든 사람. 이 모든 사람은 이제 혁명의 적이 되었다. 마침내 예조프 자신도 같은 신세가 되었다. 엔카베데 지방 사무소는 체포와 처형의 목표 수치를 정하라는 지시를 받았다. 그들이 충분한 이름을 명단에 올리지 않으면 그들 역시 방해 행위의 의심을 받고 대가를 치렀다. 소련 국민들은 스탈린에 관한 농담을 했다는 죄로, 또는 농담을 한 다른 사람을 고발하지 않았다는 죄로 이웃이나 도처에 깔린 밀고자들에 의해 고발당했다. 1938년 연말까지만도 열성적인 엔카베데는 38만 6천 명을 처형했다.

군 수뇌부는 초토화되었다. 스탈린 시대의 뛰어난 군사 전략가들 가운데 한 사람이었던 국방인민위원부 부위원(국방부 차관) 미하일 투하쳅스키 원수는 히틀러의 독일과 함께 소련을 해칠 음모를 꾸몄다는 죄목으로 기소되었다. 그는 1937년 다른 일곱 명의 고위 장성

1941년 4월 소련-일본 불가침 조약을 체결하는 장면. 일본 제국의 외무대신 마쓰오카 요스케가 서명을 하고 있고, 스탈린은 그 뒤에 서 있다.

과 함께 총살당했다. 이어진 숙청에서 3만 4천 명의 장교가 체포되었다. 그 가운데 3분의 2가 죽었고, 여기에는 원수 3명, 장군 16명, 제독 15명, 대령 264명이 포함되어 있다. 1938년 스탈린은 국방인민위원(국방부 장관)에게 쾌활하게 말했다.

"클림(1925~1940년까지 국방인민위원이었던 클리멘트 보로실로프의 애칭이다─옮긴이), 당신 휘하에 아직도 사단 지휘를 맡을 만한 막료들이 있소?"

제2차 세계대전 때 소련의 고위 장성이었던 게오르기 주코프 원수는 나중에 스탈린에 대해 이렇게 말했다.

그는 군의 고위직 전부를 죽이고 또 죽였다. 우리는 군의 고위직이 없는 상태에서 전쟁에 뛰어들었다. 아무도 없었다.

스탈린이 농업을 파괴하고, 자신의 가장 노련하고 생산성 있는 많은 동포들을 죽이거나 투옥하고 있는 동안 소련의 적들은 힘을 키워가고 있었다. 일본에서는 확고한 반공 노선의 군국주의자들이 이제 지배권을 확립했고, 1939년 동아시아에서는 소련과 일본 사이에 선전포고 없는 짧은 전쟁이 벌어졌다. 그것은 불가침 협정을 맺으면서 종료되었지만, 스탈린은 협정이 유지될 수 있을지 확신할 수 없었다. 서방에서는 독일이 빠르게 재무장하며 이웃 나라들을 지배하기 위해 움직이고 있었다. 히틀러는 공산주의가 유대인들의 음모라는 확신을 숨기지 않았다. 1939년 8월 독일과 소련은 불가침 조약을 체결했지만, 이번에도 협정이 유지될 수 있을지는 의문스러웠다. 스탈린의 다음 번이자 거의 마지막 바보짓은 히틀러를 믿고, 1941년 여름 독일이 공격해올 것이라는 여러 가지 경고 사인을 믿지 않은 것이었다. 그의 정권은 붕괴에 다가서고 있었다. 그리고 그 이유의 상당 부분은 자신의 혁명을 자기 방식대로 계속한다고 1930년대에 내렸던 그의 고집스럽고 물러서지 않는 결단이었다.

　　스탈린을 생각하지 않고 소련에서 무슨 일이 일어났는지를 상상하기란 불가능하듯, 나치스 정권의 정책을 히틀러와 분리하는 것은 불가능하다. 두 사람은 모두 자신의 정권을 매우 완벽하게 규정하고 지도함으로써 자신의 바람과 생각에 따라 자기네 나라가 가야 할 길을 결정했다. 공산당 내 스탈린의 동료들이 그를 과소평가해 때를 놓친 것과 마찬가지로, 1933년 히틀러를 총리로 만든 보수파들도 자신들이 대하고 있는 사람의 권력욕이 무한하다는 것을 알지 못했다 (물론 히틀러는 그 무한한 권력욕 때문에 파멸했다). 어떤 사람은 1940년

1935년 차 안에서 돌격대(SA)의
사열을 받고 있는 히틀러.

대에 그를 "전형적인 잠재적 자살자"라고 표현했다.

> 그는 자기 '자아' 외에는 아무런 유대 관계도 갖고 있지 않다. … 그
> 는 자신 외에는 누구도, 어느 것도 사랑하지 않는 사람이라는 특권적
> 위치에 있다. … 그래서 그는 자신의 권력을 유지하거나 확대하기 위해
> 무슨 일이든 할 수 있다. … 그 권력만이 그와 금세 찾아오게 될 죽음
> 사이에 있다.

히틀러는 권력을 잡자 반대파를 제거하고 독일 국가와 독일 사회
를 손아귀에 넣기 위해 재빨리 움직였다. 그가 임명된 지 한 달 뒤,
독일 의회인 라이히스타크에서 때마침 화재가 발생해 그는 명령에
의한 통치를 할 수 있는 권한을 얻을 수 있었다. 그와 나치스당은 다
른 정당과 조합, 그리고 자신들에게 방해가 될 수 있는 다른 모든 기

관을 파괴하기 위해 재빨리 그리고 무자비하게 움직였다.

1934년, '긴 칼의 밤'(히틀러가 나치스당의 준군사 조직인 돌격대SA 참모장 에른스트 룀과 전 총리 쿠르트 폰 슐라이허 등 반대파를 숙청한 사건으로, 이 이름은 5세기 영국에서 앵글로색슨 용병이 긴 칼을 숨기고 연회 자리에 들어가 브리튼인 족장들을 살해한 사건에서 유래했다—옮긴이) 사건에서 그는 비밀경찰 게슈타포와 자신에게 충성하는 보안부대를 동원해 주요 반反나치스 인사들과, 수뇌부가 독자적 행보를 보여 밉보인 나치스 자신의 준군사 조직을 공격했다(돌격대는 정규군의 5배 병력을 지니고 동부 국경 경비에서 독자적인 지휘권을 요구하는 등 정규군과 마찰을 빚고 있었다—옮긴이). 수백 명이 죽은 것으로 추산되고, 수천 명이 체포되었다.

마침내 1938년 두 가지의 우연한 스캔들이 터져 군부 최고위 지도부가 제거되었다. 국방부 장관(베르너 폰 블롬베르크 원수였다—옮긴이)은 수상쩍은 과거를 지닌 한참 어린 여성과 결혼했다. 며칠 지나지 않아 베를린의 매춘부들이 자기들 가운데 한 사람이 출세를 했다고 말했다(이는 사실이었다). 또한 군의 수장(육군 총사령관이었던 베르너 폰 프리치를 말한다—옮긴이)이 동성애자라는 소문이 떠돌았다(이것은 사실이 아니었다). 두 사람은 모두 물러나야 했고, 히틀러는 자신이 직접 군 통제권을 인수하겠다고 발표했다. 이어진 개편을 통해 상당수의 최고 지휘부가 제거되었다. 히틀러를 자신들이 쉽게 조종할 수 있는 벼락출세한 하사관쯤으로 생각했던 군부는 조용히 이를 따랐다. 군부는 히틀러의 무모한 대외 정책에 계속 우려를 나타냈지만(그리고 때때로 그를 제거할 생각도 했지만), 히틀러를 따라 엄청난 범죄의 길, 독일을 최종 파멸로 이끄는 길을 걸어 내려가게 된다.

스탈린이 역사 속에 계급투쟁이 존재한다는 것을 절대적 진리로 받아들였듯이, 히틀러 역시 인종 간 투쟁의 존재를 발견했다. 스탈린의 세계관에서는 자본가들이 사회주의에 맞서 음모를 꾸미고 있었다면, 히틀러의 세계관에서는 열등 인종 특히 유대인이 독일 민족을 파멸시키려 열중하고 있었다. 히틀러의 생각은 스탈린의 생각과 마찬가지로 무서울 정도로 단순하고 모든 것을, 그리고 어느 것이든 설명하는 데(그리고 정당화하는 데) 사용될 수 있었다. 그는 1920년 한 연설에서 이렇게 말했다.

병의 뿌리인 유대인이 우리 사회에서 제거되지 않는 한 그들의 영향력은 사라지지 않고 사람들에게 끼치는 해독도 끝이 없을 것입니다.

그는 결코 자신의 생각을 바꾸지 않았다. 그의 다른 중요한 생각과 목표들도 역시 이른 시기에 확립되었다. 독일 민족 가운데 약한 구성원(신체적·정신적 장애가 있는 사람들)을 제거할 필요성과, 독일 민족에게 적절한 생활공간, 즉 레벤스라움Lebensraum을 제공해 그들의 거침없는 행진을 이루어내야 할 책무가 그것이다. 레벤스라움은 적절한 시기가 되면 폴란드인·우크라이나인·러시아인 같은 덜 중요한 민족들한테서 빼앗아 차지하게 될 터였다. 제2차 세계대전은 이 모든 것을 가능하게 했다. 정복을 통해 동방에 절멸수용소를 설치할 수 있게 되자, 유럽의 모든 유대인을 죽이는 '최종적 해결Endlösung'이 그 마지막 형태로 떠올랐다. 독일에서는 전투에서 부상당한 사람들을 포함한 자국민들에게 국가를 위해 안락사를 시행할 기회를 전쟁이 제공했다. 그리고 폴란드와 소련의 정복 지역에서 원주민들을 쓸어냄으로써 이제 독일 이주민들에게 길을 열어줄 수도 있게 되었다.

히틀러에게 전쟁이란 독일 민족에 의해 사용되는 도구에 그치는 것이 아니었다. 전쟁은 그들의 생존 투쟁의 가장 높고 고귀한 표현이었다. 그는 제1차 세계대전에서 독일을 위해 기꺼이 싸웠고, 전쟁에서 독일이 패하고 베르사유 조약을 체결하자 고통스러운 굴욕감을 맛보았다. 그는 그 결과와 조약을 무효화하고 원상태로 돌리기로 결심했고, 독일의 적들에 대한 복수의 전쟁 외의 다른 것으로는 만족하고 싶지 않았다.

그는 정권을 잡은 순간부터 대규모 재무장 프로그램을 추진하고 자신이 베르사유 조약의 사슬이라고 생각한 것을 깨는 일을 최우선 과제로 삼았다. 그는 조약의 조항들에 공개적으로 저항하며 공군을 창설하고 징병제를 도입했으며 독일군의 병력을 크게 늘렸다. 1936년 그는 조약에서 비무장 지대로 규정한 라인란트(독일 서부 라인강 서쪽의 베네룩스 3국과 경계선을 맞대고 있는 지역이다―옮긴이)에 병력을 들여보냈다. 독일 내부에서는 대부분 이를 지지했고, 바깥 세계에서는 아무런 조치도 없었다. 이언 커쇼에 따르면, 히틀러가 스스로를 숭배하는 으뜸 신도가 된 것은 바로 이 순간이었다. 그는 뮌헨에서 한 연설에서 이렇게 말했다.

나는 몽유병자와 같은 확신을 가지고 신의 섭리에 의해 내게 펼쳐진 길을 따라가고 있습니다.

오만이 그를 단단히 묶어 끌고 있었다.

성공은 계속되었다. 1938년 3월 그는 오스트리아를 독일에 병합했다. 독일은 다시 기뻐 날뛰었고, 세계는 아무런 대응도 하지 않았다. 그리고 1938년 여름 그는 관심을 이웃 나라 체코슬로바키아로 돌려, 독일어 사용자가 다수인 주데텐란트(현재 체코의 북·서·남쪽 변경 지역이다—옮긴이)를 내놓으라고 요구했다. 체코인들은 영국과 프랑스에 지원을 호소했다. 히틀러는 휘하 장군들과는 달리 전쟁을 할 준비가 되어 있었다. 그러나 마지막 순간에 영국과 프랑스는 9월 뮌헨에서 주데텐란트를 넘겨주라고 체코 정부를 설득했다. 히틀러는 피를 흘리지 않고 승리를 거두었다. 그러나 그는 전쟁 기회를 빼앗긴 데 분노했고, 이후 계속해서 이 뮌헨 협정을 자신의 최대 실책 가운데 하나로 생각했다. 그가 또 우려했던 것은 독일 국민들이 적절한 호전적 기질과 열성을 보여주지 않았다는 점이다. 독일 편집자들과 언론인 집단을 만난 자리에서 그는 독일인들을 준비시켜 "국민 내부에서 무력 사용 요구의 목소리를 천천히 내기 시작하도록" 할 필요성을 이야기했다.

이 단계까지 그의 계획은 잘 전개되었다. 그는 잇단 전쟁을 예견했고, 한 전쟁은 다음 전쟁을 위한 도약대가 되었다. 그는 영국과 프랑스에서부터 시작할 셈이었고, 그다음은 소련으로 옮겨가고, 그 뒤에는 미국이었다. 미국은 독일이 세계를 지배하는 데 가장 큰 전략 지정학적 위협이라고 그는 생각했다. 그리고 마지막에는 세계의 나머지 세력들과 싸우는 것이다.

그는 이미 각 단계의 승리가 어떤 이득을 가져다줄 것인지 생각해놓았다. 유럽에서 독일은 게르만형 민족들이 차지하고 있는 땅을 병합한다. 알자스·로렌, 벨기에와 네덜란드, 그리고 아마도 프랑스 북부

1939년 9월 폴란드 침공 때 군부대의 행진을 점검하고 있는 히틀러.

와 스칸디나비아 나라들이 이에 해당할 것이다. 유럽 남부 나라들은 독일이나 그 동맹국인 이탈리아의 위성국이 될 것이다. 우랄 산맥 동쪽은 독일제국과 자기네의 또 다른 동맹국인 일본 제국과의 편리한 분할선이 될 것이다. 일본 제국은 당분간 아시아를 지배할 것이다. 아프리카는 세 부분으로 나뉘게 된다. 이탈리아가 북쪽을 통치하고, 독일이 사하라 사막 이남의 대부분을 지배하며, 아마도 우호적인 남아 프리카연방이 남부 지방을 맡게 될 것이다. 먼 장래의 미국을 물리친 후에 대해서는 히틀러도 상세한 구상을 분명히 하지 못하고 있었다. 그러나 그는 독일 민족이 결국 일본과 싸워야 할 거라고 예측했다.

동쪽의 새로 얻은 지역은 독일인들로 채우고 그들에게 농장을 지급할 것이다. 기존 주민들은 죽이거나 내쫓는다. 이들을 값싼 노동력이나 노예노동을 위해 남겨둘 수도 있는데, 그럴 경우 이들은 거세되어야 한다. 제2차 세계대전이 시작된 직후인 1939년 10월, 히틀러는 하인리히 힘러를 '독일 민족성 강화를 위한 국가위원RKFDV'에 임명해 이 계획들의 실행에 나섰다.

전쟁 자체는 처음에 히틀러가 바랐던 대로 전개되었다. 늦여름에 그와 스탈린은 두 나라 사이의 불가침 협정을 체결했다. 거기에는 두 나라 사이에 있는 나라들을 나눠 갖는다는 비밀 거래도 포함되어 있었다. 소련이 맞춤하게 중립화되자 히틀러는 9월 초 재빨리 폴란드 침공에 나섰다. 영국과 프랑스가 독일에 선전포고를 했지만, 그들은 폴란드가 먼저 독일에, 그리고 이어서 소련에 의해 유린되는 것을 지켜보는 것 외에 별로 할 수 있는 일이 없었다. 히틀러는 폴란드에서 빠른 승리를 거둠으로써 자신의 휘하 어느 장군보다 더 잘 알고 있다는 그의 생각이 확인되었다. 만약 확인이 필요했다면 말이다. 그해 11월 200여 명의 고위 관료에게 한 연설에서 그는 이렇게 말했다.

자랑하자는 것은 아니지만, 나라는 사람은 '대체 불가'라고 해야 할 것 같습니다. 어떤 군인이나 어떤 민간인도 나를 대체할 수 없습니다. … 나는 공격할 것이며, 굴복하지 않을 것입니다. 제국의 운명은 오직 나에게 달려 있습니다.

이듬해 봄, 그는 프랑스를 침략하라는 명령을 내렸고, 6주 뒤에 프랑스는 항복했다. 처칠이 이끄는 영국은 평화회의를 거부했고, 히틀러는 침략을 준비하라는 미지근한 명령을 내렸다. 공군 총사령관 헤르만 괴링이 그 서막으로, 아니면 그들의 항복을 이끌어낼 수도 있다며 영국 폭격을 제의하자 히틀러는 선선히 이를 받아들였다. 그는 이미 자신의 관심을 다음 차례의 큰 적인 소련 쪽으로 돌리고 있었다.

어쨌든 그는 영국 폭격 작전이 해상을 통한 침략보다 훨씬 쉬울 거라고 생각했다. 휘하 장군들이 양쪽 전선에서 전쟁을 하게 될 것이라고 이의를 제기했지만, 히틀러는 그런 반대들을 일축했다. 소련이 항복한다면 영국도 항복하는 수밖에 다른 도리가 없을 터였다. 그는 프랭클린 델러노 루스벨트 대통령이 미국의 입장을 천천히 영국 지원 쪽으로 옮기고 있고 영국은 평화를 청하기를 원한다는 흔적이 전혀 없다는 사실을 무시했다.

1941년 6월 22일, 히틀러는 소련을 침공했다. 그의 군대는 준비가 부족한 소련 군대를 물리치며 동쪽으로 수백 킬로미터를 전진했지만, 그들은 눈이 내리기 전까지 레닌그라드와 모스크바가 포함된 목표 지점까지 도착하지 못했다. 전하는 바에 따르면, 몇몇 독일 장군들은 베를린의 서적상들에게 편지를 보내, 1812년 프랑스군이 러시아를 침략했다가 실패했을 때 나폴레옹과 함께 참전했던 장군들의 회고록을 주문했다고 한다. 소련군은 전열을 가다듬고 끈질기게 싸우며 퇴각했고, 유격대는 끝없이 길게 늘어진 독일의 보급선을 공격했다. 당시에는 그것이 아주 분명히 보이지는 않았지만, 소련 침공은 히틀러의 몰락을 재촉한 것이었다.

그의 두 번째 큰 실책은 그해 12월 동맹국 일본이 미국의 진주만을 공격했을 때 나왔다. 이로 인해 미국은 모든 병력과 자원을 동원해 아시아에서의 전쟁에 뛰어들었다. 그러나 미국은 그때까지만 해도 유럽 내에서 군사적으로 개입하지 않고 있었고, 히틀러가 허세를 부리느라 미국에 선전포고를 하지 않았다면 그 뒤에도 개입하지 않았을 것이다.

1943년 말이 되자 히틀러는 자신이 구상했던 대로 독일이 큰 승리를 얻지 못하리라는 것을 깨닫게 되었다. 적어도 이번에는 말이다. 그래서 그는 소련이나, 어떻게든 미국·영국 쪽과 별개의 평화조약을 맺는 일에 기대를 걸었다. 그렇게 되면 그는 한 번에 하나의 적만을 상대할 수 있게 된다. 1945년 봄, 연합군이 동·서 양쪽에서 베를린으로 진격하고 있을 때에도 그는 여전히 기적이 일어나리라는 희망을 이어갔다. 그는 또한 진격 속도를 늦추기 위해 독일의 모든 남아 있는 사회 기반 시설들을 파괴하라는 명령을 내렸다. 그렇게 하면 독일 국민들에게도 엄청난 피해가 있을 것이라고 슈페어가 지적하자 히틀러는 전쟁에 지면 어쨌든 국민도 잃는 것이며 그들은 살아남을 필요가 없다고 말했다.

1945년 4월이 되자 독일의 완전한 패배라는 현실은 마침내 그의 벙커에까지 파고들었다. 그달 30일 그는 자살했다. 그는 유서에서 이 전쟁이 "한 민족의 생존 의지에 대한 가장 영광스럽고 용맹한 발현發現"으로 기억될 것이라고 말했다.

윌슨·대처·히틀러·스탈린 등 여기서 내가 고찰한 네 지도자는 모두 그들에게 커다란 기회를 준 시대를 살았고, 네 사람 모두 그 기회를 잡기 위한 내적인 충동과 확신을 지니고 있었다. 그들의 성공은 자신들의 자신감을 강화해 요지부동의 상태로까지 나아가게 했으며, 바로 이 순간부터 그들은 고집스럽게 앞으로 달려 나갔다.

오만은 언제나 극적인 운수의 반전에 의해 처벌을 받는다고 그리스인들은 생각했다. 윌슨과 대처는 정치적 패배라는 굴욕으로 처벌을 받았다. 히틀러는 세계를 지배한다는 자신의 꿈이 수포로 돌아갔음이 분명해지자 자살했다. 스탈린은 네 사람 중 유일하게 생전에 자신의 오만에 대한 대가를 치르지 않았다. 그러나 내세가 있다면 그는 아마도 자신이 이루었던 모든 것이 전 세계 공산주의의 몰락과 소련의 붕괴, 동유럽에서의 제국의 해체와 함께 끝나고 말았음을 보았을 것이다.

제 3 장

세상을 바꾼 모험심

1783년 12월 1일, 네 명의 프랑스 귀족이 붉고 노란 줄이 화사하게 그려진 커다란 기구氣球를 호송해 파리 중심가 튈르리 정원의 발진 장소로 들어왔다. 50만 가까운 군중(그들 가운데 상당수는 기구의 비용을 댄 사람들이었다)은 자크 알렉상드르 샤를(1746~1823) 박사와 그의 조수 니콜라루이 로베르(1760~1820)가 밸러스트(중심을 잡기 위해 배나 기구 안에 넣는 모래주머니 같은 것—옮긴이)와 모피 코트, 냉동 닭고기 간편식과 샴페인으로 꽉 찬 버들가지 바구니 안으로 기어 들어가는 모습을 지켜보았다. 밧줄을 풀자 기구는 하늘로 올라갔다.

　　"기구가 무슨 쓸모가 있지?"

　　구경꾼 속에 있던 벤저민 프랭클린(1706~1790)에게 누군가 묻자 그는 이렇게 대답했다.

　　"새로 태어난 아기는 무슨 쓸모가 있지?"

　　몽골피에 형제(조제프 미셸 1740~1810, 자크 에티엔 1745~1799)가 이미 열기구 실험을 한 적이 있었지만, 이번에는 더 효율적인 수소를 사용하는 최초의 유인 비행이었다. 기구는 북서쪽으로 날아가 파리 시외 45킬로미터 지점에서 착륙했다. 로베르는 무게를 줄이기 위해 내려왔고, 샤를은 다시 이륙해 3천 미터를 올라갔다. 놀랍게도 그는 그곳에서 그날 해가 지는 모습을 두 번째로 보았다. 그는 귀가 아프기 시작하자 기구를 조작해 다시 지상으로 내려왔다. 그는 나중에 이렇게 말했다.

이륙할 때 내 온몸을 가득 채웠던 그 완전한 환희의 순간과 똑같은 것은 앞으로 없을 것이다. 나는 우리가 지구와 그곳에 있는 모든 걱정과 괴로움에서 영원히 벗어나 날아가고 있다고 생각했다. 그것은 단순한 즐거움이 아니었다. 그것은 육신의 황홀감 같은 것이었다. … 나는 동행자 로베르 씨에게 이렇게 외쳤다. "나는 지구를 떠났다. 이제부터 우리가 살 곳은 하늘이다!"

1783년 12월 1일 자크 샤를 박사가 띄운 기구 그림.

그 뒤 10여 년 동안 유럽과 북아메리카 상공에는 수십 개의 유인 기구가 날아다녔다. 1785년에는 처음으로 기구를 타고 영국해협을 건너는 데 성공했다(또 다른 시도에서는 처음으로 사망자도 발생했다). 그로부터 4년 뒤에 잔주느비에브 가르네랭(1775~1847)이 여성으로서는 최초로 기구에서 낙하산을 타고 뛰어내린 것으로 기록되었다. 20년 후 소피 블랑샤르(1778~1819)는 복고된 프랑스 왕정의 공식 비행사가 되었다. 가냘프면서도 당찬 소피를 나폴레옹도 좋아했는데, 몸에 꽉 끼는 흰 드레스에 화려한 색의 멋진 깃털 모자를 쓰고 단독 비행을 하면서 곡예를 하고 폭죽을 터뜨리는 것으로 유명했다. 소피는 1819년 현란한 연기를 하던 도중 기구의 수소에 불이 붙는 바람에 지상으로 떨어져 죽었다. 이런 위험에도 불구하고 비행사들은 오늘날까지도 도전을 멈추지 않고 있다.

이러한 대담성은 때때로 자신들의 목숨을 내놓을 뿐이었지만, 어떤 경우에는 그 보상이 상당했다. 1940년, 윈스턴 처칠은 영국인들의 생존 자체가 위기에 처해 있던 순간에 영국의 지도자 자리에 올랐다. 5월 10일, 그는 막 총리 취임 선서를 마친 버킹엄 궁전을 떠나며 경호원에게 이렇게 말했다.

"너무 늦은 게 아니었으면 좋겠네. 나는 너무 늦었을까봐 무척 겁이 나. 최선을 다하는 수밖에."

상황은 정말로 암울했다. 독일군은 프랑스 영토를 관통하고 있었고, 연합국들 사이를 벌리려 했다. 벨기에군이 무너지고 있었고, 프랑스인들의 싸우려는 의지는 눈에 띄게 사라지고 있었다. 영국과 일부 프랑스군은 해안 항구들로 퇴각하고 있었다. 5월 20일이 되자 영국은 됭케르크 항에서 대규모 철수를 계획하기 시작했다. 그곳에는 이제 30만 명 이상의 병력이 모여 있었다. 그들이 구출될 수 있을지는 불확실했다.

고국에서 처칠 내각은 히틀러에게 평화 조건을 타진해봐야 하느냐를 놓고 의견이 갈려 있었다. 처칠 자신의 입장은 영국이 얻을 게 없다는 것이었다. 약자의 입장에서 협상을 하는 것이기 때문이다. 그는 각료들에게 이렇게 말했다.

"우리가 싸움을 계속한다면 지금 우리에게 주어진 것보다 더 나은 조건을 얻게 될 것이오. 비록 우리가 패하더라도 말이오."

처칠은 지금 우리가 히틀러에 대해 아는 것을 파악하고 있었기 때문에 싸움을 계속한다는 올바른 선택을 했다. 새 총리가 알지 못했

던(그러나 추측은 하고 있었을 것
이다) 것은 히틀러가 영국의 완
전한 패망과 복속을 결연하게
추구하고 있다는 사실이었다.
그러나 내각의 결정은 이틀간
내려지지 못했다. 처칠의 전임
자 네빌 체임벌린(1869~1940)
과 외무부 장관 에드워드 우드
(핼리팩스 백작, 1881~1959)는
이탈리아를 통해 예비 교섭을
추진하자는 쪽이었다. 처칠은

1940년 영국 본토 항공전 때 공습경고에 헬멧을 쓰고 있는 처칠.

체임벌린을 설득해 자신의 의견에 동조하도록 하는 데 성공해 우드
를 고립시켰다. 5월 28일, 처칠은 각료들에게 이렇게 말했다.

"우리는 전진할 것이고, 여기서든 다른 어느 곳에서든 끝까지 싸
울 것이오. 그리고 마침내 대단원의 막이 내려져야 한다면 막을 내리
는 것이 나을 것이오. 항복을 통해서가 아니라 의식을 잃고 땅바닥
에 구를 때가 되어서 말이오."

그는 자신이나 영국이 살아남을 수 있을지 확신할 수 없었다. 그
가 가까운 보좌관에게 말했듯이 자신이 석 달 안에 죽는다 해도 놀
라운 일은 아니었다. 그러나 처칠은 그의 이력이 보여주고 있듯이, 불
가능할 것 같은 일에 맞닥뜨렸을 때 전성기였다.

이제 잠시 다른 방향으로 흘러간 역사를 상상해보자. 영국이 독일
과 강화를 했다면 히틀러의 유럽 지배는 사실상 확고부동했을 것이
다. 독일은 그 경우에도 소련을 공격했을 것이다(그것이 히틀러의 장기

계획의 일환이었다). 그러나 독일을 폭격할 영국 공군도 없었을 테고, 소련에 대한 영국의 군수품 공급도 없었을 것이다. 또한 미국이 추축국들과 맞닥뜨렸을 때 유럽이나 동아시아에 동맹국이 남아 있지 않았을 것이다. 더구나 1944년 유럽 본토로 진공하기 위한 기지가 되어야 할 독립국 영국도 없었을 것이다. 우리의 세계는 정말로 아주 다른 모습이었을 것이다.

어떤 사람들을 다른 사람들보다 더 대담하게 만드는 것은 무엇일까? 왜 스스로 대기권이나 우주로 나아가고, 산에 올라가거나 캄캄한 지하 동굴로 비집고 들어가고, 목숨을 걸고 과격한 스포츠를 할까? 대담성은 특정 직종에만 국한되지는 않는다. 자신의 미래와 행복을 걸고 연구한 발명가·과학자들(알렉산더 그레이엄 벨과 마리 퀴리 같은 사람들이다), 특정한 투자에 모든 것을 건 기업가들의 사례를 역사에서 무수히 만날 수 있다.

연구자들이 인간의 유전자 구성에 대해 점점 더 많은 것을 발견하게 되면서, 그들은 특정한 성향의 기저에 있는 유전자들을 가려낼 수 있게 되었다. 즐거움을 추구하거나 폭력적인 성향이든, 위험을 감수하는 성향이든 말이다. 그러나 과학자들은 또한 잠자고 있었을지도 모를 어떤 특성을 촉발하는 데 환경이 핵심적인 역할을 한다고 주장한다. 일란성 쌍둥이 전문 연구자인 런던 킹스칼리지의 팀 스펙터 교수는 성격 발현에서 유전자보다 환경이 더 중요할 것이라고 믿고 있다. 과학에서는 아직 판결이 나지 않았다.

우리는 모험가들이 공유하는 특성을 집어내려 할 때 거의 예외 없이 호기심(예컨대 지평선 너머에 무엇이 있는지를 알려는 호기심 같은 것)과 알아내려는 의지를 발견할 수 있다. 진실한 인내력 역시 도움이 된다. 유럽에서 처음으로 바다로 나간 모험가들을 생각해보자. 그들은 자신들이 세계의 끄트머리에서 떨어져내릴지 어떨지 알지 못하는 상태로 전인미답前人未踏의 대양으로 나아갔다. 그들은 지금으로서는 상상하기 어려울 정도로 작고 취약한 범선을 탄 채 폭풍우와 궁핍과 질병, 그리고 때로는 세계 각지의 적대적인 사람들과 맞닥뜨렸다. 그들의 뒤를 이어 탐험가들은 걸어서 또는 배를 타고 아메리카와 아프리카를 종횡으로 누볐고, 빽빽한 정글을 헤치고 나아가고 광막한 평원을 건넜으며, 물살이 세찬 강을 내려가거나 높은 산등성이를 넘었다.

1920년대에 외부 세계에서 온 첫 에베레스트 원정대가, 가는 길에서부터 내부 구조에 이르기까지 거의 모든 것이 신비에 싸인 한 산을 찾고 있었다. 처음 두 원정대는 불가피하게 대체로 알려지지 않은 티베트(깊은 계곡과 고원과 높은 산등성이가 있는)에 대한 예비 조사 팀이 될 수밖에 없었다. 장비에서 식료품에 이르는 모든 것은 말이나 노새로 실어 날라야 했고, 고도가 높은 곳에서는 현지의 짐꾼이나 원정대원들이 날랐다. 대원들은 몇 달씩 계속해서 사투를 벌였다. 그들은 에베레스트로 올라가는 길을 찾으려 애쓰는 과정에서 발이 까지고 숨이 가빠졌으며, 종종 열병이나 이질에 걸려 몸이 망가졌다.

그것은 캐나다의 젊은 측량기사 올리버 휠러(1890~1962)가 정상 아래의 노스콜North Col 고지에 오르는 길을 발견함으로써 마침내 이루어졌다. 젊은 시절부터 캐나다 로키 산맥을 오른 노련한 등반가였던 그는 에베레스트 주변 약 500제곱킬로미터의 지역을 측량하기 위해 대부분의 기간 동안 나머지 원정대원들과 떨어져 작업을 했다. 그는 관측점을 설정하기 위해 이 봉우리 저 봉우리를 기어올랐고,

1921년 에베레스트 원정대 사진으로 뒷줄 오른쪽이 조지 맬러리.

지도 제작을 위해 사진을 찍었다. 그와 짐꾼들은 모두 짐을 잔뜩 지고 다녔으며, 때로는 6천 미터 이상의 고지에서 야영을 했다. 바람이 휘몰아치고, 비와 진눈깨비와 눈이나 때로는 낙석이 텐트 주변에 떨어졌다.

다른 원정대원들은 대부분 영국인들이었다. 막 끝난 제1차 세계대전 생존자들이었다. 전쟁 전 자신의 세대에서 가장 위대한 등반가였던 조지 맬러리(1886~1924)는 아내와 아이들을 남겨둔 채 떠났다. 그는 1924년 5월 24일 에베레스트 고지의 텐트에서 사랑하는 아내 루스에게 마지막 편지를 썼다.

초가 다 타서 이제 멈춰야 하오. 여보, 최선을 다해 당신에게 좋은 소식을 전하고 싶소(당신의 노심초사는 이 편지를 받기 전에 끝날 것이오). 또한 가장 빠른 시일 내에 말이오. 우리가 성공할 확률은 50 대 1이지만 우리는 한 번 더 시도해볼 것이고, 스스로를 자랑스럽게 만들

것이오.

6월 9일, 그와 '샌디'로 불렸던 어린 등반 파트너 앤드루 어빈 (1902~1924)은 정상 250미터쯤 아래에 있던 사람들의 눈에 마지막으로 포착되었다. 분명히 정상을 향해 올라가는 모습이었다. 그들이 정상 등반에 성공했는지는 영원히 알 수 없다. 미라가 된 맬러리의 시신은 1999년에 발견되었다.

맬러리는 왜 에베레스트에 오르느냐는 질문을 받은 적이 있는데, 그는 간단하게 대답했다.

"그 산이 저기 있기 때문이죠."

과학자들에게도 문제는 다르지만 해법을 찾으려는 호기심과 유인誘因은 마찬가지다. 배리 마셜(1951~) 박사는 그리 알려지지 않은 점잖은 내과학 전문가로 오스트레일리아 서부 해안 도시 퍼스에서 일했다. 그는 1980년대에 위궤양과 사실상 거의 모든 위암이 박테리아로 인해 발병한다고 확신했다. 기성 의료계의 정설은 그 원인이 스트레스와 과도한 음주, 또는 매운 음식 같은 데 있다는 것이었다. 그 표준 처방은 수십 년 동안 해왔듯이 환자가 안정을 취하고 제산제를 복용하며 자극적이지 않은 음식을 먹고 우유를 많이 마시라는 것이었다. 항우울제 복용에서부터 위의 일부를 절제하는 수술까지 부가 치료도 받아야 했다. 마셜이 옳다면 항생제 치료로 궤양을 낫게 할 수 있었고, 그의 견해를 뒷받침하는 몇몇 증거들이 있었다. 기성 의료계는 여전히 매우 회의적이었고, 제산제와 항우울제를 잘 팔아먹고 있던 제약 회사들도 마찬가지였다. 마셜은 연구 지원을 별로 받지 못했고, 윤리적인 이유로 자신의 이론을 건강한 환자들에게 테스트

할 수 없었다. 그래서 그는 스스로 실험 대상이 되었다.

마셜은 궤양 환자의 위에서 채취한 박테리아 혼합물을 삼켰다. 그는 자신의 위가 약간 꾸르륵거리던 것을 기억한다. 닷새가 지나자 자주 구토를 했고, 탈진했으며, 식욕이 떨어졌다. 그로부터 다시 닷새 뒤에 그는 자신의 위 생체 검사를 했다. 박테리아로 보이는 것이 온통 퍼져 있었고, 그는 심각한 염증으로 위염을 앓고 있었다. 그것은 위암의 근본 원인이었다. 이 시점에서 그는 아내에게 자신의 실험에 대해 이야기했다. 아내는 당연히 화를 냈지만, 항생제를 투입하지 않고 이틀 더 지내는 데 동의했다. 약을 복용하기 시작하자 회복되기 시작했다. 그의 이론이 널리 받아들여져, 그는 2005년에 노벨 생리의학상을 받았다. 그가 지금 독감 백신을 연구하고 있다니 마음 든든하다.

모험가들은 종종 낙관론자들이기도 하다. 이번에 자신들이 만든 비행기가 제대로 이륙할 거라거나, 자신들이 만든 새 회사가 잘 돌아갈 거라고 믿는다. 홍콩에 있는 한 영국 기자가, 딸 확률이 그렇게 낮은데 왜 계속 카지노에 가느냐고 한 현지인에게 물어본 적이 있었다. 그 사람은 그렇지 않다고 단호히 말했다. 확률은 반반이라는 것이다. 자신이 따거나, 아니면 잃거나. 나이도 위험을 감수하려는 자세에 일조할 수 있다. 젊은이들은 자기네가 영원히 살거나 적어도 더 많은 기회를 얻을 수 있다고 생각하는 경향이 있지만, 나이 많은 사람들은 그것이 사실이 아님을 안다. 나는 십대 시절 롤러코스터를 탈 수 있었지만, 이제는 무슨 말로 유혹해도 탈 수가 없다. 나는 무슨 문제가 생길지 너무 잘 알고 있는 것이다.

그러나 모험가들이 모두 자신들이 맞닥뜨리게 될 위험을 무시하는 것은 아니다. 오히려 많은 사람들은 자신들이 실패하고 그럼으로써 자신과 어쩌면 가족이나 사회에 문제를(심지어 재난을) 초래할 가능성이 있음을 이해하고 받아들인다. 그러나 그들에게 도전과 성공하리라는 희망은 위험을 감수할 가치를 제공한다. 실패하거나 심지어 죽을 수 있음을 아는 것은 위험의 맛을 더해준다.

나는 언젠가 평화 유지 활동을 주제로 캐나다 장군을 인터뷰한 적이 있었다. 그는 날카롭고 사려 깊었다. 그러나 지금 가장 기억에 남는 것은 내가 녹음기를 껐을 때 그가 한 말이었다. 군인들이 공개적으로 인정하는 경우는 별로 없지만, 자신이 죽을 수도 있음을 아는 데서 오는 짜릿함이 그 일의 매력 가운데 하나라고 그는 말했다. 그는 이것이 오토바이를 과속으로 몰거나 번지점프를 할 때의 느낌과 비슷한 것이라고 했다.

BBC(영국방송협회)를 창설하고 오랫동안 국장으로 재직했던 존 리스(1889~1971)는 제1차 세계대전 당시 서부전선에 있을 때를 회상하는 기록에서 이를 거리낌 없이 드러냈다. 그는 수송 부대를 지휘하는 중이었는데, 부대는 생각처럼 그렇게 평범하지는 않았다. 그와 부하들은 적의 기관총과 대포 사격을 무릅쓰고 보급품이 담긴 수레를 몰아 전선까지 올라가야 했기 때문이다. 그러나 그는 즐거웠고, 그야말로 흥분해 있었다. 그는 이렇게 말했다.

순무 밭을 걸어 건너가는 것이 재미있었다. 어느 순간에라도, 모든 이유 가운데 가장 결정적인 이유로 걸어가는 것이 중단될 수 있음을 알았기 때문이다.

큰 부상을 당해 영국으로 후송되었을 때 그가 주로 보인 반응은
화를 내고 전선으로 돌아가고 싶어 안달하는 것이었다. 그는 집에 이
런 편지를 썼다.

나는 내가 표현할 수 있는 것 이상으로 넌더리가 납니다. 나는 매우
잘 해내고 있었고, 그 일과 모든 것을 즐기고 있었습니다. … 나는 내
멋진 제복을 구겨버렸습니다.

그의 회고록은 1960년대까지 출간되지 않았다. 아마도 시그프리
드 서순(1886~1967)이나 윌프레드 오언(1893~1918) 같은 작가들의
반전反戰 작품들과 기조가 맞지 않았기 때문이었던 듯하다.

무슨 이유에서든, 어떤 사람들은 기꺼이 위험을 추구할 것이다. 다
른 사람들은 자기네에게 그것이 강요되면 스스로가 그것을 어떻게
처리하는지에 대해 놀란다. 리부사 프리츠-크로코프는 당시 독일 동
부에 있던 포메라니아(전쟁의 굴곡을 겪으면서 지금은 폴란드 땅이 되었
다)의 오래된 지주 가문에서 태어났다. 그녀는 1944년 여름 결혼했
다. 으레 가족 농장에서 열리던 구식 융커 결혼식이었다. 노르망디에
상륙한 연합군들은 독일로 뻗쳐오고 있었고, 소련군도 동쪽에서 진
격해오고 있었다. 그들과 같은 전통 가문들은 언제나 남자아이들을
프로이센 군대에 보냈다. 그들이 소중히 여기는 가치는 남자다움과
씩씩함이었다. 규율, 질서, 상관과 국가에 대한 복종, 그리고 자기희생
의 각오 같은 것들이었다. 그러나 앞으로 전개될 일들에는 그러한 가
치들이 그다지 소용이 없었다.

프리츠-크로코프는 회고록 『여자들의 시간Die Stunde der Frauen』에서

자신이 어떻게 소련 점령군 병사들을 다루고, 장교들에게 뇌물을 주고, 쓰레기 더미를 뒤져 유용한 물건들을 찾아내고, 먹을 것을 훔쳐내는 법을 배웠는지를 묘사한다. 그녀는 어머니와 함께 가족을 책임졌다. 가족 중에는 자신의 세계가 무너지자 망가져버린 의붓아버지와의 사이에서 생긴 그녀의 갓난 딸도 있었다. 주변 남자들은 용감하고 전쟁터에서 품위 있게 죽을 자세가 되어 있었다고 그녀는 태연히 말한다.

굶어 죽지 않기 위해 필요한 돈을 뜯어내려고 머리를 숙이고 네 발로 기어야 하는 때가 되면(거기서는 명예와 의무를 찾을 도리가 없다) 그들은 망가질 수밖에 없다. 그들은 그런 일들을 우리에게 남겨준다.

연합군이 점령한 독일 안팎을 넘나드는 비참한 여행 끝에 그녀는 자신의 갓난아기와 어머니를 포함해 여자들로 이루어진 일행을 안전하게 서방 세계로 데리고 나올 수 있었다. 사랑하는 의붓아버지는 소련 영내의 수용소에 있음을 알게 되었다. 프리츠-크로코프는 국경을 넘어 동쪽으로 마지막 여행을 떠났다.

그녀는 수용소를 면밀히 살펴 소련 경비병의 눈에 띄지 않는 곳을 찾아냈다. 울타리가 나무판자로만 되어 있는 곳이었다. 그녀는 판자 틈새로 지나가는 포로에게 말을 건네 의붓아버지에게 어두워지면 자신을 만나러 오도록 전해달라고 했다. 그녀는 가까스로 장벽을 잡고 살금살금 기어서 약속 장소로 갔다. 그러나 실망스럽게도 의붓아버지는 떠나지 않겠다고 했다. 너무 어렵고 위험해 의붓딸의 목숨을 걸고 싶지 않다는 것이었다. 의붓딸이 그의 도움이 없으면 어떻게 해야 할지, 어디로 가야 할지 알 수 없다고 소리치고 나서야 그는 가는데 동의했다.

때로 사람들은 명예상의 필요 때문에, 또는 대안을 생각해보고 싶지 않거나 생각할 수 없기 때문에 위험을 감수한다. 제1차 세계대전 전에 유럽의 군대를 지휘했던 많은 장군들은 기술 발전에 따라 방어가 잘된 진지를 공격하는 것은 점점 더 어려워진다는(그리고 비용이 많이 든다는) 증거들이 쌓여가고 있음을 잘 알고 있었다. 1912~1913년의 발칸 전쟁 같은 유럽의 전쟁들처럼 세계 각처의 전쟁들(미국 남북전쟁이나 더 최근에는 1904~1905년의 러일전쟁 등)은 급격한 화력 증대의 영향력을 보여주었다. 장거리포와 새로운 기관총, 그리고 더 정확하고 빨리 쏠 수 있는 보병 소총이 어울려 치명적인 사격 범위를 만들어냈다. 때로는 공격자들이 전진하려는 방향으로 1킬로미터나 그 이상의 거리까지 미쳤다. 그러나 계획을 짜는 사람들은 여전히 전쟁이 터지면 자기네 군대가 공세를 취할 것이라고 가정한다. 이에 따라 그들은 방어군들보다 수적으로 우세하며 더 잘 훈련되고 의욕적인 병사들이 적을 압도해 결정적인 승리를 거두리라고 기대한다. 어쨌든 군사 지도자들이 민간인이 되어 그들이 더 이상 승리의 보증수표가 아님을 인정한다는 것은 거의 생각할 수도 없었다.

1914년 위기가 닥치자 그들은 모 아니면 도 식의 도박을 하는 도박꾼 신세가 되었다. 명예를 위해서라도 그렇게 해야 했다. 오스트리아군 참모총장은 애인에게 이렇게 썼다.

그것은 희망이 없는 싸움이 될 거야. 그러나 하지 않을 수 없어. 그렇게 오랜 역사를 가진 제국과 그렇게 영광스러운 군대가 불명예스럽게 쓰러질 수는 없기 때문이야.

제1차 세계대전 전의 작전참모들처럼, 집단들도 위험 감수를 부추기는 가치관을 지닐 수 있다. 역사가들 사이에서는 개인의 책임을 강조하고 근면과 절제에 대한 보상을 주장하는 개신교 교리의 확산이 자본주의의 발흥을 촉진했는지에 관해 많은 논쟁이 있어왔다. 더 최근에는 질리언 테트(1967~), 마이클 루이스(1960~), 앤드루 소킨(1977~) 같은 예리한 관찰자들이 2008년의 금융 위기를 관련 은행가들의 가치관이라는 측면에서 설명하려 했다. 더 많은 수익을 위해 점점 더 많은 위험을 떠안는 것이 표준이 되고, 조심하는 것은 겁쟁이로 보았다는 것이다(더구나 보너스라는 형태의 커다란 보상도 챙길 수 없다).

갈수록 더 위험한 금융 상품들을 만들어내고 판매한 거래자들 상당수는 무슨 신도信徒들 같았다(그리고 그들은 거의 대부분 남자였다). 예컨대 런던의 모건개런티 은행에서는 비밀스럽고 매우 수익성 좋은 '신용파산스왑CDS'을 취급해 높은 연봉을 받는 부서가 은행의 나머지 부서들과 아주 다르다며 자부심을 갖고 있었다. 한 부서원은 이렇게 말했다.

"우리는 이렇게 특별하고, 다른 어떤 사람들과도 다르다고 생각하는, 서로 아주 긴밀한 유대 관계를 가진 작은 조직입니다."

그들의 성공이 쌓이고 보상이 쌓여가면서 그들이나 그들과 비슷한 다른 사람들은 그들이 절대로 실패할 수 없다고 믿게 되었다.

반대로, 공동체적인 가치관은 위험 감수를 방해할 것이다. 학자들 사이에서는 조화와 문필 문화를 강조하는 중국 고전 문명이 혁신을 방해했는지에 관해 오랫동안 토론이 이어지고 있다. 한 가지만 예를 들자면, 광산에 신선한 공기를 계속 주입할 수 있는(그럼으로써 더 깊은 곳까지 들어가 채굴할 수 있는) 펌프를 발명한 한 관원은 발명품 자체가 아니라 자신의 발명을 묘사해 쓴 시 때문에 황제에게서 칭찬을 받았다. 그런 가치관의 차이가, 왜 영국은 산업혁명에서 이륙을 하고 이전에 과학기술 선진국이었던 중국은 그러지 못했는지를 설명하는 데 도움을 줄 수 있을까?

우리 시대에는 혁신이 경제를 건강하게 지속시키는 데 핵심 요소 가운데 하나이며 아마도 가장 중요한 것으로 여겨진다. 몬트리올에 있는 컨커디아 대학의 캐나다 학자들이 2015년 흥미로운 연구를 발표했다. 이들이 캐나다 학생 및 타이완 학생 그룹과 난상토론을 한 내용에 관한 것이다. 양쪽 그룹 모두 문제에 관한 창조적인 해답을 내놓아야 했다. 예를 들어 집게손가락의 실질적인 효용이 무엇이냐 하는 것 같은 문제다. 좀 더 개인주의적인 문화의 산물로 분류될 수 있는 캐나다 학생들은 두 배나 되는 많은 아이디어를 쏟아냈다. 그들은 또한 자신의 생각을 알리고 다른 사람들의 생각을 비판하는데, 집단주의적 문화권 출신인 타이완 학생들에 비해 준비가 잘되어 있었다. (아이디어의 질은 아시아 팀 쪽이 약간 높은 점수를 기록해, 이 연구가 보여주는 것이 정확히 어떤 것인지 의문스럽다.)

아마도 역사는 우리가 해답을 찾는 과정에서 사례를 제공함으로써 도움을 줄 수 있을 것이다. 자신의 독특한 방식으로 위험을 감수하고, 그럼으로써 자신들이 살고 있던 세계와 어쩌면 우리가 살고 있는 세계까지 바꿔 놓은 몇몇 사람들을 살펴보자. 그들이 살았던 시대와 세계는 서로 다르다. 맥스웰 에이킨(1879~1964)은 제1차 세계대전 전에 캐나다 기업계를 변모시키는 데 도움을 주고, 이어 영국의 공직 생활에서 중요한 역할을 했던 사업가다. 리처드 닉슨은 1972년 베이징을 방문하면서 엄청난 정치적 위험과 어쩌면 개인적인 위험까지도 감수했다. 그의 방문은 미국과 중국 사이의 꽁꽁 얼어붙은 관계를 끝장냈고, 새로운 시대를 열었다. 위대한 탐험가 사뮈엘 드 샹플랭(1570~1635)은 유럽인들이 지녔던 아메리카 대륙에 대한 지식을 확장했을 뿐만 아니라, 캐나다에 처음으로 프랑스계 영구 정착지를 만들었다.

맥스웰 에이킨 • 배짱과 도전 정신으로 쓴 성공 신화

캐나다인들은 스스로를 미국인들과 비교하면서 때때로 자신들이 충분히 개인주의적인지 걱정한다. 그들은 종종 묻는다. 캐나다의 빌 게이츠, 캐나다의 스티브 잡스, 캐나다의 헨리 포드는 어디 있는가? 캐나다인들도 신중한가? 스티븐 하퍼 총리의 연설에서 반복되는 주제는 캐나다인들이 실제로 훌륭한 기업가들을 배출했다는 것이었다. 하지만 그 역시 자신의 정부가 혁신과 위험 감수를 장려하기 위해 많은 노력을 기울이고 있음을 지적한다. 그는 2011년을 '기업가의 해'로 발표했다. "캐나다 경제에 기업가가 중요함을 대중이 더 잘 인식하도록 하고 그들의 열정과 헌신에 경의를 표하기 위해서"였다. 오랫동안 토론토 대학 로트먼 경영대학 학장을 지낸 로저 마틴(1956~)은 생애의 상당 부분을 동포 캐나다인들이 좀 더 대담하게 생각하도록 촉구하는 데 바쳤다. 수많은 기고와 연설, 그리고 『이기는 전략*Playing to Win: How Strategy Really Works*』(2013) 같은 책들을 통해서 였다. 캐나다인들은 국제사회의 성공 경쟁에서 암만해도 부족한 점이 있다고 걱정해야 할까?

어쩌면 역사가 약간의 위안을 줄 수 있겠다. 오늘날에는 기억하는 사람이 많지 않지만, 맥스웰 에이킨(나중에 받은 칭호인 비버브룩 경으로 잘 알려져 있다)은 캐나다에서 가장 위대한, 가장 성공한 기업가 중 한 사람이다. 그는 기업과 정치, 그리고 신문 사업에서 큰 기회를 얻었고, 캐나다와 영국 양쪽에서 재산·권력·영향력을 얻었다.

에이킨의 배경은 굳이 말하자면 막대한 부를 일구기에는 거리가 멀었다. 그는 나중에 맨발로 다녀야 했던 가난한 어린 시절에 대한 그림을 그렸지만, 그의 집은 당시 기준으로는 넉넉한 편이었다(에이킨이 신발을 신지 않았다면 그것은 자신이 그러고 싶어서였다). 그의 아버지는 장로교 목사로, 아들들이 대학에 가서 존경받는 직업을 가지길 원했다. 그러나 그것은 맥스웰에게는 어울리지 않는 것이었다.

1879년생인 그는 기다란 귀를 가진, 헤벌쭉 웃는, 깡마르고 볼품없는 아이였다. 그는 자라서 키 작고 못생긴 어른이 되었다. 그의 전기를 쓴 어느 작가는 그를 '고약한 부처'로 표현했다. 에이킨은 어린 시절 가만히 있지 못했고, 일상적인 일을 못 견뎠다. 그런 성격은 평생 지속되었다. 그는 1922년에 이렇게 말했다.

"한결같다는 것처럼 나쁜 것은 없습니다."

그는 똑똑했지만 학교를 좋아하지 않았다. 수업을 빼먹고 낮은 성적표를 받았다. 명령을 따르는 것을 싫어했고, 계속해서 부모에게 반항했다. 아버지보다 드센 성격이었던 어머니는 매를 때렸지만, 그래도 그가 다시 엇나가는 것을 막을 수는 없었다. 집안에서 문제가 너무 심각해지면 그는 집을 나가곤 했고, 때로 자신을 이해해주는 이웃집에 숨기도 했다.

그는 언제고 쓸모 있는 친구들을 만들 수 있었다. 그가 확실한 매력을 지니고 있기 때문이기도 했지만, 남들을 파악하는 능력도 있었다. 상대의 강점과 약점을 잘 파악했다. 어려서부터 그는 사업에 매우 깊은 흥미를 느꼈고, 기회를 잡는 안목이 있었다. 큰 신문 배달을 맡아 하도급을 주기도 했고, 열네 살에는 당시 자신의 고용주였던 지역 신문의 인쇄기를 빌려 단명한 자기 신문을 창간했다. 그는 판매 부수를 늘리기 위해 '최우수 에세이 상'을 만들었다. 이 신문은 그가 실패한 몇 안 되는 사업 가운데 하나였고, 3호까지 발간되고 문을 닫았다.

열여섯 살에 그는 정규 교육을 아주 때려치우고 초기의 은인이었던 장래의 캐나다 총리 R. B. 베넷(1870~1947)의 도움으로 뉴브런즈윅의 작은 도시 채텀에서 법률 서기 겸 수습 생도로 채용되었다. 하지만 법률은 학교만큼이나 그를 따분하게 했고, 그는 매우 태만해 1년 뒤에 해고되었다. 그는 노바스코샤의 주도州都이자 마리팀즈 Maritimes(캐나다 동부에 있는 뉴브런즈윅·노바스코샤·프린스에드워드아일랜드의 세 주를 일컫는다—옮긴이)의 상업 중심지인 핼리팩스로 옮겨가 얼마 동안 집집이 찾아다니며 보험을 팔아 생계를 꾸려갔다.

그 일에 익숙해질 무렵, 그는 멀리 서부의 캘거리로 옮겨갔다. 그곳에서는 베넷이 이제 성공한 변호사이자 신출내기 정치인으로 자리를 잡고 있었다. 베넷은 그를 자신의 사무실에 고용할 수 없었고 (어쩌면 고용하고 싶지 않았을지도 모른다), 그래서 에이킨은 볼링장 같은 여러 가지 밑바닥 사업들을 운영했다. 철도 노동자 숙소에 고기

맥스웰 에트킨.

를 공급하려 했지만 고기가 상하는 바람에 실패했다. 그는 어쩔 수 없이 그곳에서 도망쳐야 했고, 빚도 갚지 못했다. 그는 이제 스무 살이었고, 실패자였다. 그러나 성공과 함께, 돈과 여자 등 인생이 제공할 수 있는 모든 좋은 것을 갈구하고 있었다.

대서양 연안으로 돌아온 에이킨은 자신이 나중에 '전환'이라고 부른 순간을 겪었다. 그의 주장에 따르면 그는 시간을 낭비하지 말자고 굳게 다짐했다. 도박(적어도 카드만이라도)을 끊겠다고 했고, 근면과 절약을 시작했다. 그는 캐나다의 발전 과정에서 좋은 순간을 골라냈고, 그 이점을 취할 수 있는 자질을 갖추고 있었다. 가차없는 야망과 사업 요령 같은 것들이었다. 1890년대에 캐나다는 호황이었고, 용감한 사업가들에게는 광산이든 제조업이든 금융이든 뛰어들 수 있는 분야가 매우 많았다.

새로이 다짐을 한 에이킨은 우선 당시 떠오르고 있던 공익 사업체들을 위해 채권을 팔았다. 그러나 그는 곧 새로 발행되는 주식이나 채권 전체를 인수하는 것이 큰돈을 벌 수 있는 방법임을 알아차렸다. 이때 또 한 번 뜻밖의 행운이 찾아왔다. 큰 성공을 거두고 헬리팩스 기업계에서 존경받는 인물인 존 스테어스(1848~1904)의 눈에 띈 것이다. 에이킨은 스테어스의 사무실에 나타나 그곳에 있던 모든 사람에게 자신이 스테어스의 개인 비서로 채용되었다고 말했다한다. 진실 여부는 알 수 없지만 스테어스는 확실히 에이킨의 배짱과 능력에 깊은 인상을 받았고, 이 젊은이를 확장 중인 자신의 사업에 끌어들였다.

에이킨은 마침내 천직을 찾았다. 그는 자신이 엄청난 흥정꾼임을 입증했고, 어마어마한 부의 기반을 쌓기 시작했다. 1903년에 그는 로열 증권사의 공동 창업자가 되었다. 이 회사는 경제의 각 분야를 지배할 캐나다의 새 거대 기업들을 만드는 데 중요한 역할을 하게 된다. 몬트리올 엔지니어링과 말썽 많은 캐나다 시멘트 같은 회사들이다.

그는 우수하고 능력 있는 인재를 골라내는 재주가 있었지만, 그 밑에서 일하기는 결코 쉽지 않았다. 그는 자신이 원하면 매력을 발산할 수 있었고 필요한 사람에게는 터무니없이 알랑거렸지만, 아랫사람들은 고달프게 만들었다. 무엇이든 낭비하면 크게 화를 냈다. 그의 고민거리 가운데 하나가 회사 문구류를 흥청망청 쓴다는 것이었다. 그는 왕복 열차표를 끊었다가 쓰지 않은 편도 요금을 환불받는 데 많은 노력을 기울였다. 그러나 그는 가족들에게는 상당히 관대했다. 그들을 자주 만나고 싶어 하지는 않았지만 말이다.

에이킨은 캐나다의 상류층으로 올라가면서 전용 재단사를 두고, 골프 치는 것을 배웠으며, 그럴듯한 클럽에 가입했다. 그는 1906년 핼리팩스의 명문가 출신인 글래디스 드루리와 결혼했다. 빨강 머리의 글래디스는 그보다 키가 컸고, 아름다웠다. 그는 출간본에는 넣지 않았던 자서전의 한 구절에서, 자신은 자기 생애와 이력에서 아내가 유용하고 당연시되는 단계에 이르렀기 때문에 결혼했을 뿐이라고 주장했다.

그래서 나는 내가 최고의 결혼이라고 생각한 것을 했다. 아내를 위해 그녀의 삶을 더 안락하게 만들었다고는 말할 수 없지만, 더 재미있고 신나게 만들었다고는 할 수 있다.

글래디스는 훌륭하고 충실한 아내로서, 아이들을 키우고 점점 커져가는 집을 관리했다. 그가 기업계와 정계에서 발언권이 높아지면서 대단한 바람둥이임이 드러났지만 아내는 불평하지 않았다. 여배우에서부터 사교계의 여왕까지 많은 여자들, 그리고 아마도 아내의 여동생마저도 그가 발산하는 매력을 이길 수 없었다. 그는 여자들을 매혹시키고 즐겁게 해주고 모피 코트와 다이아몬드를 퍼주었다. 그러나 글래디스가 서른아홉 살 나이에 뇌종양으로 갑자기 죽자 그는 슬픔과 아마도 죄책감에 사로잡힌 듯하다(잠시 동안이었다). 그는 또한 아내가 남긴 거의 모든 서류를 태우는 일에도 세심한 관심을 기울였다.

에이킨은 1907년에 이미 백만장자였다. 당시로서는 흔치 않은 나이에 말이다. 그리고 하나씩 하나씩 위험을 떠안을 때마다 그의 재산은 계속해서 늘어갔다. 그는 나중에 '성공'에 관한 책에서 이렇게 썼다.

금융 세계를 정복하러 나서기 전에 당신의 손익 계정을 살펴보고, 그런 뒤에 정복하러 떠나라. 계정이 그 사업을 정당화하는 경우에.

이것은 그의 표현만큼 간단한 일은 아니었다. 제1차 세계대전 이전 시절에 에이킨은 자주 성공이냐 실패냐 하는 기로에 처했고, 그의 기분도 의기소침과 의기양양 사이를 오갔다. 그는 평생 건강염려증에 빠져 있었다. 그러나 그는 자초한 압박감 때문에 실제로 육체적 고통을 겪었다. 그는 거래에서 위기의 순간이 닥치면 불면증과 악몽, 소화불량에 시달렸다. 거기다 성공적인 거래를 또 성사시키고 나면 졸도를 하곤 했다. 그는 회사 하나를 만들고 나면 흥미를 잃곤 해서, 자기 이익을 빼내고는 새로운 도전으로 이동하기를 좋아했다.

당시 캐나다에서는 거래의 관례가 느슨했는데, 에이킨은 그것마저도 비틀거나 무시했다. 그의 새 사업에 대한 투자 설명서는 기교를 부려 만든 것이어서 종종 현실과는 관계가 없었다. 그의 회사는 보통 주식을 발행하면서 그것을 담보할 자산보다 높은 가치로 판매했다. 그는 또한 주가를 급격하게 끌어올려 자신과 동업자들이 자기네 이익을 먼저 걷어내 확보하는 데 능숙했다. 그러나 그는 기업 합병으로 명성을 쌓았고(한 해에만도 세 건의 대형 합병을 이루어낸 적도 있었다), 매번 더욱 부자가 되었다. 그의 많은 적들(그들 가운데는 이전 동업자들도 있었다)은 그가 동업자들을 희생시켜 돈을 벌었다고 주장했다.

원로이며 널리 존경받는 캐나다 기업가이자 발명가인 스탠퍼드 플레밍(1827~1915)이, 에이킨이 캐나다 시멘트사에서 거액을 훔쳤다고 공개적으로 비난하자 커다란 대중적 소란이 일어났다. 이 회사는 에이킨이 마지막으로 작은 회사들을 합병해 만든 캐나다 거대 기업이었다. 이런 비난들은 불공정한 것일 수 있었지만(에이킨은 당시 존경받는 기업인들이 하지 않은 일은 아무것도 하지 않았다), 파렴치하고 탐욕스러운 기업인들에 대한 대중의 분노가 커가고 있는 시기였다. 동부에 있는 은행들의 위세에 분노한 서부의 농민들부터 온 나라의 진보적 개혁가들에 이르기까지 모든 사람은 에이킨이 자본주의의 잘못된 모든 점을 대표한다고 생각했다. 에이킨이 캐나다에서 벌인 사업 내용을 세밀하게 연구한 한 캐나다 역사가의 결론은 이러했다.

그는 모든 거래에서 얻을 수 있는 최대의 수익을 거두기 위해 종종 속임수와 과장을 애용했지만, 그의 행동이 법적으로 사기에 해당한 적은 결코 없었다.

수상쩍은 거래에 대한 소문은 에이킨이 캐나다와 영국 양쪽에서 유명하고 영향력 있는 인물이 되었음에도 불구하고 그의 남은 생애 내내 그에게 들러붙어 있었다. 그는 때때로 이런 비난에 정면 대응하려 했다. 1911년 새 친구 윈스턴 처칠에게 그는 이렇게 말했다.

"나에 대한 반대가 있다는 사실을 당신도 알아두시오. 나는 캐나다의 모든 거대 트러스트를 만들었소. 그 가운데 나쁜 트러스트는 하나도 없는데, 서부 농민들은 걸핏하면 내게 삿대질이오. 때로는 아주 무례하게 공격하기도 하오."

에이킨이 마음에 들었던 처칠은 그의 말을 그대로 믿었다. 다른 사람들은 덜 너그러웠다. 그런 사람들 가운데 하나인 처칠의 아내 클레먼타인은 언젠가 남편을 이렇게 윽박질렀다.

"이 병 속 도깨비(「병 속 도깨비」는 「지킬 박사와 하이드 씨」를 쓴 스코틀랜드 작가 R. L. 스티븐슨의 단편소설 제목으로, 도깨비가 소원을 들어주지만 병을 가지고 있는 사람이 죽으면 영혼을 상실한다―옮긴이)를 내쫓아요!"

노동당의 지도급 정치가 J. H. 토머스(1874~1949)는 언젠가 이렇게 말했다.

"맥스(맥스웰) 에이킨은 뉴브런즈윅 뉴캐슬 출신이다. 뉴캐슬은 맥스에게는 좁은 바닥이어서 그는 핼리팩스로 이주했다. 그러나 핼리팩스 역시 좁아서 그는 몬트리올로 갔다. 몬트리올도 좁아서 그는 런던으로 갔다. 런던조차도 좁다. 그래서 그는 지옥으로 갈 것이다."

많은 사람들은 에이킨이 긴 생애 동안 장난질을 쳐서 사악한 즐거움을 얻은 못된 사람이라는 결론을 내리게 된다. 제2차 세계대전 때 처칠 휘하에서 참모총장을 지낸 앨런 브룩 장군은 이렇게 썼다.

나는 그를 보면 볼수록 더욱 그를 싫어하고 불신하게 되었다. 윈스턴(처칠)에게 가장 나쁜 영향력을 미치고 있는 악귀다.

에이킨은 브룩이 자신을 혐오하고 있음을 짐작하고 있었겠지만, 이를 무시하곤 했다. 처칠을 포함해서 많은 대모험가들이 그러하듯이, 그는 다른 사람들이 어떻게 생각하는지에 대해 안달하지 않았다.

1910년, 에이킨은 아내를 데리고 런던에서 살아보겠다고 결정했다. 그는 이제 겨우 서른한 살이었으며, 돈도 많고 배짱도 두둑했다. 영국으로 이주하는 것은 식민지 출신의 야망 있는 남녀에게는 매우 자연스러운 것이었다. 런던은 세계에서 가장 큰 제국의 한가운데 있었고, 부와 권력과 영향력을 얻을 수 있는 더 많은 기회를 주었다. 에이킨은 이미 돈이 많았지만, 권력과 영향력을 더 가지고 싶었다. 그리고 그는 캐나다에서는 더 이상 도전할 것이 없었다(그리고 캐나다의 동포들은 점점 더 그의 권모술수를 좋지 않게 보았다).

그는 런던에서 아파트를 세내고 아무 데나 유람을 다녔지만 따분하기만 했다. 그는 충동적으로 롤스로이스 자동차 회사를 샀다. 그는 자신의 캐나다 사업체들을 계속 경영했지만(로열 증권의 런던 지점도 개설했다), 점점 더 정치와 신문 세계가 성미에 맞는 것을 느꼈다.

그는 놀랄 만큼 빠른 속도로 영국 사교계로 이끌려 들어갔다. 그는 초기 입문 과정을 통해, 그의 친구가 되는 소설가 러디어드 키플링에서부터 이미 보수당 지도급 정치인이었던 보나 로에 이르기까지 다양한 사람들을 두루 만났다. 로는 그에게 1910년 12월에 치러지는 의회 의원 선거에 출마하라고 설득하기도 했다.

맨체스터 인근에 있던 지역구 애슈턴언더라인은 결코 보수당 절대 우세 지역이 아니었고, 특히 식민지에서 온 무명의 젊은이에게는 쉬운 곳이 아니었다. 그는 새로운 사업을 시작하듯이 선거에 나서, 자원을 쏟아붓고 선거운동을 세심하게 조직했다. 그곳에서는 그런 것을 본 적이 없었다. 에이킨의 선거운동은 선거구를 여러 개의 지구로 나누고 각 지구마다 유세원을 배정했다. 에이킨은 선거운동 인쇄물에서 으레 그에게 유리한 사실들을 부각시켰다. 예컨대 그가 법학을 공부했다고 주장하는 것 따위다. 그는 자신이 연설을 못 한다는 것을 알았고, 따라서 그의 아내가 그를 대신해 대중 연설을 대부분 떠맡았다. 그는 196표 차로 이겼고, 선출직 정치가로서의 짧은 이력이 시작되었다.

출발은 순조롭지 않았다. 에이킨은 그저 그런 의원이었고, 발언도 별로 하지 않았다. 당연히 그는 당의 규율에 그다지 신경 쓰지 않았다. 당의 원내 지도부가 제발 하원에 출석하라고 요구하기도 했다. 하지만 그는 뚜렷한 이유도 없이 기사騎士 작위를 받았다. (캐나다에 있던 그의 적들은 그가 보수당에 거액의 기부를 한 덕분에 작위를 받았을 것이라고 내비쳤다.)

이와 동시에 그는 신문계 거물로서의 병행 이력도 시작했다. 1911년 『데일리 익스프레스』에 처음 투자했고, 곧 이 신문을 소유하게 된다. 그는 이를 통해 제국 자유무역 운동(1929년 노동당 내각과 보수당 지도부가 보호무역 정책을 펴자 에이킨은 이에 반발해 제국 내 자유무역을 주장하는 '제국 자유무역 십자군EFTC'이라는 정당을 만들어 활동했다—옮긴이)에서부터 1930년대의 유화 정책(전쟁을 막기 위해 히틀러의 베르사유 조약 파기와 대외 팽창 정책을 어느 정도 용인한다는 정책—옮긴이)에 이르기까지 자신이 좋아하는 주제에 대한 운동을 벌이게 된다.

같은 해, 에이킨은 자신이 좋아하는 상황에 처했다. 복잡한 투쟁과 계속되는 협상 속에 있게 된 것이다. 이번 일은 사업이 아니라 정치였다. 아서 밸푸어(1848~1930)의 사임으로 보수당 대표 자리가 비자 에이킨은 다른 도전자들에 반대해 자신의 가까운 친구 보나 로를 밀었다. 로는 자꾸 망설였고, 자신의 출마가 당에 해가 된다면 사퇴하려고까지 했다. 그러자 에이킨은 대부분의 정력을 그가 완주하는 데 쏟았다. 에이킨은 또한 자발적인 로 지지 언론 캠페인처럼 보이도록 기획된 활동을 부추기기 위해 막후에서 움직였다. 런던에 도착한 지 1년 후 에이킨은 킹 메이커가 되는 만족감을 느꼈다. 다른 두 유력 후보자가 사퇴했고, 로는 보수당의 새 지도자가 되었다. 밸푸어의 비서는 사적인 편지에서 에이킨이 음흉한 방식으로 막후에서 결과를 조작한 "캐나다의 어린 모험가"라고 썼다. 그것은 나중에 자주 반복되는 혐의가 되었다. 거기에는 사실인 부분이 많았다.

에이킨은 1916년의 큰 정치적 위기 때 핵심적인 역할(나중에 자신이 주장했던 것만큼 크지는 않았을지라도)을 했다. 헨리 애스퀴스가 전쟁 수행 문제로 압박을 받아 물러나고 데이비드 로이드 조지로 교체된 것이었는데, 애스퀴스를 약화시키는 일은 물론, 보나 로와 로이드 조지를 손잡게 해서 로이드 조지의 연립정부에 대한 보수당 당원들의 지지를 얻을 수 있도록 했다. 로이드 조지는 에이킨에게 작위로 보상했고, 1년 뒤에는 공보부 장관으로 입각시켰다.

1922년, 이제 로이드 조지의 지지가 줄어들자 에이킨은 그의 내각을 퇴진시키는 데 도움을 주고, 로를 총리로 하는 보수당 정부를 다시 성립시켰다. 로는 1923년에 죽었고, 에이킨은 이후 다시는 그런 광범한 영향력을 발휘할 수 없었다. 그러나 물론 그는 여전히 영국인들의 삶과 정치에 중요한 인물이었고, 여러 분야에 포진한 그의 친구들과 그가 거느린 신문들(『데일리 익스프레스』에다 이제는 『선데이 익스프레스』와 『이브닝 스탠다드』가 추가되었다)은 계속해서 파도를 일으켰다.

1929년, 그는 로의 후임자인 보수당 지도자 스탠리 볼드윈을 밀어내려 했고, 이 과정에서 볼드윈은 '책임 없는 권력, 시대를 초월한 매춘부의 특권'이라는 유명한 논평을 편다(볼드윈은 "이 신문들의 소유주가 노리는 것은 권력, 책임 없는 권력이다. 그것은 시대를 초월한 매춘부의 특권이다"라는 말로 에이킨 등 신문 소유주들을 비판했다—옮긴이). 볼드윈은 에이킨의 시도 이후 그를 용서하지 않았고, 에이킨은 1930년대의 대부분을 권력의 외곽에서 맴돌았다.

제2차 세계대전이 시작되고 이어 처칠이 총리 자리에 오르자 에이킨은 다시 실력자가 되었다. 전쟁 전 독일에 대한 강경한 자세로 에이킨의 신문들에서 공격을 받았던 처칠은 볼드윈보다 관대해 에이킨을 항공기 생산부 장관에 임명했다. 에이킨은 언제나처럼 열성적으로(그의 방식이 어수선하다고 생각한 사람이 결코 브룩 장군 한 사람만은 아니었지만) 업무에 나서, 전쟁의 우울한 시기에 처칠이 힘을 낼 수 있도록 도왔다. 하지만 그는 호기심을 억누를 수 없었고, 자신이 처칠을 대신하는 상상을 하기까지 했다.

제2차 세계대전 당시의 맥스웰 에트킨.

전후 시기에도 에이킨은 계속해서 문제를 일으켰지만(예를 들어 영국의 유럽공동체 가입 반대 운동 같은 것들이다), 그의 영향력은 더 이상 과거와 같지 않았다. 그는 1964년 서리에 있는 대저택에서 죽었다. 뉴브런즈윅의 목사관에서부터 시작된 긴 항해였다. 그는 자기 뒤로 많은 적과 약간의 친구들, 그리고 많은 변화를 남겨 놓았다.

리처드 닉슨 • 정치생명과 목숨을 건 중국과의 화해

에이킨에게 사업이란 자신의 부와 명성을 걸었던 곳이었고, 정치는 그의 선택에 따라 할 수도 있고 하지 않을 수도 있었던 게임이었다. 그러나 전업 정치가들에게는 걸려 있는 것이 다르다. 그들은 그날 그날 잘릴 수 있는 일을 하고 있는 것이다. 비스마르크라면 자기 군주에게, 대처의 경우는 자기 동료들에게 말이다. 민주주의 체제에서는 정치인들 역시 어떤 선거에서든 유권자들이 자신을 거부할 수 있음을 깨달으며 산다.

리처드 닉슨은 어떤 면에서 가장 불가능할 듯한 정치인이었다. 특히 이미지가 중요한 시대에 말이다. 그는 존 F. 케네디와 한 유명한 텔레비전 토론에서 논쟁은 더 잘했으면서도 수상쩍고 쩔쩔매는 듯한 인상을 주었다. 그는 아이들의 머리를 쓰다듬어주거나 처음 보는 사람의 등을 토닥여주는 데 서툴렀다. 그는 한 기자에게 이렇게 불평한 적이 있다.

"친한 체하는 것은 내 성미에 맞지 않아요. 나는 정말로 누구와 터놓고 지내지 못합니다."

그가 방문자들을 편하게 해주려고 하면 때때로 역효과가 나기도 했다. 그의 썰렁한 농담은 늘 완전히 실패였다. 그와 함께 일했던 한 고위 공직자는 이렇게 말했다.

"그는 인간적으로 아주 박복한 사람입니다. 인간관계에서 어느 정도의 거리를 유지해야 하는지에 대한 감각이 전혀 없어요."

닉슨은 동시대인이자 전임자인 존 F. 케네디를 무척 부러워했다. 격식을 차리지 않는 편안함, 활짝 웃는 모습과 물결치는 머리칼, 쉽게 미식축구 공을 주고받으며 보트를 타고 하이애니스 항구를 나서는 것 같은 모습들이다. 닉슨은 결코 그런 일들을 해낼 수 없었다. 그가 마음이 내켜서 했다는 캘리포니아 해변 산책에 나섰을 때 언론은 광을 낸 가죽 구두와 정장 바지에 낄낄댔다. 보좌진들이 그의 이미지 개선을 위해 개를 기르라고 했는데, 개가 주인 곁에 가게 하려면 연신 과자를 주어야 했다. 닉슨은 케네디가 성공했던 것처럼 대통령실을 멋지고 품위 있게 만들려고 했지만 그것 역시 실패했다. 프랑스 대통령 샤를 드 골을 방문한 뒤에 닉슨은 백악관 경찰에게 흰

색과 금색의 공들인 새 제복을 입히도록 지시했다. 언론은 코믹 오페라라고 떠들었고, 제복은 사라졌다. 그것은 나중에 한 록 콘서트에 등장했다.

그러나 닉슨은 다른 중요한 측면에서 정치에 제격이었다. 그는 매우 야심만만했고, 타고난 도박꾼이었다. 실제로 그는 제2차 세계대전 기간에 남태평양에서 젊은 장교로 복무하는 동안 포커를 해서 많은 돈을 땄다. 그는 살면서 마주친 불가능한 확률을 과장하기를 좋아하기는 했지만, 결단력과 의지력이 있으면 자신의 앞길에 놓인 장애물을 극복할 수 있다고 생각했다. 그는 한 오랜 친구에게 이렇게 말했다.

"당신이 상당히 똑똑하다면, 그리고 만일 매우 깊고 거센 분노를 품고 있다면 당신은 그런 태도를 개인적인 배짱 부리기로 멋지게 바꿀 수 있음을 알게 될 거요. 모든 것을 가진 다른 사람들은 그냥 퍼질러 앉아 있겠지."

대학에서 그는 너무 작았음에도 불구하고 풋볼 팀에 들어갔다. 훨씬 덩치가 큰 선수 하나가 훈련 때의 일을 기억해냈다.

"내가 저 꼬맹이를 때려눕혀야겠어. 저런, 저놈이 뺏었네."

닉슨은 중견 정치인이었을 때, 「80일간의 세계 일주」(프랑스 작가 쥘 베른의 소설을 바탕으로 만들어진 영화―옮긴이)와 더불어 가장 좋아한 영화가 「패튼 대전차 군단」(조지 S. 패튼 장군의 제2차 세계대전 활약상을 그린 전쟁 영화―옮긴이)이었다. 1970년에 나온 이 영화에서 패튼 장군은 용감하고 단호한 아웃사이더로 나온다. 중요한 것은, 지휘를 맡은 그는 언제나 옳고 그 주위에 있는 사람들은 제정신이 아니고 틀렸다는 점이다.

1952년 아이젠하워-닉슨의 선거 캠페인 포스터.

그렇지만 닉슨은 자신도 불운한 희생자라는 생각을 떨쳐버릴 수 없었다. 그는 대통령이 되기 전 아시아를 여행할 때 사이공 공항에서 비행기(언제나 늦게 마련인)를 기다리고 있었는데, 자신과 함께 있던 외교관에게 이렇게 말했다.

"내게 무언가 나쁜 일이 일어날 수도 있다면, 그렇게 될 거네."

그의 정치 이력에서 나쁜 일들은 일어났고, 그중 워터게이트 사건이 정점이었다. 그러나 오늘날 우리는 그를 그의 업적, 특히 중국에 문을 연 것으로 기억한다.

1952년 드와이트 아이젠하워(1890~1969) 장군은 젊은 상원 의원 닉슨에 대해 별로 알지도 못한 채 그를 부통령 후보로 받아들였다. 그런데 대통령 선거를 준비하는 과정에서 닉슨의 정치생명은 거의 끝이 났다. 상원 의원 시절 그와 그의 가족을 지원하는 데 이용된 비자금에 관한 소문이 돌았던 것이다. 아이젠하워는 유별나게 침묵을 지켰지만, 아이젠하워의 고위 보좌관들은 부통령 후보의 사퇴를 원하고 있다는 이야기가 높은 곳에서 흘러나왔다.

직접적인 요청이 없는 상태에서 닉슨은 사퇴를 거부하고 이른바 '체커스 연설'을 발표했다. 그의 생애 최고의 퍼포먼스 가운데 하나였던 이 연설에서 그는 자기 가족들이 자신의 봉급으로 그럭저럭 살아가려고 애쓰는 모습을 묘사했다. 팻(그의 아내 패트리샤의 애칭이다―

옮긴이)은 밍크코트 같은 사치품은 없고, 점잖은 공화당원의 옷밖에 없다고 했다. 그는 한 기증자가 애완견(이름이 '체커스'다) 한 마리를 준 것은 인정했다. 그러나 어린 딸들이 좋아하기 때문에 그것을 돌려줄 생각은 없다고 말했다. 연설은 대성공이었고, 닉슨은 후보로 남아 공화당이 대통령 선거에서 이기자 부통령이 되었다.

아이젠하워는 그와 함께했지만, 그를 좋아하거나 믿지는 않았다. 닉슨은 노老 대통령의 권력 핵심에 들어가려 했지만 실패했다. 골프와 제물낚시도 배웠지만 천성적으로 어설픈 사람에게는 재미가 없었다. 1956년, 아이젠하워는 닉슨에게 장관 자리를 맡으라고 했다. 부통령에는 다른 사람을 내보내자는 것이었다. 닉슨은 다시 거부했다. 그는 대통령이 되려 하고 있었고, 부통령 자리가 더 나은 발판이 되리라고 생각했다. 아이젠하워는 그것을 다그치지는 않았지만, 때가 되어서도 닉슨이 지명되도록 돕는 일은 거의 하지 않았다. 1960년에 떠나는 아이젠하워 대통령에게 누군가가 닉슨이 그의 행정부에 기여한 중요한 일이 무엇이냐고 묻자 그는 이렇게 대답했다.

"일주일 시간을 준다면 하나 생각해보지요."

케네디는 선거에서 가장 근소한 표차로 이겼다. 닉슨은 1962년 캘리포니아 주지사 선거에 출마해 복귀에 시동을 걸려 했지만, 다시 한 번 패배의 굴욕을 당했다. 그는 기자들과 비통하고 장황한 대화를 나누며 이런 유명한 말을 했다.

"당신들은 더 이상 닉슨을 막 대하지 못할 거요. 왜냐하면, 여러분, 이것이 나의 마지막 기자회견이기 때문이오."

물론 그렇지는 않았다. 닉슨은 정치를 포기할 수 없었기 때문이다. 그는 뉴욕의 한 법률 사무소에 자리를 얻었지만, 계속해서 대통령이 되기 위한 작업을 했다. 전국 각지를 다니며 연설을 하고, 최신의 국제 상황을 파악하기 위해 해외여행을 했다.

1968년, 많은 사람들이 실패했다고 치부한 사람이 대통령에 선출되었다. 닉슨의 대통령직 수행은 베트남·캄보디아·칠레에 대한 기억, 그리고 무엇보다도 워터게이트 사건에 대한 기억의 그림자에 가려 빛을 잃었다. 마지막 것은 그가 대통령의 권한을 이용해 법을 무력화하려 한 것이었다. 그러나 성공한 부분도 있었다. 소련과 데탕트 (긴장완화)를 이루었고, 무엇보다도 미국과 중화인민공화국 사이의 관계를 회복했다.

때때로 껄끄럽기도 하지만 이제는 두 나라가 정상적인 관계이기 때문에 1968년에는 사태가 도대체 얼마나 달랐었는지를 기억하기란 쉽지 않다. 두 나라는 1949년 중국에서 공산당이 정권을 잡은 이후 서로 상대방에 대해 할 수 있는 일이 사실상 아무것도 없었다. 1950년에 시작되어 1953년의 정전협정으로 마감된 6·25 전쟁에서는 두 나라가 직접 맞붙어 싸웠다. 그 갈등의 기억과 양쪽에서 수많은 사상자를 낸 기억은 화해를 하는 데 걸림돌이 되었다. 두 강대국 사이의 간극은 각자가 그 너머의 상대방에게 모욕과 비난을 퍼부으면서 메울 수 없을 듯이 보였다. 미국은 고집스럽게 타이완의 국민당 정부를 전체 중국의 합법 정권으로 인정해왔고, 마오쩌둥과 그의 공산당 정권은 '중국'이 소련 블록에 확고하게 투신하고 있음을 분명히 했다.

공화당은 그들이 '붉은 중국'이라 부르는 상대에 대해 줄곧 적대적인 자세를 견지했으며, 어찌 되었든 민주당이 중국을 공산주의자들에게 빼앗겼고 대체로 위험스러울 정도로 공산주의에 대해 무르게 대한다고 비난을 퍼부었다. 그리고 닉슨은 과거 가장 목청이 큰 반

소련의 흐루쇼프 서기장과 닉슨이 '부엌 논쟁'을 벌이는 장면.

공주의자들 가운데 한 사람이었다. 그는 정치생활 초기에 맞수인 민주당의 자유주의자 헬렌 거해건 더글러스를 "속옷까지 핑크색"이라고 비방해 효과를 거두었다. 의회에서 그는 부지런한 '빨갱이 사냥꾼'으로 유명해졌다. 한패인 조지프 매카시 상원 의원에 비해 조금 자제하기는 했지만 말이다. 1959년 모스크바에서 열린 미국무역박람회에서 닉슨은 실물 크기의 미국 주방 모형 앞에서 니키타 흐루쇼프 서기장과 마주쳐 유명한 '부엌 논쟁'(흐루쇼프가 닉슨에게 미국 노동자들이 모두 이런 사치품을 살 수는 없지 않느냐고 공격하자 닉슨은 지금 파업 중인 철강 노동자들도 누구나 이 정도는 살 수 있다고 맞받아쳐 유명해졌다—옮긴이)을 벌임으로써 고국에서 매우 호의적인 반응을 얻었다.

그러나 또 하나의 닉슨이 있었다. 바로 미국이 세계를 상대해야 한다는 국제주의자로서의 닉슨이다. 자기 나라의 가치관과는 전혀 다른 가치관을 가진 강대국일지라도 말이다. 그는 미국이 국제연맹에 가입했어야 했다고 생각했고, 제2차 세계대전 이후 국제연합에 가입한 것을 지지했다. 그는 유럽의 재건을 도운 마셜 플랜이 잘한 일이며 미국의 이익에 부합하는 것이라고 생각했고, 북대서양조약기구NATO 역시 마찬가지였다. 그는 1969년 취임한 뒤 소련을 좋아해서는 안 된다고 생각했지만, 군비경쟁을 통제하고 좀 더 총체적인 이해를 도모하는 데탕트를 이루기 위해 그들과 일할 태세가 되어 있었다.

중국에 관해 그는 이 나라가 '성난 고립angry isolation'을 탈피해 국제사회로 나와야 한다고 몇 년 동안 생각해왔다. 그것이 세계 질서를 위해서, 결정적으로 미국을 위해서도 더 나았다. 닉슨은 베트남 공산주의자들의 후원자이자 물주인 중국이 그들에게 미국과 화해하라고 압력을 넣는 데 동의해야만, 점점 반대가 커지고 비용이 들어가는 베트남이라는 수렁에서 미국을 건져낼 수 있다고 생각했다 (그러나 나중에 드러나듯이 그것은 틀린 생각이었다). 그는 또한 미국과 중국의 관계 회복이 소련 지도부를 흔들고 교착 상태에 빠진 무기 감축 협상에서 그들이 더욱 합리적으로 나오도록 압박할 것이라고 보았다(그리고 이것은 그가 옳게 보았다). 무엇보다도 소련 및 중국과의 관계가, 베트남 문제로 위신과 신뢰성이 형편없이 손상된 미국을 다시 국제 문제의 중심에 서게 하는 데 도움이 될 터였다.

닉슨이 취임 직후 베이징 정부와 친교를 맺고 심지어 그 나라를 승인하기 위한 회담을 시작하자 국가안보보좌관 헨리 키신저는 깜짝 놀랐다. 닉슨은 돈 따는 도박꾼들이 모두 그렇듯이 꼼꼼하게 확률을 따져보았다. 그의 반공적인 태도는 잘 알려져 있기 때문에 그는 민주당 출신 대통령에 비해 물렁하다는 비난에 시달릴 가능성이 훨씬 적었다. 마오쩌둥 및 그의 정권과의 모든 협상에 반대했던 차이나로비China Lobby(제2차 세계대전 때 국민당 정권의 전쟁 지원을 위해 움직인 것을 모태로 해서 1970년대에는 미국이 공산당 정권을 승인하는 것을 막기 위해 움직인 친親 타이완 이익집단을 가리키는 말이었지만, 1979년 미국의 중국 승인 이후 대륙 중국을 지원하는 세력을 가리키는 말로 변질되어 쓰였다─옮긴이)는 한때 강력하고 인맥이 든든했지만, 세월이 흐르면서 유명한 성원들이 사라져 동력이 떨어져가고 있었다. 미국의 젊은 세대는 더 이상 공산주의자에 대한 본능적인 반감을 공유하지 않았다. 결국 미국은 몇 년 동안 이 중국 문제에 매달려 있었다. 닉슨은 미국 여론의 보수 진영이, 그가 중국과 효과적이고 단호하게 협상할 수 있음을 믿고 있다고 생각했다. 그리고 그는 자유주의자들이 그의 조치를 좀 더 평화로운 세계로 이끄는 것이라며 반길 것으로 기대했다. 이제 키신저가 확실하게 제자리를 잡은 미국은 파키스탄과 루마니아를 통해 잇단 극비 탐색에 나섰다. 두 나라 모두 중국과 좋은 관계를 유지하고 있었다.

닉슨은 시기적으로 운이 좋았다. 중국인들, 그리고 가장 결정적으로는 여전히 중요한 결정을 내리는 위치에 있던 마오쩌둥은 1970년대 초에 자기들에게 딱히 우방이 없다고 느끼고 있었다. 중국은 작은 나라인 북한·북베트남 외의 거의 모든 이웃과 사이가 좋지 않았다. 두 나라는 의지할 만한 파트너가 아니었다. 중국은 일본이나 타이완과 전혀 교섭이 없었고, 1960년에 전쟁까지 벌인 인도와도 사이가 나빴다.

베이징의 지도부가 무엇보다도 걱정했던 것은 북쪽 국경 너머의 강대한 소련이 적대감을 키워가고 있다는 것이었다. 두 공산주의 강국은 1960년대 초에 극적이고 공개적으로 관계가 틀어졌다. 1960년대에 소련은 동아시아에서 눈에 띄게 군사력을 증강했으며, 마오쩌등은 중국 인민이 언제라도 침략자들에 대항해 게릴라전을 펼칠 준비가 되어 있음을 공언했다. 1969년에는 소련과 중국 병사들이 양국 국경선에서 무장 충돌을 벌였고, 모스크바에서는 중국에 선제 핵 공격을 하는 문제가 논의되었다. 기습 공격이 있을지도 모른다는, 중국 지도부에 전달된 정보는 마오쩌둥의 생각을 극적으로 바꿔 놓는 데 일조했다. 미국과 관계 개선을 할 시점이 되었다는 것이었다. 마오쩌둥이 돌아서자 중국도 돌아섰다.

닉슨은 이를 알 수 없었다. 미국이 소련과 중국 사이의 긴장 관계는 잘 알고 있었지만 말이다. 그래서 그는 자신이 베이징에 조심스럽게 접근한 것이 공개되고 만일 중국 지도부가 이를 거부할 경우, 공개적인 망신을 당할 위험성을 여전히 안고 있었다. 1970년의 대부분과 1971년 전반기에 복잡한 비밀 전갈 교환이 계속되었고, 양쪽의 태도가 누그러지고 있다는 공개적인 기미가 점점 널리 알려졌다. 닉슨은 '인민공화국'에 대한 배려로 '붉은 중국'이라는 언급을 모조리 삭제시켰다. 1971년 4월 일본에서 열린 국제 탁구대회에 참석한 중국 탁구 팀은 갑자기 미국 팀에게 중국을 방문해 친선 게임을 갖자고 초청했다. (심지어 중국은 실력이 한참 처지는 미국 선수들에게 져주기까지 했다.)

6월 2일, 비밀 전갈과 좀 더 공개적인 친선 제스처들이 더 교환된 뒤에 중국 총리 저우언라이周恩來(1898~1976)가 워싱턴에 훈훈한 초청 편지를 보냈다. 닉슨의 방문 문제를 논의하기 위해 키신저를 중국에 보내달라는 것이었다. 그것은 두 사람이 나중에 말했듯이, 달의 뒷면으로 가는 것과 같은 일이었다. 특히 중국은 1960년대 후반 문화혁명의 격동 이래 대체로 바깥 세계와 담을 쌓고 지내고 있었다.

베이징에는 엄격한 통제 아래 소수의 외국 언론인들만 들어갈 수 있었다. 미국인들은 1949년 이후 그곳에 갈 수 없었다.

키신저는 7월에 중국을 방문했는데, 이 방문 사실은 미국인 일행이 안전하게 다시 고국으로 떠날 때까지 극비에 부쳐졌다. 닉슨과 키신저는 언제나 이 비밀 행각에 대해 합리적인 견지에서 변호했다. 매우 미묘한 협상을 대중의 눈을 피해 하는 것이 필수적이었고, 또한 미국 내의 강경파들이 광범위한 반대 운동을 벌일 시간을 주지 않기 위해서였다는 것이다. 그들은 또한 자신들이 경멸했던 국무부가 알지 못하기를 원했고, 중대한 도약을 이룬 공을 자기네들의 것으로 만들어 이후 역사 속에서 자기들이 차지할 위치를 격상하고자 했다.

제 잇속을 챙겼을 수 있지만, 그들은 용감했다. 중국에 가는 것은 몇 가지 차원에서 위험한 일이었다. 미국의 여론과 동맹국들의 반응은 예측하기 어려웠다. 중국이 무슨 짓을 할지 추측하기는 불가능했다. 키신저를 모욕하고 쫓아낼 수도 있었다. 어쨌든 중국은 불과 몇 년 전에 마오쩌둥이 젊은 학생들(그들은 홍위병紅衛兵으로 조직화되었다)을 부추겨 공장이든 당이든 학교든 대학교든 중요한 자리에 있던 사람들을 잔인하게 대하고 죽이는 광기에 휩싸여 있는 것으로 보였다. 외국인이나 외국과 끈을 가지는 모든 중국인은 특별한 독소를 지닌 자로 간주되고 끌려 나와 중국 인민의 적으로 공격을 당했다. 성난 홍위병 무리들이 베이징의 영국 선교 시설을 약탈하고 불태웠으며, 소련 외교관들과 그 가족들을 두들겨 패고 마오쩌둥의 초상화가 내려다보고 있는 가운데 땅바닥을 기어가게 했다.

키신저의 방문은 매끄럽게 진행되었지만, 1972년 2월로 예정된 닉슨의 방문에는 여전히 위험성이 있었다. 지금은 알게 되었지만, 중국 공산당의 고위 지도부 일부는 '큰 마귀'(그들은 미국을 이렇게 불렀다)와 관계 개선을 하는 데 반대하고 있었다. 1971년 9월, 국방부장 린뱌오林彪(1907~1971)가 밝혀지지 않은 정황에서 갑자기 사라졌다. 이후 대두한 한 가설은 그가 미국과의 화해 진전 등의 이유로 마오쩌둥에게 반기를 드는 음모를 꾸몄다는 것이었다.

1972년 2월, 워싱턴 교외에서 대통령 전용기에 탑승한 닉슨은 분명히 중국에서의 신상 안전 문제로 약간 두려움을 느꼈다. 아마도 린뱌오 사건에 대해 알 수 있는 것이 별로 없었기 때문이었을 것이다. 닉슨과 보좌관들은 그가 마오쩌둥과 회담을 하게 되는지 여부에 대해 아직 베이징으로부터 연락을 받지 못해 걱정스러웠다. 미국 대통령이(더구나 중국을 처음 방문한 대통령이) 중국의 가장 큰 권한을 가진 지도자와 만나지 못하고 돌아온다면, 그는 바보가 되거나, 심하게는 능력 없어 보일 터였다. 해외에 있는 많은 미국의 적들이 환호할 일이었다.

미국 대통령 일행이 마침내 베이징에 착륙했을 때도 그들을 맞기 위해 공항에 나와 있던 저우언라이는 회담에 관해 아무런 언질도 주지 않았다. 당시 미국은 중국에 대해 모르는 것이 많았지만, 마오쩌둥이 1972년 초에 중병에 걸려 있었다는 사실은 더욱이 알 수 없었다. 그가 손님을 맞을 몸 상태가 될 수 있을지 확실치 않았다. 의사들이 그를 집중 치료하여 닉슨이 도착할 때쯤에는 혼자 일어나 앉고 몇 걸음 걸을 수 있을 정도가 되었다. 그러나 회담에 관한 결정은 마오쩌둥 자신이 내리는 것이었다.

닉슨이 도착하던 날 오후, 미국인 일행이 숙소로 들어가고 있을 때 저우언라이는 갑자기 마오쩌둥한테서 전화를 받았다. 당장 닉슨

1972년 2월 중국 공산당의 마
오쩌둥과 닉슨의 만남.

을 만나겠다는 것이었다. 안도의 한숨을 내쉬고 기분이 좋아진 닉슨
은 키신저를 데리고 중국 측이 제공한 리무진에 뛰어올라 마오쩌둥
을 만나기 위해 사라졌다. 비밀경호국USSS 요원들을 포함해 나머지
미국인 일행은 어안이 벙벙해졌다. 이 만남은 덧붙여진 말들(양측이
내놓은 논평들은 진부한 얘기들이었다) 때문이 아니라 그 만남이 이루
어졌다는 사실 때문에 중요했다. 그것은 새로운 관계의 시작과 국제
관계의 혁명을 상징하는 것이었다.

방문이 결실을 맺기까지는 몇 년이 더 필요했다. 닉슨은 1974년
워터게이트 스캔들이 터져 자리에서 쫓겨났고, 후임자인 제럴드 포
드(1913~2006)는 관계 정상화를 밀어붙이는 데 별 관심이 없었다.
중국 쪽에서도 1976년 마오쩌둥이 죽어 지루한 권력투쟁이 이어졌
다. 1979년이 되어서야 중국과 미국은 완전한 외교 관계를 수립했고,
1980년대에 들어서 무역과 투자가 시작되고 인적 교류가 이루어져
오늘날과 같은 규모로 불어났다.

닉슨의 결단과 대담한 추진이 없었다면 그런 일이 일어날 수 있었

을까? 어떤 사람들은 두 초강대국이 관계 개선을 함으로써 얻을 것이 많기 때문에 그것은 필연이었다고 말하겠지만, 미국과 이란의 관계에 대해서도 같은 주장을 해보라. 두 나라는 이제 관계를 단절한 지 36년이 넘었다. 중국과 미국의 관계가 꽁꽁 얼어붙었던 기간보다 훨씬 길다. 닉슨이 없었다면 여러 해 동안 해빙을 보지 못했을 것이라고 나는 생각한다. 어쩌면 지금까지도 말이다.

닉슨은 중국에 문을 연 것이 자신의 최대 업적이라고 생각하며 무덤으로 갔다. 워터게이트 사건으로 빛이 바래기는 했지만(아마도 영원히) 말이다. "그 멍청한, 정말로 멍청한 짓" 말이다.

사뮈엘 드 샹플랭 • 프랑스를 북아메리카 대륙에 진출시키다

스파르타인들에서부터 현대 도시의 갱들에 이르기까지, 그리고 전 세계의 탄광촌에서 어촌의 항구에 이르기까지, 어떤 부류의 사람들은 심지어 죽음에 직면해서도 용기를 최고의 가치로 여겼다. 델리 인근의 한 나이트클럽 문지기들은 온갖 외부인한테서 자기 집을 보호하려고 싸우는 전통이 강한 마을 출신이다. 그 젊은이들은 어려서부터 격투기를 익히고, 인도 서사시에서 이야기를 배운다. 프로이센과 그 뒤의 독일에서는 융커 계급(비스마르크가 그 계급 출신이고, 이들이 독일군의 높은 계급을 독점했다)이 자기 자녀들을 용감하고 불평하지 않는 사람으로 길렀다.

비스마르크의 후예인 토론토 대학 출신의 내 친구 만프레드 폰 노스티츠는 이제는 사라진 그 세계의 마지막 순간들을 기억하고 있다.

그는 제2차 세계대전 때 독일 동부의 비스마르크 농장에서 살던 어린 소년이었다. 그와 친척들이 '마님'이라고 불러야 했던 그의 증조할머니는 남자아이들에게 양손 모두를 사용해 칼과 포크를 다루도록 가르쳤다. 그들은 자라서 군인이 될 것이고 한 팔을 잃을지도 모르지만, 그렇더라도 언제나 품위 있게 음식을 먹을 필요가 있다는 것이 그 증조할머니의 말이었다.

소련군이 아주 가까이 진격해오자 증조할머니는 다른 식구들 및 농장 일꾼들과 함께 피난 가기를 거부했다. 그러고는 자신만의 준비를 했다. 증조할머니는 땅에 자신의 무덤을 파라고 명령을 내렸다. 소련군이 오면 "이 일을 할 사람이 아무도 없을 것"이기 때문이었다. 그다음에 귀여워하던 개를 사냥총으로 쏘아 죽였다. 증조할머니는 그렇게 기다리다가 소련군이 집 근처에 다다르자 자살했다.

제1차 세계대전 전에 유럽 대부분의 지역에서는 군 당국이 장교들 사이의 결투를 호의적으로 생각했다. 그것은 군의 자질을 향상시키는 방법이었다. 프로이센 군사부 장관은 이런 관행을 금지하자는 논의가 나오자 총리에게 이렇게 항의했다(장관은 에리히 폰 팔켄하인, 총리는 테오발트 폰 베트만홀베크다—옮긴이).

"결투의 뿌리는 우리의 예법에 박혀 자라는 것입니다. 이 예법은 소중한 것이고, 장교들에게 무엇과도 바꿀 수 없는 보물입니다."

영국인들은 오래전에 이런 관행을 금지했기 때문에 경멸받았지만, 영국에서도 상류계급은 해협 건너 대륙의 상류계급과 같은 여러 가지 특성을 보여주었다. 전통 귀족 가문 출신의 줄리언 그렌펠(1888~1915)은 1914년 첫 전투 경험을 한 뒤 집에 이런 편지를 썼다.

나는 전쟁이 아주 좋습니다. 그것은 거창한 소풍이되 소풍처럼 목적 없는 것이 아닙니다. 나는 이토록 만족스럽거나 즐거웠던 적이 없습니다.

그는 이듬해에 죽었고, 두 달 뒤 그의 남동생도 죽었다. 잉글랜드-아일랜드 혼혈의 개신교 지주 가문 출신인 몰리 킨(1904~1996)은 자신이 쓴 멋진 소설에서, 그들이 똑같이 그야말로 제멋대로 말을 타고 사냥하거나 전쟁에 나가는 것을 보여준다. 이런 식의 태도들은 제1차 세계대전 이전 유럽에서 왜 그렇게 많은 사람들이 전쟁은 재미있을 테고 전쟁에서 승리할 거라고 생각했는지를 설명하는 데 도움을 준다.

지리도 문화와 마찬가지로 모험심을 길러낼 수 있다. 해안 지역에 사는 사람들은 페니키아인들 시대 이후 외부 세계를 바라보는 경향이 있었다. 르네상스 시대의 원양 대탐험가들이 제노바와 베네치아, 포르투갈 해안 지역, 그리고 영국제도 출신들이었던 것은 놀랄 일이 아니다. 그들은 호기심과 탐욕에 이끌렸다. 만일 아시아로 가는 빠른 항로를 발견할 수 있었다면 그들은 막대한 이득을 남기고 그 부를 유럽으로 가지고 돌아왔을 것이다. 한편 콜럼버스는 서쪽으로 가면 곧 아시아에 닿을 수 있을 것이라는 희망을 계속 가졌고, 에르난도 코르테스나 프란시스코 피사로(1471~1541)처럼 그의 발자국을 따라간 사람들은 아시아보다 더 가까운 곳에 부가 있음을 발견했다. 정복자들은 대담성과 행운과 무자비함을 결합해 대제국을 전복시키고, 그들의 수많은 금은 광산을 약탈했으며, 그곳 사람들을 노예로 삼았다. 야망은 한때 유럽에서 악으로 생각되었지만, 르네상스가 그런 생각을 깔끔하게 바꾸어 16세기 중반에는 미덕으로 변했다.

어떤 유형의 사회에서는 모험가가 많이 나오고 또 어떤 사회에서는 적게 나오겠지만, 시공간을 초월해 그런 사람들에게서 어떤 공통된 특성을 집어낼 수는 있을 것이다. 물론 야망도 있어야겠고, 우리 같은 사람들은 극복할 수 없는 장애물만 보이는 곳에 기회가 있음을 볼 수 있는 능력이 있어야 한다. 처칠과 마찬가지로 좌절이나 실패에 직면해 단호하고 다시 도전하려는 자세도 틀림없이 도움이 될 것이다. 순전한 끈기도 과소평가할 수 없다.

탐험가이자 민족학자, 식물학자이며, 지도 제작자이자 식민지 개척자인 사뮈엘 드 샹플랭은 1599년에서 1635년 사이에 스물일곱 번쯤 대서양을 건넜다. 그와 선원들은 프랑스에서 출항해(때로는 늦겨울에 나서기도 했다) 오늘날의 버스 두 대를 세로로 이은 것보다 길지 않은 배를 타고 용감하게 대서양으로 나아갔다. 그들은 매서운 폭풍우(1603년에는 17일간이나 계속되기도 했다)와 그들 위로 우뚝 솟아 있는 빙산, 그리고 짙은 안개에 맞닥뜨렸다. 모두가 알지도 못하고 지도에도 없는 바다였다. 샹플랭의 항해는 적어도 한 번 이상 잘 보이지 않는 모래톱에 걸리거나 해안 절벽으로 돌진할 뻔하기도 했다. 그는 어렵사리 북아메리카 해안을 탐험하고 커다란 세인트로렌스 강에 올라, 나중에 퀘벡과 몬트리올 시가 되는 곳으로 향했다. 이곳 역시 매우 위험했다. 강물은 빠르고 위험했으며, 적대적이든 아니든 원주민들이 있었고, 영국 해적들도 있었다.

이제 광활한 대륙이 모습을 드러냈다. 샹플랭은 조금만 더 가면 바다가 나오고 그리 멀지 않은 곳에 중국이 있을 거라고 기대했는지도 모른다. 그러나 아무도, 심지어 그들을 안내하는 원주민 가이드들조차도 먼 지평선 너머에 무엇이 있을지 알지 못했다. 그리고 탐험은 위험한 짐승이나 적대적인 사람들과 만나는 위험을 무릅써야 했다. 땅은 빽빽하고 복잡한 숲들, 언제나 가보지 못한 곳으로 연결되는 호수와 강들이 있어 그 자체로 끊임없는 검증이었다. 그곳의 날씨는 극과 극을 오갔다. 숨이 막힐 듯한 무더운 여름에는 모기와 날벌레 떼가 여행자들을 에워쌌으며, 긴 겨울에는 눈이 쌓이고 음식물이 떨어졌다.

샹플랭은 카누를 타거나 걸어서 수백 킬로미터를 헤치고 들어갔다. 그는 급류를 타거나 주위의 육로를 이용하는 법을 배웠다. 한번은 오타와 강의 위험한 구간에서 카누를 끌어올리는 것을 돕다가 자신의 배를 통제하지 못하고 바위 사이의 요동치는 물속으로 끌려 들어갔다. 그의 손에 감고 있던 밧줄이 거의 빠져나가려 하고 있었다. 그는 나중에 이렇게 썼다.

나는 큰 소리로 하느님을 부르며 카누를 내 쪽으로 당기기 시작했다. 이런 급류 속에서 생기곤 하는 소용돌이로 배가 다시 내 쪽으로 왔을 때 … 나는 거의 죽기 직전이었다.

가을에 다시 프랑스로 돌아오는 뱃길에는 날이 추워지면서 새로운 위험이 있었지만, 북아메리카에 머물며 겨울을 난다면 굶어 죽을 수도 있었고 병에 걸릴 게 확실했다.

1608~1609년 그가 건설한 퀘벡 식민지에서 첫 겨울을 보낼 때 그곳은 거의 파괴되었다. 11월 중순에 눈이 내리면서 겨울이 일찍 시작되었다. 매서운 추위로 강과 호수가 얼어붙었지만 예년보다 눈은

적게 왔다. 그것은 축복이 아니라 재앙이었다. 정착민들은 새로 지은 집에 눈으로 담을 칠 수 없었다. 그리고 사냥감 얻는 것을 원주민들의 도움에 의존했던 프랑스인들은 설피雪皮를 신고 얼어붙은 산등성이를 넘어 이동하는 데 어려움을 겪었다. 고통이 가중된 것은 가을에 장어와 비버 사냥이 형편없었기 때문이었다. 궁핍에 시달려 비쩍 마른 원주민 몽타녜족이 프랑스인들에게 먹을 것을 구걸했다. 샹플랭은 그들에게 형편이 닿는 만큼 주었다. 그러나 겨울이 길어지면서 비축물이 거의 바닥났다. 정착민들이 이질과 괴혈병 등으로 쓰러지기 시작했다. 봄이 되자, 원래 스물여덟 명이던 프랑스인은 여덟 명만 살아남았다. 그럼에도 불구하고 샹플랭은 밀고 나가기로 결심했다.

이 비범한 인물은 프랑스를 떠나지 않았다면 성공적인 일생을 살았을 것이다. 그러나 그는 대신에 탐험과 북아메리카에 프랑스 식민지를 건설하는 꿈에 자신의 일생을 바치는 쪽을 선택했다. 그는 1613년 권력자인 왕대비(프랑스 왕 루이 13세의 어머니 마리 드 메디시스로, 아홉 살 난 아들이 1610년 즉위하자 섭정을 하고 있었다—옮긴이)에게 바친 책에서 이렇게 썼다.

마마, 가장 유용하고 훌륭한 온갖 기술 가운데 제게는 언제나 항해술이 맨 앞자리에 있습니다. 그것은 더욱 위험하고 더욱 무수한 위기와 난파가 따르는 것이기에 다른 그 어떤 것보다 중시되고 찬양받습니다. 그것은 용기와 결단력이 없는 사람들에게는 전혀 어울리지 않습니다. 이 기술을 통해 우리는 다양한 지역과 종교와 나라에 대한 지식을 얻고, 이를 통해 온갖 종류의 재물에 관심을 갖고 그것을 우리나라로 들여오며, 이를 통해 지구촌 모든 지역에서 이교도의 우상숭배가 타도되

이로쿼이와 휴런족의 전투 장면 중 샹플랭.

고 기독교가 선포될 겁니다.

샹플랭의 삶과 이력은 복잡다단한 구세계 유럽과 신세계 아메리카의 만남에서, 그리고 근대 캐나다 국가의 형성에 기여한 유산을 남긴 누벨프랑스(현재의 캐나다 동남부와 미국 중부에 걸쳐 있던 옛 프랑스 식민지—옮긴이)의 이야기에서 중요한 부분을 차지한다.

그가 어떻게 생겼는지는 잘 알 수 없다. 그의 모습이라고 널리 알려진 초상은 19세기에 그려진 유명한 사기꾼의 초상으로 드러났다. 진짜 그를 그린 것으로 보이는 유일한 그림은 전투 장면을 조각한 것이다. 그와 동맹을 맺은 휴런족 사람들이 지금 샹플랭 호(미국 뉴욕 주와 캐나다 퀘벡 주에 걸쳐 있는 호수로, 영어식으로는 샘플레인 호로 불린다—옮긴이)로 알려진 미국 북동부 지역에서 이로쿼이와 싸울 때의 모습이다. 그것은 자그마한 유럽인의 모습이다. 아마도 샹플랭 자신이 그린 스케치에서 가져온 듯하다. 가슴갑옷을 두르고 투구를 쓴 수염난 사람이 초창기 유형의 총을 발사하고 있다. 그림에는 야자나무도 나오기 때문에 이 장면을 완전히 신뢰하기는 어렵다.

또한 샹플랭의 어린 시절에 대해서도 상세히 알지 못한다. 그는 1570년 무렵 프랑스 남서부 지방에서 태어난 것으로 알려졌다. 당시 개신교 교세가 강한 지역이었다. 그의 가족 일부는 개신교도였겠지만, 부모는 가톨릭교도였다. 두 갈래 기독교 신앙 사이의 갈등은

1562년에 이미 내전(가톨릭 측이 칼뱅파 개신교도인 위그노를 살해함으로써 시작된 '위그노 전쟁'을 말한다—옮긴이)을 유발했고, 그 내전은 양쪽 모두에서 잔혹 행위를 벌이며 샹플랭의 어린 시절 내내 계속되었다. 1598년, 앙리 4세가 분명하게 개신교를 버리고 가톨릭을 택한 뒤, 한편으로는 개신교도들에게도 종교적 관용을 베풀면서 평화가 찾아왔다(낭트 칙령을 말한다—옮긴이). 최근 그의 전기를 쓴 대부분의 사람들의 주장에 따르면, 샹플랭은 아마도 자신이 경험한 바를 바탕으로 서로 다른 신앙과 문화를 가진 사람들 사이의 이해와 관용을 위해 매진하겠다는 생각을 발전시킨 듯하다. 샹플랭 자신은 강한 종교적 신념을 가졌지만, 아메리카 대륙에서 만난 사람들이 자발적으로 기독교에 귀의할 것을 바라고 또 믿었다.

1492년 콜럼버스가 아메리카 대륙에 처음 발을 디디면서 유럽인들의 여러 가지 근본적인 믿음이 뒤흔들렸다. 아메리카 대륙은 그들이 처음 느꼈던 것보다 훨씬 광대하다는 사실이 금세 분명해졌을 뿐만 아니라, 그곳에는 자기들만의 고유한(때로는 아주 판이한) 풍습·종교·규범을 지닌 여러 민족들이 자리 잡고 있었다. 이는 이들 아메리카의 종족들이 유럽인들과 같은 인류의 일부인지 아닌지에 관한 긴 논쟁을 촉발시켰고, 이 논쟁은 샹플랭이 성년이 될 무렵에도 여전히 뜨거웠다. (우리가 우주의 다른 곳에서 생명체를 발견한다면 비슷한 충격과 불확실성을 느낄 것이다.)

이전에는 알지 못했던 그들을 발견한 데 대한 유럽의 반응은 두 가지 중 하나였다. 하나는 이들은 자기네들끼리, 그리고 자연과 조화롭게 살고 있는 순진하고 고결한 야만인들이라는 것이고, 또 하나는 이들이 도덕이 없어 성관계가 문란하고 식인食人 같은 끔찍한 짓을 저지르는 짐승 같은 생물들이라는 것이었다. 어느 경우든 그들은 기독교로 개종되어야 했다.

시간이 지나면서 세 번째 관점이 나타났다. 역설적으로 원주민들 속에 정착해 그들의 언어를 배운 선교사들의 존재로 인해 생겨난 것이었다. 아메리카 대륙의 토착민들은 모든 측면에서 유럽인들의 사회만큼이나 복잡한 사회를 유지하고 있다는 것이다. 자기네들을 조직화하는 독자적인 방식이 있고, 독자적인 가치관이 있으며, 독자적인 종교가 있었다. 아스테카 왕국을 멸망시킨 코르테스조차도 감동을 받아 이렇게 평가했다.

나는 이 사람들이 에스파냐 사람들과 거의 비슷하게, 에스파냐에서 만큼이나 조화와 질서 속에 살고 있다고 말해야겠지만, 그들은 야만적이고 하느님에 대해 너무도 알지 못하며 문명국들과는 떨어져 있다. 하지만 그들이 모든 분야에서 이루어 놓은 것을 보면 정말 놀랄 정도다.

프랑스의 수필가 몽테뉴는 1588년 출판된 에세이 『역마차에 관하여』에서 유럽인들이 새로 발견된 이 종족들을 정복하는 것이 당연하다는 유럽인들의 근거 없는 믿음을 조롱하고 있다. 아즈텍족들은 우월한 문명에 굴복한 것이 아니라고 그는 말했다.

그들의 경건함과 법률 준수, 선량함과 너그러움과 솔직함을 보자. 이런 것들을 우리가 그들보다 적게 가지고 있었던 것이 우리에게 도움이되었다. 우리보다 우월한 그들의 이런 점이 그들 자신을 파멸시켰고, 속였고, 배신했다.

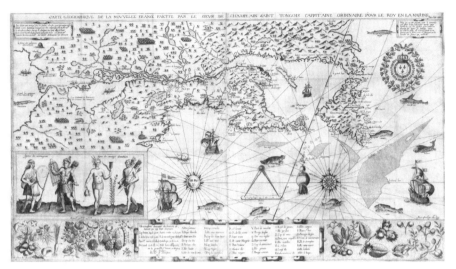

샹플랭이 정밀하게 그린 누벨프랑스 지도.

샹플랭의 관점은 아메리카 대륙의 원주민 사회에 대한 이해를 늘리고, 심지어 감탄하는 축과 그들이 기독교로 개종될 것이라는 강렬한 희망을 품는 축 사이의 그 어딘가에 있었던 듯하다.

그는 1599년 아메리카 대륙으로 가는 첫 항해에서 남쪽으로 향해 카리브 해와 중앙아메리카로 갔다. 그는 아메리카 대륙에 대한 여러 차례의 상세하고 정밀한 지도 가운데 첫 번째 것을 만들었다. 자신이 본 모든 것에 대한 방대한 주석을 달았고, 이는 그의 독특한 방식이 되었다. 그는 멕시코시티로 가는 도중 주변 경관의 아름다움에 감명을 받았다.

나는 울창한 야자나무와 삼나무, 월계수, 오렌지와 레몬 나무, 캐비지야자, 구아바, 아보카도, 흑단, 브라질 다목茶木, 로그우드에 감탄을 금치 못했다.

그는 온갖 종류의 새들과 현지인들이 가꾼 농작물의 유형을 열거했다. 그들은 카카오 열매와 꿀, 향신료를 섞어 영양 음료를 만들었으며, 아카시아에서 상처를 치료하는 오일을 짜냈다. 그는 현지인들의 "아주 멍청한" 몇 가지 관습과 믿음을 기록했지만, 에스파냐인들이 그들의 새 신민을 학대하는 것과 가혹한 종교재판에 대해 비판적이었다. 결국 그는 에스파냐인들이 신앙의 자유를 인정해야 한다고 생각했다.

그의 관심은 더 북쪽으로 올라가, 오늘날의 미국 동부 해안과 캐나다의 마리팀즈에까지 미쳤다. 이곳은 당시 아무도 완전히 점령하거나 탐사하지 않은 곳이었다. 1604년에서 1607년 사이 그는 현재의 노바스코샤에서 남쪽으로 매사추세츠의 코드 곶까지 이르는 해안 대부분을 조사하고 측량했다.

그러나 그는 갈수록 세인트로렌스 강이, 아시아로 가는 길과 장래 아메리카 대륙에서 프랑스가 힘을 발휘하는 데 핵심 지역이라는 확신을 갖게 되었다. 프랑스와 영국 상인들은 이미 런던과 파리의 모자 제조업자들이 가장 비싼 제품에 사용하는 비버 털가죽을 얻기 위해 해마다 강 중간까지 올라가고 있었다. 샹플랭은 장사에는 별로 관심을 보이지 않았다. 그의 주목표는 프랑스인들이 정착하고 개발할 수 있으며 그들이 토착민들을 개종시키기 위한 선교사들을 보낼 수 있는 땅과 자원을 발견하는 것이었다. 이와 더불어 그는 아시아와 그곳에 있는 부를 찾아가는 길을 발견하기를 원했다. 한 친구가 그에 관해 썼듯이, 그는 "더 멀리 여행하고, 사람들을 개종시키고, 남쪽을 통해서든 북쪽을 통해서든 동양을 발견해 중국으로 가는 일에" 전념했다. 그는 더 내륙으로 들어가서 만나는 원주민들에게 그들이 바

사뮈엘 샤플랭이 뉴벨프랑스인 퀘벡에 도착하는 그림.

다를 발견한 적이 있는지 거듭거듭 물어보았지만 끝내 아시아로 가는 길을 찾을 수 없었다. 그의 탐색의 자취는 몬트리올 근처에 있는 라신Lachine('중국'이라는 뜻의 프랑스어)이라는 급류에 붙여진 이름에 남아 있다.

그가 누벨프랑스를 탐험하고 정착한 시기는 아주 좋았다. 프랑스 정부는 이제 해군과 식민지 건설 모두에 진지해지기 시작했다. 샹플랭은 매년 그럭저럭 일을 계속해 나갈 수 있는 충분한 재정 지원을 얻을 수 있었다. 그는 세인트로렌스 강을 서쪽으로 거슬러 올라가면서 정착촌을 건설할 후보지를 찾아 상세한 지도를 그리고 그 경계선을 아메리카 대륙의 과일과 채소로 장식했다.

그가 발표한 여러 글들은 광대한 미점령 영토들이 매우 유망하다고 극찬했다. 그는 1603년 나중에 퀘벡 시가 되는 곳을 처음 본 뒤 그 무성한 숲과 덩굴, 과일나무에 대해 열광적으로 이야기했다. 이

토양에서 많은 수확을 올릴 수 있다고 그는 확언했고, 그곳에 있는 점판암에서 다이아몬드도 본 것 같다고 말했다. 몬트리올 쪽으로 더 올라간 곳에 관해 그는 이렇게 썼다.

그곳에는 포도, 배, 헤이즐넛, 체리, 까치밥나무 열매, 구스베리 등이 풍부하다. 그곳에는 또한 어떤 작은 근채류根菜類도 있다. 크기는 호두알 만 하고 초콜릿 과자 맛이 나며, 구워 먹거나 삶아 먹기에도 아주 좋다.

안목 있는 원예사이기도 했던 샹플랭은 "인간의 창의성과 기술"을 통해 농업의 번영을 이루는 꿈을 꾸었다. 그리고 만약 그가 자신 있게 기대했듯이, 세인트로렌스 강이 정말로 아시아로 가는 길목임이 입증된다면 프랑스는 통행세를 받아 부를 늘릴 수 있고 그러면 그 자금으로 더 많은 식민지를 개척할 수 있었다. 1618년, 그는 번영하는 정착촌들이 여러 개 생길 수 있다는 전망을 그려냈다. 목재와 모피와 광산과 농업으로 그 어느 때보다도 성장하고 있는 정착촌들이다. 그는 언젠가는 퀘벡 정착지 북쪽에 루이 13세를 기려 루도비카라 불리는 대도시가 들어서기를 희망했다.

샹플랭은 비록 자신이 꿈꾸었던 루도비카나 세인트로렌스 강을 따라 성장하고 있는 도시들을 볼 때까지 살지 못했지만, 정착지들을 세웠고 그 후 많은 다른 정착지들이 뒤를 이었다. 그는 정부에 자금을 대도록 회유하거나 머뭇거리는 상인들을 협박해 자기네가 가진 것을 내놓도록 만든 능숙한 경영자이자 지도자였다. 정착민들이 캐나다의 기후 때문에 어려움에 처하고 영국·네덜란드인들의 약탈이나 이로쿼이의 공격을 당했을 때 그들에게 용기를 불어넣어줄 수 있었다. 1606년 겨울, 아카디(현재의 캐나다 동부와 미국 북동부를 포함하는 옛 프랑스 식민지를 부르던 이름—옮긴이)에 있던 첫 프랑스 식민지(현재의 노바스코샤에 속한 곳이다)에서 물자가 떨어졌을 때 샹플랭은 '즐거운 시간 모임L'Ordre de Bon Temps'을 만들어 용기를 북돋웠다. 이것은 이주민 모두가 즐기는 잔치를 하기 위해 그들이 사냥을 하거나 물고기를 잡을 때 서로 경쟁하도록 격려하는 것이었다. 샹플랭은 이런 말을 한 적이 있었다.

〔좋은 지도자는〕 주어진 기회에 맞춰 융통성이 있어야 하며, 심지어 적에게도 예의 바르게 대해 그들이 부여받은 모든 권리를 인정해줘야 한다. 게다가 지도자는 비인도적인 행위를 밥 먹듯이 하고 스스로 기독교인이라기보다는 야만인처럼 구는 자들과 같이 학대와 복수를 해서는 안 된다. 반대로 지도자가 자신의 성공을 정중하고 절도 있게 이용한다면 그는 모든 사람에게(심지어 적으로부터도) 높은 평가를 받아, 그들한테서 온갖 찬양과 존경을 받을 것이다.

그는 언제나 외교관 노릇을 해야 했지만, 프랑스 궁정에만 머무를 수 없었다. 그는 광대한 미지의 영토를 탐험하고 살아남는다는 자신의 꿈을 이루기 위해 전적으로 원주민들과 우호 관계를 맺는 데 의존했다. 원주민들에게서 식료품을 얻지 못했다면 샹플랭 자신이나 그가 만든 작은 정착지는 길고도 혹독했던 그 첫 겨울을 견뎌내지 못했을 것이다.

그는 자신이 복잡한 동맹과 적대의 네트워크 속에서 움직여야 한다는 사실을 깨달았다. 그가 처음으로 접촉한 것은 알곤킨어를 사용

상플랭 호 근처에서 벌어진 이로쿼이와 휴런족의 전투 장면. 중앙의 총을 든 유럽인이 샤플랭인 것으로 보인다.

하는, 프랑스인들이 몽타녜라 부르는 부족이었다. 이들은 세인트로렌스 강의 하류에서 흘러 들어가는 사그네 강 부근에 살고 있었다. 세인트로렌스 강을 더 거슬러 올라가면 또 다른 알곤킨 부족들이 있었고, 온타리오 호 북쪽에는 알곤킨족의 동맹자 휴런족 연합이 있었다. 이 느슨한 연합체의 반대편에는 오족 연합five-nation인 이로쿼이 연맹이 있었다. 이들이 온타리오 호 남쪽 전역과 온타리오-이리 호 사이 지역, 그리고 더 서쪽으로 가는 모피 교역로의 상당 부분을 지배했다. 프랑스인들은 양편 가운데 하나를 선택해야 했는데, 1603년 그들은 더 멀리 있는 이로쿼이 대신 이미 알고 있던 원주민들을 선택했다. 샹플랭은 때때로 상대편 부족들에게 접근하려 했고 간혹 평화 중재를 거의 이룬 것처럼 보이기도 했지만, 전쟁은 계속 다시 터졌고 프랑스는 확고하게 알곤킨족 편에 섰다. 우리가 본 그에 관한 그림(192쪽 도판 참조)에서 그는 이로쿼이 전투 부대를 향해 총을 쏘고 있었던 것이다.

샹플랭은 종종 가을에 프랑스로 돌아가기도 했지만, 몇 차례는 캐나다에서 겨울을 나기도 했다. 아메리카 대륙 원주민들에 대한 그의 첫 반응 몇 가지는 그의 시대에 있었던 편견들을 보여준다. 그는 원주민들이 자기들만의 적절한 법이나 종교가 없다고 판단하고 그들이 기독교도가 되기를 갈망했다. 하지만 그는 그들이 능력이나 잠재력 면에서 유럽인들보다 열등하다고는 결코 생각하지 않았다. 그는 1603년 몽타녜족을 처음 만난 뒤 그들이 생존을 위해 어로와 사냥에 의존하고 있다고 썼다. 그러나 그는 이렇게 덧붙였다.

나는 누군가 그들에게 농사짓는 법을 가르쳐주면 그들은 아주 빨리 배울 수 있다고 확신한다. 그들은 지각이 있고 총명하며 우리가 그들에게 하는 질문에 대답할 준비가 되어 있기 때문이다.

그와 프랑스 선교사들은 그들의 대표와 신학 토론을 했는데, 그는 때때로 자신들의 신앙이 왜 좋은지를 설명할 수 없어 당황스러웠다. 그는 이렇게 썼다.

그들은 언제나 우리가 자기네에게 말하고 있는 것이 무엇인지 이해하지 못했다. 그것은 언제나 말로 설명할 수 없는 것이었다.

원주민들은 프랑스인들이 가족들을 데리고 와서 자기들과 함께 살면서 기독교의 의미가 무엇인지 실제로 보여달라고 제안했다. 샹플랭은 이렇게 썼다.

내가 봐도 그것이 현명한 것 같았다.

샹플랭은 처음부터 열린 마음과 호기심을 가지고 원주민들에게 접근했고, 시간이 지나면서 그들의 사회를 더 잘 이해하고 그들을 친구로 사귀었다. 1615~1616년 겨울에 그는 타의에 의해 휴런족과 생활했다. 휴런족은 이로쿼이와의 가을 전투가 끝난 뒤 그를 자기네 곁에 두기로 결정했다. 새로운 공격에 대비한 보험이기도 했고, 그의 조언을 듣기 위해서이기도 했다. 그는 이렇게 썼다.

나는 아무렇게도 할 수 없어 체념하고 참아내기로 했다.

그는 그 지역의 동·식물상과 그 부족의 "관습과 풍속, 생활 방식, 집회의 형태"를 연구할 기회를 얻었다.
그는 여러 해를 누벨프랑스에서 보내면서 원주민들의 여러 가지 공식 행사를 보았고, 그들의 통치가 작동되는 방식에 감명을 받았다.

통상 그들은 다수결에 따라 일을 처리하지만, 때로는 특별히 존중할 이유가 있는 사람의 말에 따른다.

그가 이를 고국 프랑스의 귀족정과 비교해본 적이 있었을까?
그는 또한 원주민들을 그저 부류로서만이 아니라 개인으로 식별하는 안목도 길렀다. 그는 자신의 여행에 관해 이렇게 썼다.

사람들은 대체로 쾌활하고 착했지만, 아주 고약한 사람도 있었다.

남자와 여자 모두 강인하고 체격이 좋았다. 기혼·미혼을 불문하고 여자들은 대개 매력적이고 몸매가 좋았으며, 피부가 깨끗하고 단정한 얼굴이었다.

그는 그들의 풍속을 꼼꼼히 기록했다. 예를 들어, 그들은 전투 부대를 꾸릴 때 여자들이 벌거벗은 채 춤을 추며 카누로 다가가 노를 가지고 서로를 친다.

나는 그들이 다치지 않으려고 조심하고 서로가 치는 것을 조심스레 피한다는 것을 알아차렸다.

그는 결혼 풍속, 자녀 교육, 장례 습속을 설명하고 원주민들의 옷과 장신구에 대해 세밀하게 묘사했다. 그는 우타웨(오타와)족에게 슈뵈럴르베Cheveux-Relevés('머리칼을 세운 사람들'이라는 뜻이다—옮긴이)라는 별명을 붙였다. 그들의 머리 모양 때문이었다.

그들은 머리칼을 머리 위로 높게 빗어 올려, 프랑스 매춘부들이 머리칼을 말고 분을 바른 위에 하는 것보다도 더 꼼꼼하게 매만진다. 그들은 멋진 사람들로, 막대기 하나 외에는 아무런 무장도 하지 않은 채 벌거벗고 다닌다. 그들은 몸을 장식하기 위해 피부에 문신을 하고, 얼굴에 밝은색으로 화장을 하며, 콧구멍을 뚫어 장식품을 달고 귀에 구슬을 매단다. 나는 그들과 친구가 되었고, 그래서 그 가운데 몇몇 사람을 아주 잘 알게 되었다.

이들의 우정은 양쪽 모두 진심이었던 것 같다. 1633년 5월, 샹플랭이 몇 년 동안 자리를 비웠다가(그곳은 잠시 영국인들이 점령하고 있었다) 다시 퀘벡의 자기네 정착지로 돌아갈 때 많은 몽타녜족 사람들이 카누를 타고 그를 만나러 왔다. 샹플랭은 보루를 포함한 건물들을 가리키며 말했다.

"큰 집이 지어지면 우리 젊은 청년들이 여러분의 딸들과 결혼하고, 그 후에 우리는 한 민족이 될 것이오."

그 뒤 여름에 오륙백 명의 휴런족이 그를 환영하기 위해 비버 가죽옷 같은 값나가는 선물 꾸러미들을 들고 강을 따라 내려왔다. 한 예수회 신부가 샹플랭과 원주민 지도자 오륙십 명이 단체 접견하는 것을 목격했다. 신부는 지도자들이 한 사람 한 사람씩 일어나 샹플랭의 귀환에 환호했으며 "그의 열정에 그들 모두가 감격했다"고 말한 것을 기록했다.

애석하게도 샹플랭은 알지 못했지만 그와 이주민들은 유럽의 질병도 함께 가져왔고, 그것은 원주민 사회에 끔찍한 타격을 입히게 된다. 1630년대에 천연두가 퍼져 휴런족 연합 주민의 3분의 2가 죽었다.

1635년 샹플랭은 치명적인 뇌졸중에 걸려 죽음을 준비하기 시작했다. 그는 크리스마스 날 죽었고, 퀘벡의 전 주민이 나와 그의 장례식을 치렀다. 나중에 휴런족의 대표들이 많은 조가비 돈을 선물로 가지고 와서 프랑스인들이 "눈물을 닦고 샹플랭 씨의 죽음으로 겪은 슬픔을 좀 더 빨리 삼킬" 수 있기를 바란다고 말했다. 그의 노력으로 시작된 퀘벡과 몬트리올 등 세인트로렌스 강 상류의 정착지들은 마침내 본궤도에 올라 자립할 수 있게 되었다.

샹플랭은 1633년에 150명의 이주민을 데리고 왔고, 이후 수백 명이, 그리고 그 후에는 수천 명이 더 왔다. 1630년에서 1680년 사이에 1천 명이 넘는 프랑스 여자들이 도착했다. 북아메리카의 오래된 프랑스계 가문의 3분의 2 이상이 그들의 후손으로 추산된다. 샹플랭은 죽을 때 알 수 없었겠지만, 그는 캐나다에 프랑스인이 살게 한 초석을 성공적으로 놓았다.

우리가 알다시피 위험에는 보상이 따른다. 그러나 사람들이 위험을 감수하는 것은 결코 보상 때문만은 아니다. 호기심과 야망과 결단력. 이런 것들이 어떤 사람들로 하여금 극히 낮은 확률을 극복하고 기회를 잡게 만든다. 그것은 또한 통념이나 다른 사람들의 견해를 묵살할 수 있도록 돕는다. 무엇보다도 모험가들은 희생이나 심지어 실패까지도 받아들일 준비가 되어 있다. 반면에 그렇지 못한 우리는 편안히 집에 머무는 것을 좋아한다.『반지의 제왕』(영국 작가 J. R. R. 톨킨의 3부작 판타지 소설—옮긴이)에서 호빗들은 샤이어의 일상적이고 아늑한 세계에 만족한다. 대부분은 위험과 흥분이 도사리고 있는 바깥의 큰 세계를 알고 싶어 하지 않는다.

그러나 과학에서, 정치에서, 사업에서 위험을 감수하는 사람들이 없었다면 우리는 어디에 있을까? 그들이 단순한 호기심에 이끌렸든, 모험에 대한 동경에 이끌렸든, 탐욕이나 야망에 이끌렸든, 세계는 그런 남녀들 때문에 움직여가고 있다.

제 4 장

미지의 세계를 향한
그녀들의 호기심

1841년, 영국 명문가 출신의 한 젊은 여성이 어머니에게 편지를 썼다.

제 신경계가 약간 특이해서 저는 남들이 가지지 않은 지각력을 갖고 있습니다. 숨겨진 일에 대한 직관적 통찰이라 할까 … 눈에도 보이지 않고 귀에도 들리지 않고, 일상적인 감각으로는 알 수 없는 것을 말입니다. 이것만이 발견이라는 측면에서 제가 조금 나은 부분일 것입니다. 그러나 두 번째로 제게는 엄청난 추리력이 있고, 집중력이 있습니다.

에이다 킹(러브레이스 백작 부인, 1815~1852)의 출신은 매우 복잡하다. 신앙심이 깊은 그녀의 어머니는 낭만적이고 불운했던 유명한 건달 시인 조지 바이런(1788~1824) 경과 결혼했다. 그것은 연애결혼(바이런이 아내의 막대한 재산에 맞먹는 엄청난 빚을 진 데는 연애결혼도 한몫한 듯하다)이었던 듯하지만, 에이다가 태어날 때 그들은 헤어진 상태였다. 바이런 남작 부인은 에이다의 아버지가 남긴 위험한 유산을 완화하기로 결심하고 딸에게 수학 공부를 시키기 시작했다. 그것이 딸의 차분하고 이성적인 측면을 발현시킬 것이라는 바람에서였다. 에이다는 열정적으로 이 과제에 매달렸다.

에이다 역시 결혼했지만(남편은 후에 러브레이스 백작이 된 사람이다), 어떻게 해서든 아내와 어머니 노릇을 하는 한편, 지적 능력을 사용하는 일을 해냈다. 에이다는 열일곱 살이던 1832년 명석한 수학

자이자 발명가인 찰스 배비지
(1791~1871)를 만나는 행운을
얻었고, 두 사람은 금세 친구가
되었다. 배비지는 일생의 대부
분을 기계식 계산기를 만드는
데 보냈고, 에이다가 무언가 몰
두할 거리를 찾고 있던 1840년
대에는 스스로 '분석기'(컴퓨터
의 초기 형태다)라 부른 것을 만
들려 하고 있었다. 복잡한 수학
계산을 위해 펀치카드를 사용
하는 것이었다. 배비지는 100

1836년 에이다 킹.

여 년 후에 실제로 만들어진 중앙처리장치CPU, 소프트웨어, 임의접
근기억장치RAM를 꿈꾸고 있었지만, 당시의 기술은 그가 이를 실현
시킬 수 있을 정도로 발달하지 않았다. 에이다는 이런 가능성에 매
혹되었고, 비범한 상상의 비약을 통해 분석기가 단순한 계산 이상의
일을 할 수 있음을 알아차렸다.

이 기계는 숫자로 표시된 양을 마치 문자나 기타 일반적인 상징인
것처럼 배열하고 결합할 수 있습니다.

에이다는 한 걸음 더 나아가, 기계가 언젠가는 작곡 같은 일도 할
수 있도록 만들어질 수 있다고 전망했다. 에이다는 배비지에게 이렇
게 썼다.

선생님께서 저를 쓰실 수 있을 만큼 제게 가치와 능력이 있다면 제 머리를 선생님께 드리겠습니다.

두 사람은 여러 해 동안 함께 일했다. 그 과정에서 에이다는 분석기가 계산을 하기 위해 어떻게 구성되어야 하는지에 관해 여러 가지 설명서를 썼다. 다시 말해서 에이다는 역사상 처음으로 소프트웨어를 만든 것이다. 1980년 미국 국방부는 한 컴퓨터 언어의 이름을 에이다로 정했다.

비범할 정도로 호기심의 자질을 지닌 역사상 인물들의 명부를 수집하기 시작했을 때, 나는 찾아낸 인물들이 대부분 여성임을 알고 흥미를 느꼈다. 내가 생각하기에 이는 여성이 천성적으로 남성보다 호기심이 많다기보다는, 여성이 대개 자신만의 길을 가기가 더 어렵기 때문인 듯하다. 역사 속의 여성들은 자신들이 해야 하고 해서는 안 될 것으로 기대되는 일들에 대한 엄격한 관습에 저항해야 했다. 처음 의과대학에 들어간 여성들은 그들에게 가르치기를 거부하거나 그 과목을 포기하도록 겁을 주려는 남성 교수들과 마주쳤다. 인도가 대영제국의 식민지였을 때 남편을 따라 인도로 갔던 영국 여성들은 그들이 라지Rāj('통치'를 의미하는 산스크리트어로, 영국이 영국 동인도회사를 통하거나 이후 직할로 인도를 통치한 것 또는 그 통치 당국을 일컫는다—옮긴이)를 유지하는 방향으로 행동해야 한다는 이야기를 자주 들었다. 그들은 인도의 예술이나 풍습, 그리고 인도인 자체에 대해 지나치게 친밀한 관심을 가져서는 곤란했다. 아프리카와 서아시아를 탐험한 용감한 여성 여행가들은 같은 여행가들에게서 못마땅한 눈길을 받았으며, 함께 여행하는 사람들한테서 자주 오해를 받았다.

대부분의 사회에서 여성의 야망은 좌절당했다. 태생이나 결혼을 통해 대권을 행사하게 된 엘리자베스 1세나 예카테리나 대제, 측천무후 같은 여성들은 뭔가 결함이 있거나 정말로 괴물 같은 존재라는 듯이 비쳐졌다. 엘리자베스는 처녀 여왕이었고, 따라서 여성으로서 완성되지 않은 사람이었다. 반면에 예카테리나 대제와 측천무후는 이상성욕을 지녀 수많은 연인들을 들이고 내버렸다. 남성 지배자들이 하듯이 말이다. 물론 상황은 변했다. 그러나 아마도 우리가 때때로 즐겨 생각하는 것만큼은 아닌 듯하다. 아무도 남성 정치가가 새된 목소리를 낸다고 하지는 않는다. 마거릿 대처에게 자주 했고 아직도 힐러리 클린턴에게 하듯이 말이다. 기업계의 여성들에게는 '군림'한다고 하지만 남성들에게는 '강력'하다고 한다.

하지만 여성들, 특히 선진국의 여성들에게는 자신의 어머니나 할머니들에 비해 직업의 선택지가 훨씬 많다. 이제는 더 이상 여성들이 사업이나 사법을 담당할 만한 두뇌나 체력이 없다고, 소방관이나 산악 가이드가 될 만큼 충분히 강하지 않다고 말하지 않는다. 그런 말을 들으면 그 네안데르탈인이 어디 숨어 있는지 두리번거린다.

현재와 과거의, 그리고 사회학이나 경제학 같은 다양한 관점에서의 여성에 관한 연구는 이제 진지한 주제다. 내가 토론토 대학 학생이던 1960년대에는 여성사라는 것이 없었다(흑인이나 원주민이나 게이의 역사가 별로 없고, 노동계급의 역사도 그다지 많지 않던 것과 마찬가지다). 우리 교과서의 색인에는 통상 '여성'이 들어가 있지 않았다. 우리가 역사에 묻는 질문은 종종 우리가 현실에서 무엇에 흥미를 갖고 있는지를 반영하기 때문에, 1970년대에 여성운동이 갑작스럽게 활발해지고 나서야 역사가들(주로 여성들이었다)이 수백, 수천 년에

19세기 화가 장 비뇨가 그린, 퓔베르에게 발각된 엘로이즈와
아벨라르.

걸친 여성들의 생활을 검토하기 시작했다.

이것은 종종 하나의 도전이었다. 과거의 기록은 대체로 남성들이 관리해 왔고, 얻을 수 있는 여성들의 목소리는 훨씬 적었기 때문이다. 특히 더 먼 시기로 거슬러 올라갈수록 그렇다. 물론 일부 있기는 하다. 우아하고 발이 넓은 마리 드 라부탱샹탈

(세비녜 후작 부인, 1626~1696)이 17세기에 딸을 즐겁게 하기 위해 쓴 파리 사교계나 루이 14세의 궁정 생활에 관한 놀라운 편지나, 고대의 시인 사포가 쓴 시 같은 것들이다. 12세기에 라인 강 부근에 수녀원을 세우고 운영했던 수녀원장 힐데가르트 폰 빙엔(1098~1179)은 신학에 관한 글을 많이 썼지만, 식물학과 의약에 관한 글도 썼다.

그리고 불운한 연인 엘로이즈(1100~1164)와 아벨라르(1079~1142)는 그들에게 대재앙이 닥친 뒤 편지를 주고받았다. 아벨라르는 유럽의 일급 철학자 가운데 한 사람으로, 유럽 전역의 학생들이 그에게 배우려고 파리로 몰려들었다. 엘로이즈는 어리지만 똑똑했으며, 12세기의 여성으로는 이례적으로 교육을 많이 받았다. 두 사람은 엘로이즈의 삼촌 집에서 만나 사랑에 빠졌다. 엘로이즈는 아벨라르의 아이를 가졌고, 아벨라르의 앞길을 망치지 않기 위해 비밀리에 결혼했

다. 화가 난 엘로이즈의 삼촌은 아벨라르의 고환을 잘라내고 강제로 두 사람을 각기 다른 수도원으로 보내버렸다. 두 사람은 편지를 통해 언어와 신학과 윤리를 토론했다. 오늘날의 학자들은 엘로이즈의 것으로 지목되는 편지를 그녀가 정말로 썼다고, 엘로이즈는 대단한 사상가로 아벨라르에게 지적인 영향을 주기까지 했다고 주장한다. 나는 엘로이즈가 자신의 사랑을 열정적으로 토로한 것도 진짜라고 보고 싶다.

아우구스투스께서 전 세계의 지배자로서 내게 결혼의 영광을 허락하시고 전 세계를 영원히 소유하도록 수여하신다 해도, 그의 황후가 되는 것보다 당신의 창부娼婦로 불리는 것이 제게는 더 소중하고 가치 있다고 생각합니다.

200년 뒤, 나이 지긋하고 자립심이 강한 마저리 켐프라는 영국 여성이 성지 참배를 위해 가족(그녀에게는 열네 명의 아이가 있었다)을 떠나서 자신이 겪은 영혼의 탐색과 모험 이야기를 적은 회고록을 구술했다.

역사가들은 또한 여성사를 심화하고 살찌우기 위해 때때로 다른 자료들을 사용할 수 있음을 알게 되었다. 예를 들어, 여러 세기에 걸쳐 회화와 조각에서 동정녀 마리아와 아기 예수가 묘사된 방식이 서로 다른 시대의 모성母性에 대한 인식을 보여준다는 것이다. 옛 법정의 기록들(재산을 둘러싼 분쟁에 관한 것이든, 범죄에 관한 것이든)은 결혼과 여성의 지위에 대한 이해를 얻어내는 데 사용되어왔다. 대중 문학은 미묘한 부분에서 보탬이 될 수 있다. 중국의 고전 문명이 횡포

한 어머니와 시어머니에 관한 이야기와 시들을 그렇게 많이 만들어 냈다는 사실은, 그 작품들이 의도했던 바와 같이 중국의 여성이 남성의 지배에 따라야 하는 온순한 존재가 아니었음을 강하게 시사한다.

나는 첫 책을 쓰기 위해 라지 기간의 영국 여성들의 삶을 이해하려 하면서 다행스럽게도 그들의 회고록과 편지를 다수 얻을 수 있었다. 그와 동시에 인도 정부의 기록도 볼 수 있었다. 이를 통해 나는 관리들이, 유럽 여성들이 제대로 된 교육과 의료 혜택을 받지 않거나, 적어도 공식 기준으로 부적절하게 행동하는 것(그것이 여성 선교사가 시장에 나가 전도를 하는 것을 의미하든, 여성이 인도 남성과 결혼하는 것을 의미하든)을 우려했음을 알 수 있었다. 나는 인도의 위험한 환경에서 여성들이 어떻게 자신들의 건강과 순결을 유지할 수 있는지 조언하는 여성 의학자들의 논문들과, 인도에 있는 여성들을 위한 가사 관리 안내물들, 그리고 내가 지금 기억하는 것보다 더 많은 소설들도 읽었다.

여성사의 폭증 덕분에 우리는 지금 여성들이 어떻게 자신들이 처한 시대·계급·장소의 제한 속에서 이를 극복해 자신들이 움직일 공간을 만들어내고 자신들만의 관심사를 추구하는 활동을 했는지 더 잘 알고 더 잘 판단할 수 있게 되었다. 내가 앞 장에서 이야기한 모험가들과 마찬가지로 그러한 여성들은 결단력과 인내력을 지녔다. 나는 여기서 그들의 호기심을 지적하고자 한다. 사람과 장소, 동·식물상, 또는 과거에 대해 더 많은 것을 알려고 했던, 그들이 가졌던 욕구다. 그들은 새로운 생각과 경험에 대해 개방적이었다. 그것들이 얼마나 낯설고 성가실지 모른다 해도 말이다. 19세기 전반에 인도 여러 곳을 방랑한 패니 파크스(1794~1875)는, 살에 끼워 넣은 고리를 흔들거리고 있는 독실한 힌두교도 무리를 본 뒤 이렇게 말한 적이 있다.

"매우 역겨웠지만, 상당히 매혹되었습니다."

엘리자베스 심코 • 캐나다의 찬란한 태양을 그리워하다

대영제국이 18세기와 19세기 동안 조직적인 여러 식민지들을 확장하고 정착하게 되면서 영국제도 출신 여성들이 남편을 따라 세계 곳곳으로 진출했다. 그들은 고국으로 엄청난 양의 편지를 썼고, 『불편한 오지 생활』이나 『카슈미르 도보 여행』 같은 제목을 달고 출판된 많은 회고록은(대부분 읽히지 않고 도서관 선반에 처박혀 있지만) 사라진 세계를 되살려준다.

그들이 쓴 것을 단순히 우스꽝스러운 옷을 입은 빛바랜 호기심거리로 여겨서는 안 된다. 이들은 우리 대부분이 엄청나다고 생각하게 될 도전들을 이겨낸 살아 있는 여성들이었다. 부서질 듯한 배에서 튕겨져 나오고, 말을 타거나 원시적인 마차를 타고 흔들거리며 먼 길을 가고, 초보적인 의료 서비스 속에서 아이를 낳거나(운이 좋다면 말이다) 항생제가 나오기 전 시대에 장티푸스·콜레라 같은 질병에 쓰러지고, 말벌에 쏘이거나 미친개에게 물렸다. 그렇지만 그들은 어떻게든 유머 감각을 잃지 않고 자신들이 처한 새로운 환경에 적극적인 관심을 갖는다.

『캐나다의 편지』의 한 익명 작가는 1790년대에 그런 한 여성에 대해 이렇게 썼다.

상류층 생활에 익숙했던 그 여성은 쾌활함을 잃고, 신생 식민지의 불가피한 불편을 감수해야 했다.

엘리자베스 심코(1762~1850)는 상당한 유산을 상속받았고, 잉글랜드 서부에 크고 안락한 저택을 소유한 여주인이었으며, 스물다섯 살에 이미 여섯 아이의 어머니였다. 그녀는 불과 열여섯 살 때 훨씬 나이가 많은 존 그레이브스 심코(1752~1806) 대령과 사랑에 빠져 결혼했다. 그 나이에 이미 의지가 확고했다.

남편은 13개 식민지(미국 독립 후 13개 주가 되는 영국 식민지들을 말한다—옮긴이)가 영국에 반기를 들었을 때 미국에 맞서 싸웠고, 그 경험을 통해 어느 때보다도 더 극단적인 보수주의자가 되어서 어떤 형태의 혁명에도 깊은 혐오감을 지녔다. 미국의 독립전쟁이든, 1789년 이후 프랑스혁명이든 말이다.

1791년, 그는 새로 만들어진 식민지 어퍼캐나다Upper Canada의 부총독(어퍼캐나다는 오타와 강 서쪽의 영국 식민지로, 현재의 온타리오 주의 전신이며, 부총독은 주의 최고 책임자다—옮긴이)으로 임명되었다. 이 자리는 이름처럼 그렇게 대단한 자리는 아니었다. 식민지의 인구는 1만 명 정도였고, 농장과 몇몇 작은 도시들이 호수와 강을 따라 널리 퍼져 있었다. 반면에 로워캐나다Lower Canada(현재의 퀘벡 주를 중심으로 하는 오타와 강 동쪽 지역이다—옮긴이)는 인구가 15만 명이었고, 퀘벡과 몬트리올 같은 잘 건설된 도시들이 있었다. 어퍼캐나다의 주민 상당수는 상대적으로 신참자들이었고, 미국에서 온 왕당파 난민들이었다.

심코는 농지를 무상으로 주겠다는 약속으로 많은 사람들이 더 들어와 살도록 장려했다. 이후 수십 년 동안 땅이 개간되면서 황무지가 점차 사라지고 농장이 만들어졌으며, 나중에 번영하는 온타리오주가 될 토대가 놓였다. 그러나 새 식민지는 또한 남쪽으로부터 매우 실질적인 위협에 직면해 있었다. 미국은 혁명을 이룬 프랑스 편을 들어 영국과의 전쟁에 참여할 것으로 보였고, 심코는 자신이 임의로 운용할 수 있는 병력이 별로 많지 않았다.

남편의 요구에 따라 심코 부인은 여섯 중 네 아이를 가족과 친구들에게 보살펴달라고 맡기고 고국을 떠나야 했다. 그녀는 그것이 아이들의 교육을 위해 최선의 방법이라고 받아들였고, 가깝고 믿을 만한 친구가 아이들을 양육하는 데 동의해 안도했다. 멀리서 그녀는 영국에서 들어오는 소식은 작은 것 하나라도 반가워했으며, 아이들 생활의 세세한 부분에도 조언과 염려가 담긴 책망을 보냈다. 어린 두 아이(그 가운데 하나는 생후 석 달 된 남자아이였다)와 하인들은 심코 가족과 함께 캐나다로 길을 떠났다. 그들의 짐은 산더미 같았다. 아이들의 옷과 장난감, 야회복, 리넨 제품, 자기瓷器, 접의자, 아기 침대, 모기장, 자신의 소중한 스케치 도구들, 그리고 탐험가 제임스 쿡(1728~1779) 선장의 농장에서 산 캔버스 천으로 만든 '집' 같은 것들이었다.

남편의 임명장 도착이 지연되어 그들의 배는 9월 말이 되어서야 출항했다. 안전하게 대양을 건너기에는 위험할 정도로 늦었다. 곧바로 그들은 폭풍우 치는 날씨를 만났다. 심코 부인은 이렇게 썼다.

나는 저녁을 먹을 때 겪은 곤란 때문에 오히려 기분 전환이 되었다. 한껏 조심하기는 했지만 접시들은 때때로 방 구석구석으로 튕겨져 나갔다.

엘리자베스 심코.

간혹 요리하기에는 날씨가 험악해 마른 빵으로 때우기도 했다. 현창 舷窓이 새서 물에 젖고 감기에 걸렸다. 키가 작은 심코 부인은 배의 한쪽으로 내동댕이쳐져 멍투성이가 되었다.

10월 14일, 그들은 특히 사나운 돌풍을 만났다. 바람은 며칠간 계속 불어댔다. 파도가 "산만했다"고 그녀는 썼다. 그녀는 용기를 내어 갑판에 올라갔다가 대포에 매달려야 했다. 배의 사무장이 상당히 즐기는 듯이 이날이 바로 자신이 전에 두 번이나 난파당했던 날이라며 끔찍하게도 세세히 이야기하는 동안에도 사태는 진정될 줄을 몰랐다. 심코 부인은 이렇게 썼다.

그런 날씨 속에서 그런 위험을 이야기하는 것은 그리 달갑지 않았다.

심코 부인은 새로운 찬송가 하나를 익히고 배 스케치한 것을 옮겨 그리는 데 몰두했다.

그달 말에 그들은 노바스코샤에 상륙해 세인트로렌스 강을 가는 데 꼭 필요한 안내인을 얻었다. 이때 날씨는 추웠고, 배가 눈과 안개를 헤치며 천천히 강을 거슬러 올라갈 때 밧줄이 얼어붙었다. 11월 11일, 그들은 마침내 퀘벡 시에 도착했다. 겨울을 나기 위한 그들의 목적지였다.

심코 부인은 실망했지만("매우 침울하게 보이는 '도시'"였다), 육지에 닿자 곧 매우 활동적인 사교 생활에 뛰어들었다. 겨울은 무도회와 음악회, 관광과 방문으로 즐겁게 후딱 지나갔다. 그녀는 현지의 개썰매를 타고 얼어붙은 세인트로렌스 강을 가로질러 달렸다. 2월 말에 이렇게 썼다.

강의 풍경은 이제 매우 화사해졌다. 많은 사람들이 얼음을 지쳤고, 맹렬하게 개썰매를 몰았다(캐나다인들은 늘 그렇게 한다). 통나무 오두막이 얼음 위에 지어져 거기서 케이크와 술을 팔았고, 오두막에는 난로가 있었다.

심코 부인은 약간 내키지 않았지만 언제나처럼 최선의 결과를 내야 한다는 과단성을 발휘해 봄에 남편의 정착지로 출발했다. 캐나다인들은 잘 알고 있는 급격한 날씨 변화를 겪고 그녀는 이제 몬트리올에서 6월의 혹서기를 맞고 있었다. 그녀는 불평하는 보초병에게 웃으면서 이렇게 말했다.

"이곳과 지옥 사이는 누런 종이 한 장만큼밖에 떨어져 있지 않군요."

그들 일행은 배를 타고 상류로 올라갔지만, 급류가 너무 사나울 때는 기슭에 올라 걷거나 말을 타고 이동했다. 심코 부인은 농가와 여관, 텐트와 자신의 여행 가방 위에서, 그리고 한 번은 침대가 너무 더럽다고 생각되자 탁자 위에서 잤다.

7월 초에 그들은 어퍼캐나다의 중심 도시 킹스턴에 도착했다. 통나무 집이 쉰 개쯤 있는 마을이었다. 거리는 진창길이었고, 나무들이 벌목된 지 얼마 되지 않아 곳곳에 그루터기가 있었다. 킹스턴은 어퍼 캐나다의 주도州都 후보지로 생각되어왔지만, 심코는 그곳이 너무 평탄하고 미국 국경과 너무 가까워 방어가 쉽지 않다고 판단했다.

그들 일행은 남쪽과 서쪽을 향해, 무장한 정부의 범선을 타고 온 타리오 호를 건너 나이아가라 마을로 갔다. 이리 호의 물을 온타리오 호로 빼내는 같은 이름의 강 입구에 있는 마을이다. 심코는 그곳을 뉴어크로 부르기를 좋아했다. 좀 더 문명화된 이름 같아서였다. 그러나 그곳에는 문명이라 할 것이 별로 없었다. 스무 채가량의 통나무 오두막과 거창하게 '해군 공창工廠'이라 불리는 낡아빠진 정부 건물 몇 채가 눈에 띌 뿐이었다.

그들은 여름을 텐트에서 보냈다. 심코 부인은 나뭇가지를 꺾어 얽은 그늘막을 하나 얻어, 낮 동안 그곳에 앉아 편지를 쓰고, 손님을 접대하고, 아니면 남편을 도왔다. 추방되어 북아메리카를 여행하고 있던 프랑스 귀족 프랑수아 프레데릭(로슈푸코-리앙쿠르 백작, 1747~1827)은 이렇게 적었다.

심코 부인은 수줍음을 타고 말을 별로 하지 않는다. 그러나 센스가 있고 반듯하며 상냥하고, 가장 꼼꼼하고 정확하게 어머니와 아내의 모든 역할을 해낸다. 그런 일들의 하나로서 그녀는 남편의 개인 비서 역할까지 해낸다. 그림 재능을 지도와 설계도 같은 것으로 집중시켜 부총독에게 대단한 도움을 주고 있는 것이다.

그러나 심코 부인은 백작에 비해 덜 호의적이었다. 자신의 일기에 백작과 그 일행에 대해 이렇게 썼다.

그들의 외모는 아주 서민적이었고, 또한 더러웠다.

그해 겨울에 심코 가족은 캔버스 천으로 만든 집에서 살았다. 거기에는 벽지를 바른 방이 두 개 있었고, 각기 난로가 있었다. 한 방은 그들이 잠자고 손님을 맞는 방이었고, 다른 하나는 아이들의 놀이방이었다.

1월에 심코 부인은 그곳에서 딸을 낳았다. 그 직후에 남편이 작은 무리를 데리고 미국과의 국경인 남쪽의 디트로이트로 도보 여행을 떠나자 심코 부인은 혼자 남았다. 그녀는 남편이 부닥치게 될 위험들(날씨나 험한 땅, 또는 미국인들 때문에 생기는)을 대수롭지 않게 생각했다. 그녀는 이렇게 주장했다.

나는 이 여행이 정부의 안정에 도움이 된다는 사실을 잘 알았기 때문에 남편이 그 일을 하는 것을 좋아했다.

심코 부인은 영국에 있는 친구에게, 너무 바빠서 시간이 빨리 지나갈 거라고 썼다. 이듬해 막내 아이가 갑자기 죽었을 때는 의기소침해졌지만, 그런 경우는 많지 않았다. 그녀는 영국에 있는 가까운 친구에게 이렇게 썼다.

그렇게 기대했던 아이를 잃은 것은 기억날 때마다 오래도록 가슴이 아플 거야.

심코 부인은 거의 어떤 경우에도 꿋꿋하게 쾌활함을 유지했다. 벌레에 물려 팔을 움직일 수 없는 지경이 되어서도, 나무로 얽은 임시 주방에 불이 나 무너지는 바람에 약한 자기瓷器가 깨졌을 때에도, 자신의 옷이 가득 든 여행 가방이 강물에 떨어졌을 때에도, 그리고 1794~1795년 겨울 미국과 전쟁이 벌어질 것 같아 아이들과 함께 퀘벡 시로 피난을 가야 했을 때도 마찬가지였다.

그리고 어퍼캐나다 같은 작고 긴밀한 사회에서는 남들과 부대끼는 일이 쉬울 수가 없었다. 작은 행동 하나하나도 세밀히 관찰되고 좋지 않은 소문들이 떠돌아다니는 곳이었다. 심코 부인이 정부 일에 참견한다는 말이 떠돌았다. 관리의 아내인 해나 자비스는 이렇게 불평했다.

"사람들이 '속치마 법Petecoat Lows'을 싫어하는 것 같은데도 부총독이 홀로서기를 하지 못하니 유감스럽습니다."

자비스 부인은 끊임없이 트집을 잡았다. 예컨대 심코 부인이 두 번의 공식 무도회에 불참한 것을 가지고 말이다. "첫 번째는 아이를 낳느라, 두 번째는 알려진 대로 열병" 때문이었다.

심코 대령이 매우 합리적인 안전상의 측면에서 온타리오 호수 북안의 요크에 식민지의 새 중심 도시를 건설하기로 결정하자 자비스 부인이 다시 비난하고 나섰다.

"모든 사람이 요크에 넌더리를 내고 있는데 … 하지만 상관없지 … 사모님이 그곳을 좋아하시니까 … 그러니 모두가 따라야지 … 돈이 최고야, 누구나 모시는."

심코 부인은 자신만의 교제 범위가 있었고, 스스로 바쁘게 지내는 데 무척 관심이 있었다. 그는 당시나 이후의 많은 캐나다 주민들과 마찬가지로 그 지역 자체의 엄청난 규모와 장엄함에 압도당하고 이끌렸다. 그녀는 스스로 말했듯이 자신의 "독창적인 눈"으로, "상상할 수 있는 최고의 절경" 나이아가라 폭포에서 많은 것을 발견해 종이와 나무껍질에 스케치해 어린 아들 프랭크에게 주었다. 그리고 봄에 사탕단풍에서 만들어진 설탕을 본 것과 여름에 나비 떼 사이를 걸었던 것을 즐겁게 묘사했다. 한번은 땅거미가 질 무렵 숲에 들어갔는데, 방금 산불이 난 곳이었다. 연기가 모기를 쫓아내고, 나무들은 불꽃을 뿜어내고 있었다. "조금은 타소의 마법에 걸린 숲 같은"(이탈리아의 시인 토르콰토 타소(1544~1595)가 쓴 서사시 「해방된 예루살렘La Gerusalemme liberata」에서 무슬림 마법사가 십자군의 공격을 방해하기 위해 숲에 마법을 걸었다—옮긴이) 곳이었다.

정부가 요크로 옮겨갔을 때 그곳에는 몇 개의 농장 외에는 거의 아무것도 없었다. 심코의 부하들은 조사를 거쳐 길을 설계하고 나무를 베기 시작했다. 200여 년이 지난 지금, 한때 빽빽한 숲이었던 곳은 고층빌딩이 늘어선 토론토가 되었다.

심코 부인은 이제 현재의 포트요크 동쪽 언덕에 설치된 캔버스 천 집에서 새로운 이웃들을 찾아 나섰다. 룬loon 새는 수정처럼 맑은 물에서 섬뜩한 울음소리를 토했고, 사슴은 숲에서 먹이를 찾았다. 하늘에는 수렵조와 봄·여름 철새들이 가득했다. 심코 부인은 오크 숲과 광활한 초원을 걸었으며, 토론토의 섬들의 동쪽 끝을 육지와 연결하는 호반과 반도를 따라갔다. 물고기가 뛰어오르는 것을 보았고, 원주민들이 횃불 빛에 의지해 작살로 연어를 잡는 것을 구경했다. 그녀는 호반을 따라 온타리오 호로 흘러 들어가는 강들 쪽으로 갔다. "돈 강이라 불리게 되는" 한 강의 저지대는 골풀로 덮여 있고 야생

오리와 붉은어깨검정새가 많았다. 나무 둥치가 동쪽으로 가는 호숫가를 막아서자 작은 배를 타고 흰빛의 절벽 밑으로 노를 저어갔다.

그것들이 아주 좋아 보여서 우리는 그곳에 여름 주거지를 만들 의논을 했고, 이를 스카버러라고 불렀다.

그리고 그들은 "그리스풍의 신전을 짓는다는 계획 아래" 통나무 오두막을 지었다. 커다란 백송으로 현관 기둥을 만들었다. 하지만 그들은 이를 '프랭크 성'이라고 불렀다. 아들 이름을 딴 것이었다. 지금 남아 있는 것은 이름뿐이다. 지하철 역 이름이다.

심코 부인은 끊임없이 호기심이 발동해 그때 막 대륙을 횡단해 태평양 쪽으로 갔던 알렉산더 매켄지 같은 손님들에게 질문 공세를 퍼부었다. 그녀는 큰 사슴 엘크에서부터 스컹크에 이르기까지 마주친 낯선 동물들에 대해 자세히 기록했다. 그녀는 영국으로 부친 한 편지에서 이렇게 썼다.

〔아메리카너구리는〕 여우를 닮았는데, 푸짐한 꼬리털이 있는 매우 뚱뚱한 동물이야.

그녀는 나무와 풀의 명부를 만들었다. 그리고 친구에게 이렇게 썼다.

네게 메이애플(북아메리카 원산인 여러해살이 풀의 하나—옮긴이) 씨를 보낸다. 이건 내가 본 것 중 가장 예쁜 초목인 것 같아.

그녀는 또한 토산 약재도 수집했다. 어떤 식물들은 기침에 효과가 있었고, 허브차는 두통을 낫게 했으며, 사사프라스는 그들 모두가 고생하고 있는 열을 내리게 했고, 가막살나무류 중 하나의 뿌리를 끓여 마시면 배탈을 치료하는 데 도움이 되었다. 그녀는 기꺼이 새로운 음식들을 먹어보았다. 수박과 블루베리, 옥수수 같은 것들이었다. 현지 원주민들이 말린 블루베리를 조금 주었는데, 그것은 아주 강렬한 매캐한 맛이 났지만 "건포도 사탕"을 떠올리게 했다. 그녀는 곰 고기는 별로 좋아하지 않았지만, 민트소스를 친 아메리카너구리는 그다지 나쁘지 않았다. 반면에 검은다람쥐는 "어린 토끼 고기만큼이나 먹기에 좋았다." 겨울에는 사슴 고기를 구워 먹었다. 온타리오 호에서 잡힌 송어는 "더할 나위 없이 좋아서 우리 모두는 그것이 강이나 바다에서 나는 어떤 물고기보다 낫다고 생각했다." 그녀는 어느 파티가 끝난 뒤 자랑스럽게 말했다.

새끼 거북을 토막내 가리비 껍데기에 담긴 굴처럼 요리해내면 저녁 식사로 아주 적합하다.

심코 부인은 많은 유럽인들과 마찬가지로 원주민들에게 매혹되었고 감명을 받았다. 또한 200년 전의 샹플랭이 그랬듯이, 그들을 낯선 존재가 아니라 그네들의 가치관과 관습도 자기 자신의 것과 마찬가지로 존중받을 가치가 있는 같은 인간으로서 받아들일 자세가 되어 있었다. 그들은 긴 회의를 했다고 그녀는 기록했다.

나는 훌륭한 생각이 잘 표현된 문장이 가득한, '위대한 정령'에 대한

1776년 궁정 화가 조지 롬니가 그린 타이엔다네기 초상화.

그들의 믿음이 드러나는 연설들의 번역본을 보았다.

많은 원주민들은 고대 그리스인들과 로마인들을 생각나게 했으며, "옛 대가들이 그렸던 인물들처럼" 보였다. 그녀는 특히 오지브와족이 매우 당당하며, "내가 본 어떤 사람들보다 우월한 분위기를 풍기고 있"음을 발견했다. 미국 식민지들이 독립하자 자기네 부족을 북쪽으로 이주시켰던 유명한 이로쿼이 지도자 타이엔다네기(조지프 브랜트, 1743~1807)는 가끔 심코 부인과 식사를 했다. 심코 부인은 카누를 타고 돌아다니기를 좋아했다.

원주민들 특유의 형언할 수 없는 안락함과 평온함 속에서 자작나무 카누를 젓는 것을 보는 일은 상상할 수 있는 가장 아름다운 광경이다.

1796년 심코 가족은 캐나다를 떠났고, 그것이 마지막이었다. 심코 부인은 영국의 첫 모습에 대해 이렇게 썼다.

우리 캐나다의 찬란한 태양이 없어서 들판은 너무 차갑고 너무 눅눅하고 너무 생기가 없고 너무 불편해 보였다.

심코 부부는 가지고 돌아온 활과 화살, 카누를 가지고 농장으로 가서 은퇴 생활을 했다. 겨울에 눈이 많이 오면 그들은 캐나다에서 가져온 썰매를 타고 이웃을 돌아다니고는 했다. 심코는 1806년에 죽 었지만 그의 아내는 1850년까지 살며 언제나 캐나다 소식을 듣고 싶어 했다고 한다.

패니 파크스 • 인도 전통의 매력에 푹 빠지다

뉴질랜드에서 케이프 식민지(1652년 네덜란드 동인도회사가 설립해 1795년 영국에 넘어간 남아프리카의 식민지—옮긴이)까지, 뉴펀들랜드 에서 실론(현재의 스리랑카)까지 여성들이 대영제국에서 마주치는 도 전은 종종 마찬가지다. 새로운 환경에 적응하고, 질병과 향수병에 대 처하고, 가사를 관리하고, 스스로 즐거움을 찾는 것이다. 제국의 왕 관에 박힌 보석과 같은 존재인 인도에서는 그 모든 것과 그 이상이 필요했다. 그곳은 매우 크고, 매우 오래되었으며, 서로 다른 수많은 민족들과 종교들로 인해 매우 복잡했다.

영국이 그곳에 발을 디딘 것은 엘리자베스 1세 때로 거슬러 올라 간다. 무역 회사로 출발해 수백 년이 지나면서 정부 격인 라지가 되 고, 인도아대륙의 점점 더 많은 지역을 지배하게 되었다. 그러나 19 세기에 영국 동인도회사는 여러 세력 가운데 하나일 뿐이었다. 그곳 에 간 영국인들(여성을 포함해서)은 대개 모험가들(또는 그보다 더한 존재들)이었고, 현지 사회 안에서 스스로의 길을 개척해 나가야 했다.

유럽에서 새로 온 사람들이 아직 19세기 후반에 그랬던 것처럼 지배적이고 자기만족적인 사람들이 아니었다는 점도 도움이 되었다. 그들의 유럽은 계몽주의 시대였고, 다른 문명에 대해 재단하기보다는 개방적이고 호기심을 가지고 있었다. 1780년대 캘커타(현재의 콜카타)의 고등법원 판사이자 유명한 산스크리트 학자였던 윌리엄 존스(1746~1794) 혼자만 아시아가 "과학의 온상"이라고 생각한 건 아니었다. 1800년대 초에 인도를 두루 여행한 마리아 그레이엄(1785~1842) 부인은 자신의 회고록에서 이를 인정하며 이렇게 썼다.

고대 인도의 책 곳곳에서 우리는 합리적이고 사회적인 존재로서의 인간의 본성에 기초한 그 순수하고 심원한 도덕상의 금언들을 만날 수 있다.

엘리자베스 플라우든은 남편이 1870년대에 아직 독립국가였던 아와드의 관리로 있어 잠시 동안 힌두교도와 이슬람교도, 기독교도들이 뒤섞여 사는 국제도시 러크나우에 살았다. 그녀는 궁정에 고정적으로 드나들며 페르시아어와 힌두스탄어를 배웠고, 인도 음악에 대한 열의를 키웠다.

영국인과 인도인 사이에는 친밀한 관계가 많이 맺어졌고, 영국 남성이 인도인 아내를 얻는 것은 전혀 이상한 일이 아니었다(다만 인도 남성이 영국인 아내를 맞는 일은 매우 드물었다). 또한 그런 가정의 아이들이, 나중에 그렇게 되듯이 영국인들 사이에서 따돌림을 당하는 것도 아니었다. 1848년 젊은 에밀리 멧커프가 델리 주재원(영국 고위 공무원이었다)이었던 아버지 집에 합류했을 때 아버지는 그녀를 데리고 자신의 친구들을 방문했는데, 그 친구들 가운데는 혼혈인이 많았다.

에밀리는 매우 뚱뚱하고 나이 많은 포스터 부인과 풀러 부인 자매를 묘사하면서 즐겁게 이야기했지만 잘난 체하지 않았다(나는 그렇게 생각한다). "피부가 검은" 그들은 "잠옷과 흡사하게 만들어진" 흰 무명옷을 입고, "이상한 액센트의 영어로 이야기"하고 있었다. 그녀는 이렇게 덧붙였다.

〔그들은〕 훌륭한 노부인들이었으며, 그 아들딸들은 모두 인도의 영국군과 관련을 맺고 있었다.

영국이 인도인들에 대한 지배를 강화한 19세기 후반에는 두 민족이 섞이는 것은 더 이상 쉽지 않게 되었다. 한쪽이 우월하다고 생각하고 다른 쪽은 불안하거나 분노를 품고 있으면 편안한 관계를 만들 수 없으며, 하물며 동등한 바탕에서 우호를 나눌 수는 없다.

아름답고 정력적이었던(그리고 이때쯤에는 중년이 되어 뚱뚱했던) 패니 파크스는 다행히도 전환기였던 1822년 캘커타에 도착했다. 그때는 아직 강력하고 독립적인 인도의 통치자들이 있었다. 패니는 처음에는 인도와 인도인들을 업신여기는 편이었다. 그녀는 인도의 과일이 모두 맛이 없다고 일기에 썼다. 인도의 노래는 "묘했다." 초기에 쓴 그녀의 글에는 인도인들이 말썽 많은 하인이나, 탁발승과 여자 무용수 같은 별난 인물들로만 나타난다. 그러나 그녀는 점차 자연스럽게 호기심이 발동해 더 자세히 들여다보게 된다.

캘커타에서 4년을 보낸 뒤 그녀는 자신이 하인이나 가게 주인 외의 인도 여성을 전혀 만나보지 못했음을 깨달았다. 그래서 부유한 현지 힌두교도의 제나나zenana(부인의 처소)에 초대를 받아 방문했다.

이 처음 방문에서 만난 여성에게는 특별한 흥미를 느끼지 못했지만, 이런 방문을 계속한다. 시간이 흐르고 그녀가 인도와 더 친밀해지고 인도 말에 더 유창해지자 그녀는 인도 여성들을 이상한 존재로 보던 것에서 그들 틈에 끼여 그들과 사귀는 쪽으로 옮겨갔다.

일기에 어슴푸레한 모습으로 나오는 그녀의 남편은 내륙 지방에 자리를 하나 얻었고, 그들은 이후 10년 동안 알라하바드와 카운포르(현재의 칸푸르)에서 살았다. 패니는 타는 듯한 여름 햇볕과 열병, 지진, 메뚜기 떼, 욕실에 나타난 뱀, 벽장에 가득 찬 리넨 제품들을 갉아먹는 흰개미 등에 매우 침착하게 대응했다. 그녀는 더 이상 인도가 별 볼일 없다고 생각하지 않게 되었고, 말을 타고 시골을 둘러보면서 그 아름다움을 인정하기 시작했다.

사교적인 파크스 부인은 작은 지역 영국인 사회의 일원이 되었지만, 인도인들과도 접촉하기 시작해 카운포르의 현지 유명 인사들과 체스를 하고 제나나를 방문했다. 패니는 몇 주 동안 계속 괄리오르(인도 중북부에 있던 마라타 제국의 제후국으로, 1817년 영국의 속국이 되었다―옮긴이) 전 왕비의 야영지에 텐트를 치고 왕비 및 그 시녀들과 수다를 떨며 많은 시간을 보냈다. 패니는 모로 앉아 말을 타는 법을 시연해 그들을 즐겁게 했으며, 그런 뒤에 마라타인(주로 마하라슈트라 주에 사는 인도 전사들로 17세기 말에서 19세기 초까지 마라타 제국을 만들었다―옮긴이)들의 옷을 입고 왕비의 말을 타보기도 했다. 마침내 야영지를 떠나게 되었을 때 패니는 일기에 이렇게 썼다.

나는 즐거운 시간을 많이 가졌다. 원주민들의 생활과 풍습을 지켜볼 수 있었고 그들의 종교의식을 볼 수 있어서 좋았다.

1834년 람나가르 성채에서 있었던 「람릴라」 공연.

　한때 성대했던 무굴 제국의 본거지 델리를 찾은 패니 파크스는 영광이 쇠락해가고 있는 궁전에서 나날을 보내고 있는 나이 든 무굴 공주를 소개받았다. 그녀는 "이들 황제의 자손들이 겪고 있는 지독한 궁핍"에 낙담했으며, 소박한 화환 하나를 받고 "공주가 온 세계의 여왕이라도 되는 듯이 존경을 가득 담아" 고개를 숙였다고 썼다.

　패니는 자신이 마주치는 모든 일에 관심을 가지고 있었기 때문에, 그녀의 일기는 생생하고 상세한 이야기들로 가득 차 있다. 인도 옷의 색깔, 여성들의 보석, 서로 싸우는 코끼리, 호랑이 사냥, 자신의 방갈로에 온 곡예사와 마술사, 종교 행렬과 축제 같은 것들이다. 그녀의 일기가 뛰어난 여행기 이상이 될 수 있는 것은 그녀가 다른 사회를 내부로부터 이해하고자 한 인류학자의 본능을 지니고 있었기 때문이다.

　패니는 이슬람교도, 특히 시아파에서 선지자(무함마드)의 외손자

후사인 이븐 알리(625~680)의 죽음을 기념하고 애도하는 연례행사인 무하람Muharram(후사인은 카르발라 전투에서 전사했으며, 이슬람력으로는 신년 축제지만 태양력으로는 10월에 해당한다—옮긴이)을 보고, 각 요소의 상징성을 설명했다. 그녀는 알라하바드에서 대규모 연례 축제에 참석했다. 순례자들이 기도 의식인 푸자에 참석하고 갠지스 강에서 목욕하기 위해 모여들었고, 패니는 행사와 관련된 믿음들과 구름처럼 모여든 성자들 사이의 차이에 관해 분석했다. 인도의 위대한 서사시 「람릴라」(힌두교에서 비슈누 신의 화신이자 이상적인 군주상으로 이해되는 라마의 일생을 그린 민속극—옮긴이) 공연에 참석하고는 인도 신화를 공부해야겠다는 의욕이 생겼다. 패니가 대단한 열의를 보이며 인도의 풍습과 신앙을 공부하겠다며 나서자 친구들은 웃으며 이렇게 말했다고 그녀는 적었다.

"머지않아 네가 강에서 푸자에 참석하는 것을 보겠구나."

패니는 『쿠란』도 공부했다. 페르시아어와 힌두스탄어를 배우고 인도 역사도 열심히 익혔다.

그런 열성을 보이면서도 그녀는 불공평하거나 옳지 않다고 생각되는 관습에 대해서는 비판했다. 그녀는 남편을 잃은 여성에게 그 남편을 화장하는 장작더미로 들어가라고 강요(그렇게 함으로써 친척들이 그 여자의 재산을 빼앗으려는 것이라고 패니는 생각했다)하는 것을 보고 경악하면서, 그런 관습에 대한 자신의 반론을 입증하기 위해 힌두교 경전을 인용했다. 그녀는 영국인들이 사티Sati('정숙한 여성'이라는 뜻으로, 힌두교에서 남편이 죽으면 그의 시체, 옷과 함께 아내도 산 채로 화장하던 풍습이다—옮긴이)를 금지한 것은 옳지만, 여성을 부당하게 대우하는 것이 인도만은 아님을 독자들에게 상기시켰다.

모든 나라의 여성들은 그들의 이해가 남성들의 이해와 상충될 경우 먼지 무게 정도로밖에 간주되지 않는다. 나는 남편 잃은 여성들이 더 이상 망자의 아들들에게 모든 재산이 돌아가도록 보장하기 위해 화형을 당하지 않았으면 좋겠다.

패니는 아침에 말을 타고 나가면 초목과 꽃들을 수집하고, 현지 풍습에 따라 방갈로 근처에 '성수聖樹'인 인도보리수를 심었다. 또한 인도멀구슬나무 거리도 만들었다. 공기를 정화하는 데 도움을 준다는 말을 들었기 때문이다. 자신이 즐겨 수집하고 아마도 믿기까지 한 듯한 현지의 금언 가운데 하나에 따르면, 이런 나무들을 심게 되면 심은 사람이 천국에 한 발 더 가까이 가게 된다고 했다.

그녀는 이제 인도의 춤이 우아하고 인도 음악이 "매우 훌륭하다"는 것을 알았다. 시타르(기타처럼 생긴 인도의 민속 현악기—옮긴이)도 배웠다. 그녀는 사리sārī(남아시아 여성의 민속 의상으로, '가늘고 긴 천'이라는 뜻이다—옮긴이)를 걸친 인도 여성이 "매우 우아"한 반면, 유럽 여성들은 이와 반대로 꼴사납고 볼품없으며, 그들의 코르셋은 그들을 "껍데기에 싸인 바닷가재처럼 뻣뻣하게" 만든다고 표현했다. 인도 음식에도 맛을 들였다. 절친했던 윌리엄 리네이어스 가드너(1770~1835. 리네이어스라는 이름은 그의 대부인 스웨덴의 유명한 식물학자 린네의 이름에서 딴 것이다)의 집에 머물 때는 인도 음식만 먹자고 청했다. 인도 음식이 유럽식 음식보다 훨씬 흥미롭다는 것을 발견했기 때문이라고 했다. 패니는 구장나무 잎에 그 열매와 인도인들이 소화제로 쓰는 향신료를 싸서 씹는 판Paan을 먹어보고는 "아주 상쾌하다"고 단언했다. 두통이 났을 때는 인도 친구가 준 아편을 흡입했다. 그녀는 즉시 훨씬 좋아졌음을 느꼈고, "끊임없이 떠들어댔다" 고 적었다.

카운포르에서 패니는 밤중에 갠지스 강에서 배를 저으며 연례 디왈리(힌두교의 신년 등불 축제—옮긴이) 축제가 벌어지고 있는 '환상의 나라'를 즐겼다.

모든 사원에, 강변으로 내려가는 모든 계단(가트ghāt라고 한다)에 수천 개의 작은 등불들이 놓였다. 밑바닥에서부터 가장 높은 곳까지, 줄지은 빛 속에서 건물의 구조를 추적한다.

그녀는 "추레해 보이는 카운포르 역사驛舍가 그토록 많은 아름다움을 지니고 있었다"고는 생각해본 적이 없다고 썼다. 그녀는 인도 건축의 다양성과 아름다움을 더욱 상찬하게 되었으며, 총독이 타지마할을 팔겠다고 발표하자 그곳의 대리석과 보석을 생각하고는 충격을 받았다.

황후를 위해 세운 무덤을 판다고? 비길 데 없이 아름다워 세계의 경탄을 자아내고 있는 것을?

그것은 영국 정부가 헨리 7세가 묻혀 있는 웨스트민스터 사원의 아름다운 예배당을 파는 것이나 마찬가지라고 그녀는 지적했다.

파크스 부인은 하인들만 데리고 따로 여행하며 많은 시간을 보냈다. 그녀는 이렇게 외쳤다.

이 찬란하고 아름다운 세계
에는 눈을 즐겁게 할 것이 얼
마나 많은가! 좋은 텐트 하나
를 멋진 아랍 말에 싣고서 인
도를 돌아다니면 영원히 행복
할 것이다.

쿠트브 미나르.

그리고 아마도 그녀에게는 모
험을 즐기는 다른 이유가 있었
을 것이다.

1830년대 말에 총독을 지
낸 조지 이든(오클랜드 백작,
1784~1849)의 여동생 에밀리 이든(1797~1869)은 파크스 부인이 자
신의 여행에 대해 설명했던 내용을 이렇게 전했다.

그녀의 남편은 겨울이 되면 언제나 광기가 발동하기 때문에, 자신은
남편을 떠나서 돌아다녀야 한다고 말한다.

(에밀리와 역시 패니라는 이름의 그녀의 여동생은 파크스 부인이 좀 피
곤한 사람이라고 느꼈다. 총독의 북부 인도 순시를 따라와 그들의 야영지
에 자기 텐트를 치겠다고 고집을 부렸기 때문이다.)

파크스 부인은 가는 곳마다 그곳의 명소를 찾아다녔다. 이슬람 사
원과 절, 무덤, 허물어진 요새, 궁전 같은 것들이다. 그녀는 경외심을
품고 델리의 거대한 쿠트브 미나르(이슬람교도들이 인도 정복을 기념해

새운 높이 73미터의 5층 석탑으로, 힌두교와 이슬람교의 양식이 혼합되어 있다—옮긴이) 앞에 서 있었고, 그것이 밤에 특히 놀라운 모습을 보여주고 있음을 알게 되었다.

나는 거기서 눈을 뗄 수가 없었다. 낮 동안 아름다웠던 그 외관은 어슴푸레해져 건물 덩어리로 변해가면서도 더욱 장엄해질 뿐이었다. 우리는 아름다운 아치가 있는 뜰에서 돌기둥 사이를 돌아다니다가 정말로 마지못해 우리 텐트로 돌아왔다.

그녀는 자신의 스케치 도구들을 잘 사용했다. 그녀의 일기 초판에는 그림이 잔뜩 실렸다. 그녀는 갠지스 강변에서 만난 한 장면에 황홀해했다.

아름다운 힌두교 사원들이 완벽한 모습으로 무리를 지어 있었다.

그러고는 안도하며 이렇게 말했다.

거기에 유럽인은 하나도 없었다. 어떤 곳은 유럽인 거주자들이 망가뜨렸다.

한번은 배를 타고 갠지스 강을 올라가 타지마할을 구경했다. 기대했던 것보다 훨씬 놀라웠다. 그녀는 라마단의 끝을 알리는 이드알피트르Eid al-Fitr 축제 때 도착했다. 화사한 옷을 입은 많은 현지인들 무리가 그 광경을 훨씬 더 아름답게 만들었다고 썼다.

반면에 감상의 눈은 유럽 신사들의 불쾌한 라운드 해트와 딱딱한 옷차림, 그리고 영국 숙녀들의 똑같이 추한 모자와 딱딱하고 품위 없는 옷들로 인해 고통스럽고 짜증스러워졌다.

그녀는 유럽인들이 타지마할 앞에 있는 대리석 기단 위에서 춤판을 벌이는 것을 보고 충격을 받았다.

그녀는 이 여행에서 절친한 친구가 된 남자("친절하고 온화하고 신사답고 세련되고 재미있는 친구"였다)를 알게 되었고, 그를 통해 절반은 인도인인 그의 가족을 만났다. 가드너 대령은 영국군 장교의 아들이었고, 어머니는 전통 있는 미국 상류층 집안의 딸이었다. 그의 부모는 미국 독립전쟁 때 영국 쪽을 선택했고, 그 가족은 전쟁이 끝나자 세계 각처로 망명한 왕당파들의 대열에 합류했다. 당시 열세 살밖에 되지 않았던 윌리엄은 영국에서 군대에 들어갔다가, 몇 년 뒤에는 장교가 되어 인도로 갔다. 그는 줄곧 그곳에 있었다. 인도 왕가의 유산을 둘러싼 복잡한 분쟁 해결을 돕고 있던 그는, 여자들이 앉아 있다가 휘장 밖으로 흘낏 내다보는 모습에서 "세상에서 가장 아름다운 검은 눈"을 보았다. 순전히 그 눈의 힘에 이끌려 그는 청혼을 했고 헌신적인 아내를 얻었다. 그녀는 알고 보니 사랑스러운 젊은 공주였다. 두 사람은 여러 해 동안 행복하게 살았는데 남편이 죽었고, 그로부터 한 달 뒤에 아내가 죽었다. 그 집의 아이들은 인도와 영국 이름이 뒤섞인 이름으로 불렸지만, 대체로 인도인으로 양육되었다. 파크스 부인은 아그라 인근에 있는 가드너 대령의 농장에 묵으면서 무굴 제국 왕자에게 시집가는 대령의 손녀 결혼식에 참석해달라는 초청을 받자 기뻤다. 그녀는 다시 한 번 결혼 예복부터 결혼식 자체까지 자신이 본 것을 상세하게 묘사한다.

1839년에 파크스 부인은 인도를 떠났다. 영국으로 돌아온 그녀는 심코 부인과 똑같이 실망을 표출했다.

상륙하면서 본 모든 것은 형편없이 초라해 보였다. 특히 석판으로 지었거나 측면에 석판을 댄 집들이 그랬다. 처음 상륙할 때 내가 조금 역겨움을 느낀 것도 이상할 게 없었다.

패니는 인도에 관한 것을 최대한 가지고 왔다. 자신이 자랑스러워한 인도의 '진품'들이었다. 인도의 신상神像 모음도 그 가운데 하나였다. 대영박물관에도 이렇게 좋은 것은 없다고 그녀는 자랑스럽게 말했다.

그리고 가네샤(인도 신화에 나오는 지혜와 재산을 관장하는 신으로, 인간의 몸에 코끼리 머리를 지닌 모습을 하고 있다—옮긴이) 같은 경우는 저들이 내 것 같은 것은 절대로 볼 수 없다. 꿈속에서조차도!

패니는 일기를 출판할 때 이 코끼리 머리를 한 신에 대한 기도문으로 시작했다. 이 신은 예술과 과학의 보호자다.

패니 파크스 같은 여자들, 그리고 가드너나 물담뱃대를 애용하고 델리에 대한 깊은 사랑을 지니고 있었던(인도 미술가가 그린 델리의 건물·기념물·사람들에 대한 여러 폭의 멋진 그림들을 가지고 있었다) 토머스 멧커프(1795~1853) 같은 남자들은 빠르게 사라져가고 있던 구체제의 막내들이었다. 지배자와 피지배자 사이의 간극은 커져가고 있었고, 그것을 메우기 위한 방법을 찾기란 쉽지 않았다. 증기선과 수에즈 운하 덕분에 점점 더 많이 인도로 오게 된 영국 여성들은 종종 이 때문에 비난을 받았다(내가 보기에는 불공정한 비난이다).

영국과 유럽이 자기네들의 공식 또는 비공식 제국을 통해 세계를 지배하게 되면서, 그 국민들은 과학과 기술이든 가치관과 제도든 모든 분야에서 힘이(나중에 밝혀졌듯이 일시적인 것이었다) 우위를 의미한다고 점점 더 오해하게 되었다. 영국은 다른 방식으로도 변화하고 있었다. 영국은 더 점잖은 체하고, 더 형식적이고, 다른 문화에 대해서는 덜 관용적으로 변해갔다. 패니 파크스는 영국 동인도회사의 사원들 사이에서 새로 발견된 복음주의 열의를 삐딱하게 바라보았다.

캘커타에서 종교적인 모임이 끊임없이 열리고, 사람들이 자주 그런 곳에 가서 봉급을 많이 받게 해달라고 기도한다. 전에는 기도한다는 생각을 전혀 해보지 않았던 사람들이다.

그러나 복음주의 기독교의 영향력이 커지고 있는 것은 사실이었고, 그 결과 이교異敎로 보이는 것에 대한 무시와 어둠 속으로 빠져들어가는(그렇게 생각되고 있었다) 사람들을 개종시키는 전도가 생겨났다.

19세기 중반쯤에 라지를 위해 인도에서 일했던 영국인들은 냉철하고 판단력 있는 관리들이었다. 건들거리고 모험을 좋아하던 이전 관리들과 상당히 달랐다. 게다가 그들은 자기네가 인도의 이익을 위해 그 나라를 통치할 자격이 있다는 확신을 가지고 있었다. 새로 온 사람들은 대개 인도인들과 어울리는 데 별 관심이 없었고, 1858년 영국 동인도회사가 마침내 인도 통제권을 잃은 뒤 인도 정부는 사실상 직원들이 인도 여성과 결혼하는 것을 금지했다. 영국인들은 점차 자신들을 지배 카스트로 묘사하기를 좋아했다. 신민들로부터 초연하고자 하는 위신상의 이유 때문에 필요한 것이었다. 그것은 영국 여성이 어떻게 행동해야 하는지에 대한 기대치를 형성하는 데 도움을 주었다. 영국-인도 혼혈의 인기 작가 모드 다이버(1867~1945)의 소설에서 군 장교인 주인공은 급류의 강에서 뗏목을 타고 서서 함께 탄 아내에게 소리친다.

"당신은 원주민들이 가득한 배에 탄 영국 여자라는 것을 잊지 마오. 그리고 우리 여자들은 겁쟁이가 아니오."

영국 남자들이 인도에 사는 자기 아내를 대하는 태도의 어딘가에는 아내가 실수를 할 수도 있고 연약하며, 멋진 인도 남자의 매력에도 쉽게 무너질 수 있다는 두려움이 있었다. 아니면 인도인들이 1857년(인도 용병들의 반란인 세포이 항쟁이 일어난 해다―옮긴이)에 그랬던 것처럼, 갑자기 봉기해서 자기네 여자들을 겁탈할지도 모른다는 두려움이 있었을 수도 있다.

그해에, 이제 인도 내셔널리스트들이 제1차 독립전쟁으로 보는 영국 동인도회사 군대 일부의 폭동(영국의 지배에 반대하는 인도인들이 지원했다)이 일어나 라지를 흔들었다. 영국인들은 질서를 회복했지만, 그들은 부하에게 살해된 자기네 장교들을 결코 잊지 않았다. 또는 우물에 던져지거나 농촌 곳곳에서 쫓겨 다니던 자기네 여자들과 아이들을 말이다. 질서는 회복되었지만 영국인들은 이후, 인도인들은 수가 매우 많고 자기네는 적다는 사실을 결코 잊을 수가 없었다.

1881년 인도 전역을 대상으로 한 첫 번째 인구조사가 실시되었는데, 전체 인구 2억 5천만 명 가운데 유럽인은 14만 5천 명에 불과한 것으로 집계되었다. 때때로, 특히 폭동 기념일 무렵이면 무슨 일이 꾸며지고 있다는 소문이 인도 안의 영국인 사회를 휩쓸고 지나가곤 했다. 인도인들에게 유럽 여성들을 강간하라고 부추기는 벽보가 시장 거리에 나붙기도 했다.

도전은 더욱 일상화되고 있었다. 적당히 품위를 갖추고 무관심하게 행동하는 식이었다. 라지는 영국 여성들이 인도인들 틈에서 어떤 형태의 사회사업에든지 간여하는 것을 말렸다. 그것은 인도 남자들이 영국 여성들을 더욱 얕잡아보게 만들고, 그에 못지않게 중요한 것은 인도인들의 감정을 자극해 문제를 일으키기 때문이었다.

인도의 영국인 사회는 유럽 여성들이 부도덕하다거나 헤프다는 암시를 줄 수 있는 모든 일에도 신경을 썼다. 그들은 사진과 영화 같은 새로운 매체들에 대해 우려했다. '일곱 베일의 춤'(오스카 와일드의 희곡 「살로메」에서 살로메가 헤롯 왕 앞에서 추었다는 춤에 붙인 이름으로, 이후 이 말은 '스트립쇼'를 의미하는 말로도 쓰였다—옮긴이) 연기로 유명한 무대 연기자 모드 앨런(1873~1956)이 제1차 세계대전 전에 인도 순회공연을 희망하자, 남녀를 불문하고 인도 정부에 그것을 막아달라는 진정이 쏟아져 들어왔다. (정부는 이에 공감했지만 힘이 없었다.)

그곳에는 아마도 과거보다는 적겠지만 아직도 영국 여성들이 있었다. 이런 순응 압박에 저항하고 인도 및 인도인들과 어울려 산 사람들이다. 일부는 선교사로, 교사로, 의사로 왔고, 정확하게 말하자면 인도인들과 함께 일하기 위해 온 사람들이다. 영국 제독의 딸로 인도 옷만 입고 마하트마 간디 밑에서 노동자의 일원으로 일한 사람 등

플로라 애니 스틸.

더 급진적인 일부 사람들은 자신의 사회를 떠나는 쪽을 선택했다. 다른 사람들은 두 세계 사이에서 자신의 길을 헤쳐 나갔다. 인도 고위 공무원과 결혼한 플로라 애니 스틸(1847~1929)은 인도인 친구가 많았다. 인도 폭동에 관한 대작 소설을 구상하기 위해 인도로 돌아온 그녀는 영국인 친구들보다는 인도인 친구들과 함께 생활했다. 애닛 아크로이드(1842~1929)는 1870년대에 진보적인 인도인들과 함께 여성 교육에 관한 일을 하기 위해 인도에 왔다. 그녀 역시 고위 공무원인 헨리 베버리지(1837~1929)와 결혼했지만, 끝없이 계속되는 사교 모임의 일원이 되기를 거부하고 그 대신 벵골어를 배우고 페르시아어를 공부하기를 좋아했다. 그녀의 번역은 인도 무굴 제국의 초대 황제 바부르의 멋진 회고록에 영어권 독자들이 관심을 갖게 했다. (그녀의 아들 윌리엄 베버리지는 영국 복지국가의 아버지다.)

라지가 끝날 무렵, 어설라 그레이엄 바우어(1914~1988)는 제2차 세계대전 중에 일본군에 관한 정보를 수집해 넘겨주기 위해 인도와 버마(현재의 미얀마)의 국경 부근에서 현지 정찰대를 이끌고 있었다. 잡지 『타임』에서 영화배우 같은 외모라고 표현한 것이 이상하지 않을 정도였던 그레이엄 바우어는 영국 명문가 출신으로, 1930년대에 한 친구와 인도 북동부에서 고위 공무원으로 있던 오빠를 찾아 인도에 왔다. 그들은 북동부 한 주의 중심 도시인 코히마 부근의 산악

지역으로 여행을 떠났는데, 현지의 나가
족들과 저 멀리 보이는 언덕 및 산봉우리
들을 보는 순간 그녀 안에서 뭔가가 일어
났다.

　그 풍광은 육신을 초월한 힘, 전혀 이
세상 것이 아닌 힘으로 나를 잡아끌었다.
내가 지금껏 한 번도 느껴보지 못한 그런
방식이었다.

어설라 그레이엄 바우어.

　그녀는 자신이 영문도 모르고 내쳐진 세계에 다시 들어가는 것
같은 기분을 느꼈다.

　현지 영국인 사회와 대부분의 관리들은 그녀가 미쳐서 산에서 홀
로 살고 싶어 한다고 생각했지만, 그녀는 별로 개의치 않았다. 그녀
는 영국에 있는 인류학자들의 격려 속에 인류학자 겸 사진가가 되어
나가족의 생활과 풍습을 기록했다. 정부의 표현대로 이 부족민들은
거칠고 까다로우며 어쩌면 식인종일지도 몰랐다. 그러나 그녀는 점차
그들의 신뢰를 얻고 결국 그들의 친구가 되었다. 그녀가 작은 진료소
를 운영한 것도 도움이 되었겠지만, 그녀가 그들을 좋아하고 믿는다
는 것을 아주 분명하게 보여준 점이 더 큰 역할을 했을 것이다. 일부
사람들은 그녀를 자기네가 믿는 여신이 환생한 것으로 생각했다.

　1942년, 일본군이 아시아를 휩쓸고 버마를 지나 인도로 향하자
그녀는 현지 부족민들로 구성된 부대를 이끌고 긴요한 정보를 수집
해달라는 부탁을 받았다. 그들의 작업은 귀중한 것이었고, 영국군이

1870년의 나가족.

1944년 일본의 코히마에 대한 대공세에 대비하는 데 도움을 주었다. 코히마가 함락되었다면 인도에서 장제스_{蔣介石}가 이끄는 자유중국(중일전쟁 때 일본에 점령되지 않은 중국의 영토와 그 정권을 말한다―옮긴이)으로 가는 중요한 보급로가 단절되었을 것이다. 장제스는 어쩌면 화평을 요청했을지도 모른다. 인도 역시 위협을 받아, 일본이 희망했듯이 독립 운동가들이 영국에 반기를 들고 봉기했을지도 모른다. 그레이엄 바우어와 그녀의 팀은 영국군 사령부에게 절실하게 필요했던 일본군의 규모와 그들의 작전 계획, 그들의 장비 등에 관한 정보를 제공해 도움을 주었다. 일본은 그녀의 목에 포상금을 걸어 그녀에게 경의를 표했다. 전쟁이 끝나자 그녀는 '아라비아의 로렌스 기념 훈장' 등 몇 가지 훈장으로 공로를 인정받았다.

그녀는 자신만큼이나 틀에 얽매이지 않으며 산을 무척 좋아한 영국인을 만나 결혼했다. 그들은 실롱의 한 교회에서 결혼식을 올렸지만, 나가족의 의식에 따라 다시 결혼식을 올리고 나서야 부족 내 그녀의 친구들이 이를 인정했다.

이디스 더럼 • 발칸 지역에 쏟은 열정

19세기와 20세기에 몇몇 여성이 대모험가가 된 것은 아마도 사회가 그들의 성性에 장치한 장애물을 극복하면서 단련되고 강화되었기 때문일 것이다. '사막의 여왕'이라는 별명을 지닌 거트루드 벨(1868~1926)은 제1차 세계대전 전에 현재의 시리아와 이라크 대부분의 지역을 여행했다. 당시 그곳은 아직 오스만 제국의 일부였다. 더블라 머피(1931~)는 1960년대에 혼자서 자전거를 타고 유럽에서 인도로 육로 여행을 했다(그 후에도 많은 다양한 모험을 했다). 영국군 소장의 딸인 도로시 캐링턴(1910~2002)은 1950년대에 코르시카 섬에 정착해, 섬의 알려지지 않은 지역까지 탐험했다. 그런 일이 아직 무모하고 위험할 때였다. 프레야 스타크(1893~1993)는 서아시아와 아프가니스탄을 두루 여행했고, 칠십대 후반에는 지프차를 타고 아프가니스탄과 이란을 달렸다. 또 팔십대에는 말을 타고 안나푸르나에 갔다.

특이하게도, 그런 대담한 여성들이 언제나 대단한 페미니스트였다는 것은 아니다. 프레야 스타크는 자신의 일흔 살 생일을 기념하는 식사 자리에 남자들만 초대했고, 거트루드 벨은 여성 후보에게 투표하기를 거부하고 자신이 아는 대부분의 여성을 경멸했다. 그녀는 언

1909년 바빌론에서 고고학 발굴 당시 거트루드 벨.

젠가 새 신부 앞에서 이렇게 외쳤다.

"전도유망하고 젊은 영국 청년들이 저런 바보 같은 여자들에게 장가를 가다니 참으로 안되었구나."

어떤 여성 여행가들은 탐험하고 관찰하는 것에 만족했지만, 다른 사람들은 자신이 마주친 또 하나의 세계에 열정적으로 뛰어들었다. 후자의 대표자는 바로 벨이며, 그녀의 경우는 서아시아의 아랍 세계가 무대였다.

돈 많고 간섭하지 않는 아버지를 둔 덕에 그녀는 제1차 세계대전 전에 그곳에서 많은 시간을 보내며 아랍인들 사이에서, 그리고 T. E. 로렌스(1888~1935) 같은 영국인들 사이에서 중요한 연줄을 만들었다. 이들은 전쟁이 끝난 뒤 이 지역의 새로운 지도를 그리는 일에서 벨과 함께 각자의 역할을 하게 된다. 당국자들은 그녀가 특출한 지식과 전문 기술을 가지고 있음을 감각적으로 알아봤다. 1915년 그녀는 영국 군사정보 기관에 자리를 얻었다. 그녀는 매우 총명했고, 자신감이 넘쳤으며, 지배욕도 강했다.

그녀가 하고 싶었던 일은 오스만 제국의 잔해 위에서 새로운 아랍 국가들을 만들어내는 것이었다. 특히 티그리스·유프라테스 강 유역의 메소포타미아를 중심으로 하는 대국을 건설하는 일이었다. 그리고 그녀는 마침내 자신이 원했던 것의 적어도 일부를 얻었다. 그녀는

1907년 비잔티움 제국의 빈비르킬리세 유적지를 발굴하는 거트루드 벨의 발굴 작업자들.

전쟁이 끝나고 평화 체제를 구축하는 데에 기여한 사실상 유일한 여성으로서, 파리에서 대정치가들에게 로비 활동을 하고 이라크('뿌리가 깊은 나라'라는 뜻이다)로 알려지게 되는 나라의 창설에 핵심적인 역할을 했다. 그녀는 바그다드에 있는 자신의 나무 탁자 위에서 새 나라 헌법의 상당 부분을 썼으며, 새 나라의 지도자로서 하심 가의 왕자 파이살 1세(1883~1933)를 직접 골랐다. 파이살 1세는 오스만 제국에 대항해 아랍인들이 반란을 일으켰을 때 로렌스와 함께 싸운 사람이었다.

하지만 벨은 자신이 바랐던 것을 모두 얻지는 못했다. 새 나라의 건설은 그녀가 원했던 대로 아랍 내셔널리즘을 억누르거나 아랍에서의 영국의 영향력을 확대하는 데 도움이 되지 못했다. 굳이 말하자면 반대의 효과가 나타났다. 아랍의 내셔널리스트들은 갈수록 영국을 자신들의 가장 큰 적이라며 공격했고, 파이살 1세는 자신만의 생각이 있는 사람임이 드러났다. 파이살 1세는 점점 벨을 배제했고, 벨은 1926년 자살했다. 최근 새로운 전기들을 통해 거트루드 벨이

재발견되고 있다. 그녀의 삶은 니콜 키드먼이 주연한 「퀸 오브 데저트Queen of the Desert」(2015)라는 영화로 만들어졌다.

제1차 세계대전이 끝났을 때 이디스 더럼(1863~1944) 역시 파리에 있었다. 그녀는 자신이 사랑하고 알고 있었던 세계의 한 부분에 대해 세계 정치가들을 상대로 로비 활동을 벌이고 있었다. 그러나 그들은 거트루드 벨에게 그랬던 것처럼 그녀에게 귀를 기울여주지 않았다. 그녀는 벨 같은 연줄이나 영향력이나 매력을 갖지 못했고, 선택한 대의도 석유와 대단한 전략적 중요성을 지닌 서아시아가 아니라, 궁핍하고 작은 발칸 반도의 나라 알바니아였다. 더럼에 관해서는 전기가 하나 있고, 발칸 지역의 역사에서도 가끔 언급되지만, 그녀의 일생을 다룬 영화가 만들어질 것 같지는 않다. 그녀 자신과 그녀가 내건 대의는 그다지 중요하지 않았지만, 개인으로서 그녀는 역시 매혹적이다.

벨과 마찬가지로 그녀도 통념과 가족들의 기대를 무시하고 위험을 무릅쓰며 대부분의 외지인에게 낯선 세계의 한 부분을 여행했다. 발칸 지역(일반적으로 세르비아·루마니아·불가리아에서 남쪽으로 에게 해까지 뻗친 산악 지역을 포괄하는 것으로 본다)은 유럽의 남동쪽 측면에 있지만, 이 지역은 낙후되어 있고 의사소통이 잘 되지 않아 여행객들의 발길을 돌리게 만들었다. 그리고 발칸 지역의 거의 대부분이 16세기 이래로 오스만 제국의 지배하에 있었기 때문에 그 주민들은 어쩐지 약간 이질적인 존재로 생각되었다. 발칸 국가들이 하나씩 하나씩 점진적으로 오스만 제국의 지배에서 벗어나고 근대화 작업을 시작한 19세기가 되어서야 다른 지역의 유럽인들이 그들을 발견하게 되었다. 이디스 더럼도 그런 사람들 가운데 하나였다. 더 동쪽으로 갔던 벨과 마찬가지로 그녀 역시 현지 문화를 사랑하게 되었고, 자신이 만난 사람들에 대해 배우고 그들을 돕는(그녀는 그리기를 바랐다) 데 흠뻑 빠졌다.

이디스 더럼.

벨을 포함한 많은 탐험가들과 마찬가지로 더럼은 용감하고, 고집스럽고, 자신의 친구들에게 충실하고, 호기심이 많았다. 또한 무례하고 편협하고 광포했다. 그녀는 자신에게 관심이 없는 남자를 깊이 사랑했고(그녀에게는 슬픈 일이었다), 자신이 스스로 원하는 만큼 도와줄 수 없었던 알바니아 민족도 깊이 사랑했다. 옛날 사진을 보면 사랑스러운 옆모습과 육감적인 입, 검고 숱 많은 머리칼을 지닌 멋진 젊은 여자의 모습이다. 그러나 그녀는 나이가 들어가면서 매력적인 외모를 잃었다. 신경을 많이 쓰지 않아서가 아니다. 런던에서 최신 패션을 입수해야 했던 거트루드 벨과 달리 이디스 더럼은 손에 잡히고 쓸 만한 것이면 무엇이든 입었다.

카나번 백작의 둘째 아들 오브리 허버트(1880~1923)는 1913년 여름 이디스와 처음 만났다. 둘이 모두 발칸 지역에서 난민 구호 활동을 하고 있을 때였다. 오브리는 아내에게 보내는 편지에서 이디스를 이렇게 묘사했다.

그녀는 남자처럼 머리를 짧게 깎았고, 런던내기 억양에 눈을 두리번거리지요. 영리하고, 적극적이고 경쟁심이 강하지만 이 사람들을 위해

1913년 북부 알바니아에서 말 타고 구호 활동을 하고 있는 이디스 더럼.

정말로 많은 일을 했다오.

카리스마 있는 젊은 귀족(오브리는 존 버컨(1875~1940)의 『푸른 망토*Greenmantle*』 주인공의 모델이었다)과 무뚝뚝한 중년의 영국 여자는 알바니아인들의 이익을 위해 함께 일하면서 어쩔 수 없이 서로를 존경하고 일종의 우정을 쌓아가게 된다.

1863년 런던에서 태어났고 아홉 아이 가운데 맏이였던 더럼은 분명한 중산층 출신이었다. 형제들은 모두 좋은 교육을 받았으나, 무슨 이유에선지 이디스는 예외였다. 그녀는 취미 삼아 그림을 그렸지만, 남동생들은 의사나 엔지니어가 되었고, 여동생 가운데 두 명은 케임브리지의 거튼칼리지에 갔다.

성공한 외과 의사였던 아버지가 갑자기 죽자 가족들은 이디스가 집에 머물며 이제 병자가 된 어머니를 보살필 최적임자라고 합의를 보았던 듯하다. 이디스는 나중에 자신이 함정에 빠진 느낌이었다고 말했다.

미래는 내 앞에 단조로운 회색으로 끝없이 뻗쳐 있었고, 탈출할 희망은 없어 보였다.

그녀는 점점 더 우울해졌고, 1900년에는 졸도까지 했다. 주치의는 휴식을 위해 여행을 하라고 권했고, 가족은 이디스가 1년에 두 달씩 어머니를 떠나 있는 데 동의했다. 하지만 그들은 그녀가 회복을 위해 유럽에서 가장 혼란스럽고 무법천지인 발칸 지역을 고르리라고는 생각지 못했다.

그녀는 아마도 부분적으로는 될 대로 되라는 식의 허세를 부리는 마음으로("총알도 일종의 탈출구가 될 수 있다"는) 그곳에 간 듯하다. 그러나 더 중요한 것은 그 지역이 이국적이고 신비로우며 흥미롭고, 역사적으로 훨씬 이른 시기에 속하는 듯한 지역임을 발견했기 때문이었다. 이는 또한 변화도 없고 숨이 막힐 듯한 런던에서의 생활과 정반대의 것이었다.

그녀는 오스트리아인들이 법과 질서를 강요해 정돈된 거리와 하수구 같은 문명의 즐거움을 도입하기 위해 바삐 움직이고 있는 달마티아(크로아티아 남부의 아드리아 해에 면한 지역으로, 건너편에 이탈리아가 있다—옮긴이) 해안을 처음 보고 실망했지만, 곧 "더없이 고적하고 황량하고 척박한" 몬테네그로의 언덕과 산을 발견했고, 그런 뒤에 북부 알바니아의 높고도 외진 지역을 발견했다. 그녀가 자신의 가장 유명한 책 『고지 알바니아High Albania』의 첫머리에 실은 노래는 그녀를 끌어당긴 발칸 지역의 매력을 압축해 보여준다.

아, 우리는 다시 발칸에 돌아왔다네
기쁨과 고통이 있는 곳으로 돌아왔다네
불 타고 바람 불고 눈 내리면 어찌할까
우리는 다시 발칸에 돌아왔다네.

돌아왔네, 산 자가 내일 죽을 수 있는 곳으로
가슴이 뻥 뚫리고 머리가 텅 비어
돌아왔네, 진한 격정이 금세 솟는 곳으로
아, 우리는 다시 발칸에 돌아왔다네!

1906년에 어머니가 죽고, 마침내 자신이 원하는 만큼 발칸에 머물 수 있도록 더럼이 자유로워졌을 때쯤 그녀는 이미 발칸 지역에 대한 일류 전문가의 한 사람이며 대단한 여행가이자 작가로 명성을 쌓고 있었다. 그녀는 가끔 가이드 한 사람만 데리고 혼자서 유럽의 또 다른 지역을 탐험했다. 오스만 제국의 마케도니아와 알바니아 지역, 오스트리아의 보스니아헤르체고비나 주, 독립국가인 세르비아와 몬테네그로 등이었다. 그녀는 때로는 외딴 수도원과 교회를 방문하는 첫 번째 외국인이기도 했고, 외국 여성으로는 틀림없이 첫 번째인 경우도 많았다.

그녀는 노새를 타고 진창길을 터덜거리며 불편과 위험을 감수하고, 심지어는 이를 반기기까지 했다. 들판과 헛간과 지저분한 여관에서 잠을 잤다. 산적이나 반감을 품은 현지인에 관한 소식도 대수롭지 않게 여겼다. 자기가 쓴 책 한 곳에서 그녀는 가볍게 말했다.

알바니아인들이 야만적이긴 하지만, 나는 그들이 여자는 절대로 공격하지 않는다는 말을 여러 번 들었다.

그녀는 가는 곳마다 호기심 많은 군중을 끌어모았고, 그들은 그녀에게 질문을 퍼부어댔다. 왜 결혼하지 않았느냐, 영국 왕의 친척이라는 게 사실이냐 같은 질문들이었다.

첫 책은 세르비아에 관한 것이었지만, 그녀는 세르비아인들에게 진심으로 호감을 가진 적은 결코 없었다. 그녀는 그들이 작고 볼품 없으며(멋진 몬테네그로의 '거한'들과는 달랐다), 게다가 미련하고 물을 많이 마신다는 사실을 알게 되었다. 1904년에는 마케도니아를 알게 되었고, 그곳에서 오스만 제국에 저항하는 반란이 실패로 끝나는 바람에 무자비하게 내쫓긴 알바니아 난민들을 위해 병원을 운영하고 구호 활동을 벌였다. 마침내 그녀는 마케도니아인들이 매우 짜증나는 사람들이고 그들의 미신은 참을 수 없다고 생각했다.

얼마 동안 그녀는 발칸 지역에서 몬테네그로를 가장 좋아했다. 이디스는 늙고 교활한 그 나라 왕 니콜라 1세(1841~1921)와 친해졌고, 그의 작은 궁전에서 그와 마주앉아 담소를 나눴다. 그러나 이디스는 슬며시 퍼지고 있는 근대화의 조짐들이 애석했다. 수도 체티녜의 큰 거리를 따라 전기 불빛이 밝혀지고, 신문이 나오는 것 같은 일들이었다. 그녀는 이렇게 말했다.

몬테네그로는 이제 덜 행복해질 것이다.

그녀가 보기에 발칸 국가들 가운데 가장 행복한 나라는 신문이 가장 적은 나라들이었다.

그녀는 1911년쯤에 니콜라 1세에게 환멸을 느꼈고, 자기 왕조의 권력과 땅을 늘리려는 그의 시도를 의심의 눈초리로 바라보았다. 그녀는 당시 몬테네그로에서 또 다른 구호 활동을 벌이고 있었다. 코소보에서 일어난 반란을 오스만 제국이 매우 무자비하게 진압한 뒤 그곳에서 도망쳐 나온, 주로 알바니아계인 난민들을 먹이고 입히는 일이었다. 그녀는 호텔 방에서 셔츠와 신발을 만들었다. 이 때문에 여름의 열기 속에서 제대로 처리되지 않은 짐승 가죽의 악취가 났다.

그녀는 니콜라 1세가 난민들을 버리고 오스만 제국으로부터 알바니아 땅을 될 수 있는 대로 많이 탈취하려는 기미를 보이자 충격을 받았다. 1912~1913년의 발칸전쟁 동안 이디스는 그와 그의 왕국을 더욱 증오하게 되었다. 알바니아인들에게 보인 그들의 잔인성 때문이었다. 한 목격자에 따르면, 이디스는 한 몬테네그로 전사의 가방 안을 들여다본 뒤 영원히 이 나라와 결별했다. 그 안에는 전리품으로 60개의 코가 들어 있었다. 그녀는 자신의 헌신과 많은 에너지를 알바니아 독립의 대의 쪽으로 옮겼다.

알바니아인들은 그녀가 처음 발칸 지역을 찾았을 때부터 그녀의 마음을 끌었다. 1900년 그녀는 멀리서 북부 알바니아의 산들을 보고 그곳을 탐험하는 일을 꿈꿨다. 이듬해 오흐리드 호를 지나 슈코더르로 여행하는 프랑스인들의 대열에 합류했다. 그곳은 산지 부근의 주요 교역 도시였으며, 외국인들이 별로 찾지 않은 곳이었다. 동행했던 프랑스인들은 배가 뭍에 닿자 사라져버렸고, 그녀는 어린 소년 가이드 하나만 데리고 호텔을 찾기 위해 좁은 거리로 나섰다. 그녀는 이렇게 썼다.

떼 지어 다니는 시끌벅적한 야만인 무리에 대해서는 전해줄 것이 없다.

그녀는 산에서 "근사한 은빛 무기로 중무장한" 사나운 남자들을 보았고, 마을에서는 "은색 단추가 잔뜩 달리고 수를 놓은 희고 새빨간" 옷을 입은 기독교도 여자들을 보았다. 그녀는 압도되는 기분이었다.

말로 표현할 수 없는 누더기 옷, 지저분한 것과 화려한 것, 햇볕에 지글거리고 있는 새로 벗겨낸 짐승 가죽 더미, 짐 나르는 동물들이 덜거덕거리며 나아가는 소리, 염소, 소, 달구지와 흙먼지.

이디스는 이 모든 것을 사랑했다.

1904년에 그녀는 마침내 북부 알바니아 산들을 향해 긴 탐험에 나섰다. 동반자 가운데 한 사람은 기독교 성서를 보급하고 있던 알바니아의 기독교도였다. 그 일은 위험이 따랐다. 그곳은 여전히 오스만 제국에 속했고, 그곳의 많은 알바니아인들도 이슬람교도였기 때문이다. 이디스는 한 마을에 대해 자랑스럽게 말했다.

나는 인간이 기억하는 한 이곳에 처음 온 영국 여자다. 이곳에는 어디서 왔는지를 불문하고 이방인은 별로 온 적이 없었다.

그녀는 알바니아인들에게서 따뜻한 환영을 받았다. 그들은 그녀가 부와 권력을 모두 가지고 있을 거라고 생각했다. 그녀는 이에 대한 응답으로 그들에 대한 애정을 더욱 깊게 가졌다. 그녀는 외딴 마을들과 수백 년 동안 변하지 않은 그곳의 생활 방식에 매료되었다. 특히 자신이 '고지 알바니아'라 부른 곳에서 그랬다. 그녀는 그들의 불만에 공감했다. 그들은 발칸 지역의 원래 거주자인 일리리아계 주민인데, 수백 년에 걸쳐 새로 들어오는 슬라브계 주민들에게 밀려났다는 것이다. 그녀는 그들을 바깥 세계에 알리고 싶었다. 알바니아를 오스만 제국으로부터 독립시킨다는 대의에 대한 지지를 모으자는 희망에서였다. 또한 초기 알바니아 내셔널리스트들이 그랬듯이, 오스만 제국이 더욱 약해질 경우 알바니아인들이 살고 있는 땅을 세르비아·그리스·몬테네그로 같은 이미 독립한 발칸 지역 나라들이 차지해 자기네 영토로 삼을까 봐 염려했다.

1908년, 그녀는 앞으로 출간하게 될 『고지 알바니아』의 자료를 수집하기 위해 산악 지역을 여러 차례 여행했다. 이것은 사실상 최초로 알바니아의 역사를 다룬 책이었으며, 또한 북부 알바니아의 법률과 부족, 신화와 풍습을 조사한 진지한 민족지학民族誌學 작업이었다. 이책은 그곳 사람들과 그들의 장신구, 심지어 남자들이 머리칼을 깎는 방식의 차이까지, 그녀가 찍고 그린 사진과 스케치로 보여준다. 그녀는 그곳 여자들이 가지고 있는 정교한 문신(그녀는 이것이 고대 일리리아인들의 풍습이라고 생각했다)에 대해 쓰고, 뿌리 깊은 피의 복수 관행을 이해하려고 노력했다.

이 책은 논란의 대상이 되었다. 발칸 지역 생활의 야만성을 과장했다는 비난과 그것을 충분히 단죄하지 않았다는 비난을 동시에 받았다. 한 평자는 이렇게 썼다.

거의 모든 쪽마다 살해된 사람, 살해될 찰나에 있는 사람, 살해 이야기에서 자신이 잘났다고 하는 사람들이 나온다. 더럼 양은 사람을 죽이고 의기양양한 마음을 그들과 공유하고 있는 듯하다.

더럼은 주눅 들지 않았다. 그녀는 자신이 생각하기에 낭만적이고 약자인 알바니아인들을 돕는 것이 자기 운명이라는 생각이 점점 더 커졌다. 그들은 친구가 없고 적은 너무 많았고, 내부적으로 너무 많이 분열되어 있었다. 그들의 이웃들은 자기네 나라에 대한 설계를 가지고 있었다. 그러나 알바니아인들만은 기독교도와 이슬람교도, 북부와 남부, 그리고 피비린내 나는 종족 간 갈등으로 인해 한목소리로 말할 수가 없었다. 이것이 더럼을 화나게 하고 낙담시켰다. 그는 이들의 분열이 알바니아인들을 탐욕스러운 이웃들의 손에 넘겨줄까 봐 염려했다.

'알바니아의 여왕'으로 불리고, 가는 곳마다 자신에게 경의를 표하며 환영하는 것 역시 그녀에게는 흐뭇한 일이었다. 그녀는 알바니아를 오스만 제국의 지배로부터 해방시키고 그들로 하여금 스스로의 나라를 갖게 하는 것을 자신의 사명으로 삼았다. 발칸 지역에 여러 민족이 섞여 살기 때문에 경계선을 긋기가 어렵다는 사실을 인식하면서도, 서로 다른 민족과 종교가 함께 나아갈 수 있다고 낙관적인 희망을 품었다.

그녀는 오브리 허버트와 힘을 합쳐 영국-알바니아 협회를 만들었다. 1912년 제1차 발칸전쟁으로 많은 알바니아인들이 그리스·세르비아·몬테네그로에 남게 되자 이 기묘한 커플은 런던에서 알바니아의 독립을 위해 로비 활동을 벌였다. 열강들이 자기네 나름의 이유로 이에 동의하자 영국-알바니아 협회는 그리스가 알바니아의 남부 영토를 너무 많이 잠식하지 못하도록 여론전을 펼쳐 성과를 거두었다.

1914년 제1차 세계대전이 발발하자 이디스 더럼은 영국으로 돌아오지 않을 수 없었다. 그녀가 탄 배가 알바니아의 블로러 항에서 출항하자 그녀는 다른 승객들 사이에서 고립감을 느꼈다. 그녀는 이렇게 썼다.

그 후 나는 많은 영국인들과 지냈다. 그들은 나에게 낯선 인종 같았다.

고국으로 돌아온 뒤 그녀는 우울해했다. 영국이 가증스러운 세르비아와 한편이 되어 싸우고 있었기 때문이다. 그녀는 전쟁 기간 동안 『혼돈의 발칸 20년*Twenty Years of Balkan Tangle*』이라는 책을 쓰면서 보냈다. 이 지역을 외부인들에게 소개하기 위한 책이었다. 전쟁이 끝나자 허버트와 함께 평화회의에서 알바니아의 이익을 증진하기 위해 가능한 활동을 했다. 그들은 알바니아인들의 대표가 파리에 와서 그곳에서 열리는 평화회의에서 연설하도록 허용할 것을 요구했지만 뜻을 이루지 못했다. 그러나 알바니아의 국제연맹 가입 수락 요구는 관철시켰다.

1921년, 오랜 세월 고생스러운 여행으로 건강이 매우 악화된 더럼은 마지막으로 알바니아를 여행했다. 그녀는 따뜻한 환영을 받았고, 몇몇 장소에는 자신의 이름이 붙여져 불리고 있는 것을 보았다. 그러나 그녀의 기분은 착잡했다. 그녀는 여러 가지 변화의 조짐들과 그곳에 살면서 일하러 온 외부인들이 마음에 들지 않았다. 그녀는 이렇게 썼다.

알바니아는 알바니아 같지가 않다. 외부인들이 있어서다.

그녀는 알바니아에 다시 가지 못했다. 그녀는 여생 동안 계속해서 알바니아를 위해 최선을 다해 활동했다. 그러나 발칸 지역에 관심을 가진 영국의 작은 동아리 안에서 그녀는 점점 더 괴팍한 사람으로 비쳐졌고, 영국의 여론과 보조를 맞추지 못했다. 1944년, 그녀는 전쟁이 끝나면 알바니아에 더 좋은 날이 올 것이라는 기대를 품은 채 죽었다. 다행히도 알바니아가 공산당 지도자들 중에서도 더욱 기괴하고 끔찍한 부류의 통치 아래에서 오랫동안 고통받는 것은 보지 않았다.

그녀가 죽었을 때 망명자 신세였던 알바니아 왕 조구 1세(1895~1961)는 너그러운 애도문을 보냈다(더럼은 결코 왕을 좋아한 적이 없었다).

> 알바니아인들은 결코 잊지 않고 있습니다
> 그리고 결코 잊지 않을 것입니다
> 이 영국 여성을.
> 그녀가 그렇게 잘 알고 있었던 산에서
> 그 봉우리 봉우리에서 그녀의 죽음이 메아리칠 것입니다.

공산당 치하에서 정부는 그녀를 잊게 만들었다. 그러나 1990년대에 민주주의가 회복되면서 그녀의 이름은 이제 기억되고 있고, 알바니아의 거리와 학교에는 그녀의 이름이 다시 나타나고 있다.

역사가 만약 집이라면 그것은 우리의 조상들 가운데 몇몇의 초상은 눈에 잘 띄게 벽에 걸리고, 다른 것들은 먼지 쌓인 골방과 다락에 처박힌 그런 집이다. 우리는 거트루드 벨을 기억한다. 이라크 건국과 현대 서아시아의 모습 형성에 도움을 주었기 때문이다. 비록 그 유산이 이제는 무너져내리고 있지만 말이다. 이디스 더럼은 1912년에 독립된 알바니아의 출현에 작은 역할을 했다. 그 때문에 그녀는 발칸 현대사에서 작은 자리를 차지했다. 호기심, 대담성, 낯선 세계를 탐험하려는 욕구. 이런 훌륭한 자질들만으로 지속적인 명성이 보장되지는 않는다. 심코 부인은 일기가 재발견되어 출판된 1960년대까지는 캐나다에서 대체로 잊힌 인물이었다. 그녀는 캐나다 사회에 그다지 오랜 영향력을 남기지는 못했다. 1850년에 출판된 패니 파크스의 회고록은 1970년대까지 절판 상태였고, 그녀는 인도의 영국인들을 연구하는 나 같은 몇몇 사람들에게나 알려져 있었다.

그러나 유명하든 그렇지 않든 그들 각자는 자신에 대한, 그리고 그들이 활동했던 세계에 대한 기록을 남겼고, 우리는 그 덕을 많이 보고 있다. 그들은 과거에서 툭 튀어나와 우리의 시선을 끌고, 그들도 우리와 똑같이 인간임을 상기시키며, 글이라는 유산을 통해 우리로 하여금 역사를 쓸 수 있게 하고 있다.

제 5 장

관찰과 기록의 힘

1824년 5월 17일, 몇몇 사람들이 존머리 출판사의 커다란 2층 응접실 벽난로 주위에 모여들었다. 지금도 사업을 계속하고 있는 이 회사는 당시엔 비교적 신생 출판사였지만, 이미 제인 오스틴이나 월터 스콧 같은 뛰어난 작가들의 작품을 출판해 명성을 얻고 있었다. 악명 높은 바이런 남작의 작품들도 출판했는데, 그 봄날에 이 사람들을 이곳으로 불러 모은 것은 바로 조지 고든 바이런의 회고록이었다.

　　방종한 행동으로 이미 영국에서 쫓겨난 바이런은 몇 년 전 "나의 가장 뛰어나고 격렬한 카라바조(1571~1610. 바로크 시대의 이탈리아 화가―옮긴이) 스타일"로 원고를 휘갈겨 쓴 뒤 이를 친구인 아일랜드 시인 토머스 무어(1779~1852)에게 잘 보관해달라며 보냈다. 바이런이 그 전달 그리스 독립전쟁이 소강 상태를 보이고 있을 때 그리스 메솔롱기에서 사망했기 때문에 그의 유고遺稿 관리자인 무어는 이제 자기 손에 맡겨져 있는 원고를 어떻게 할지 결정해야 했다.

　　그와 몇몇 사람들은 이미 그 회고록을 읽었다. 바이런의 여러 애인 가운데 하나였던 캐럴라인 램(1785~1828) 자작 부인은 그것이 "아무 가치 없는 그저 비망록"일 뿐이라고 일축했다. 휘그당의 지도적 정치인인 존 러셀(1792~1878) 경은 바이런이 자신의 젊은 시절과 그리스에 있던 시절에 대해 묘사한 것이 "인상적인 표현"이라고 보았다. 다만 그는 "서너 쪽은 출판하기에 너무 거칠고 역겹다"고 인정했다. 젊은 시절부터 바이런의 가까운 친구였고 야망이 큰 시인이었던 존 홉하우스(1786~1869)는 외설과 스캔들 가능성을 우려했다. 바이

바이런 남작의 임종.

런의 명성은 점점 더 악화되었지만 홉하우스는 의회에 진출해 더욱 명망을 얻고 있었다. 아마도 그는 회고록이 공개될 경우 자신의 명성에 누가 되지 않을까 우려했던 듯하다. 어쩌면 시인으로서 바이런이 훨씬 뛰어난 재능을 발휘한 데 대해 화가 났는지도 모른다. 홉하우스는 나중에 이렇게 썼다.

처음 슬픔이 폭발했다가 진정된 뒤, 나는 나의 사랑하는 친구가 내게 남긴 모든 것을 보존함으로써 지체 없이 나의 의무를 다해야겠다고 결심했다. 그것은 바로 그의 명성을 보존하는 것이었다.

그는 단호한 두 여자의 지원을 받아야 한다고 생각했다. 바이런의 헤어진 아내 앤 이저벨라(애나벨라, 1792~1860)와 바이런과 연애를 한 것으로 널리 알려진 이복누이 오거스타 리(1783~1851)였다. 그들은 회의에 대리인들을 보냈다.

무어는 회고록을 계속 보존하기 위해 노력했다. 설사 그것이 앞으로 여러 해 동안 묶여 있어야 한다고 해도 말이다. 그러나 그는 지금 혼자였다. 존 머리(2세, 1778~1843)는 바이런 가족과 그 친구들의 압박 때문에 옴짝달싹하지 못하고 있었다. 그래서 무어는 다른 사람이 원고를 찢고 그것을 불 속에 던지는 것을 지켜볼 수밖에 없었다. 전기 작가들과 문헌사가들, 그리고 단순한 호색가들은 이후 그 손실을 아쉬워했다.

역사에는 그렇게 기록이 파괴되거나 조심스럽게 골라내져 버려지고 다듬어지는 사례들이 많다. 죽은 자의 명예를 보호하거나 목숨을 살리기 위해서다. 제인 오스틴의 언니는 자신의 편지들을 불태웠다. 왜 그랬는지는 전혀 밝혀지지 않았다. 또 다른 유명한 난봉꾼인 대탐험가 리처드 버턴이 죽고 난 뒤 그 아내는 1891년 죽은 남편의 환상을 보았다고 주장했다. 자신이 난로 앞에 앉아 그의 글들을 어떻게 할까 고민하고 있을 때였다고 한다. 거기에는 서아시아와 인도 탐험 과정에서 그가 발견한 성性 풍속을 그림으로 표현한 것도 들어 있었다.

"태워버려!"

환상이 아내에게 말했고, 아내는 그대로 따랐다. 시인 테드 휴스는 아내 실비아 플라스의 마지막 일기를 없애버렸다. 아이들이 보게 하고 싶지 않다는 이유였다(그러나 휴스의 외도 때문에 별거하다가 자살했기 때문에 자신에게 불리한 내용이어서 없앴다는 시각도 있다—옮긴이). 토머스 하디(1840~1928)는 스스로 '끔찍한 일기'라 부른 첫 아내의 일기를 불태우고, 두 번째 부인에게 자신의 전기를 받아쓰게

해서 자신이 죽은 뒤 그녀가 쓴 것으로 발표하도록 했다.

　중국 정부는 악명 높은 마오쩌둥의 부인 장칭江青(1914~1991)이 말년에 감옥에 있을 때 쓴 회고록을 압수했다. 그것이 어떻게 되었는지는 알려지지 않았다. 때때로 기록 보관소와 도서관(한 국민의 집단 기억이다)은 전쟁에서 계획적으로 노리는 대상이 되기도 한다. 1990년대에 유고슬라비아가 폭력 속에서 해체되었을 때 세르비아 민족주의자들은 사라예보의 국가 도서관을 포격했다. 그곳에 있던 사람들은 귀중한 오스만 제국의 필사본들이 그들의 눈앞에서 잿더미로 변해 공중에 떠도는 것을 보았다고 내게 말했다.

　쥐와 흰개미, 화재와 홍수도 사람만큼이나 많이 기록을 파괴한다. 값싼 펄프 종이로의 전환은 책과 신문들을 가난한 사회 성원들이 구입할 수 있는 가격대로 내려오도록 만들었지만(그리고 캐나다의 목재 부호들의 재산을 늘려주었다), 이후 기록 보관 담당자들에게는 골칫거리가 되었다. 나는 도서관에 앉아 누래져가는 19세기의 신문을 넘기며 살펴보다가 그것이 내 손안에서 부스러지기 시작하는 경험을 했다.

　그리고 귀중한 개인 문서 뭉치가 남아 있는 경우에도 관리를 맡은 사람들(가족인 경우가 많다)이 열람을 제한하거나 아무도 그것을 보지 못하도록 거부한다. 소설가 제임스 조이스의 손자 스티븐은 여러 해 동안 자기 할아버지가 쓴 것(심지어 출판된 작품까지도)을 관리하겠다고 적극적인 활동을 펼쳤다. 그는 전기 작가들이나 문학평론가들이 조이스를 인용하는 것을 막기 위해 소송을 제기하거나 고소하겠다고 위협했다. 선집에 그의 작품을 넣을 수도 없었다. 그리고 조이스의 작품을 연극으로 각색하거나 심지어 공개된 장소에서 읽는 것조차 거의 불가능했다. 그는 또한 베네치아에서 열린 한 학회에서 자신과 자기 아내가, 조이스에게 슬픔과 걱정을 안겨주었던 딸 루시아에게서 받은 편지를 모두 없애버렸다고 자랑스럽게 떠벌여 학자들을 경악케 했다. 2012년 저작권이 소멸되고 조이스의 작품 대부분이 공유 영역으로 들어오자 많은 사람들이 안도했다.

때때로, 후대에는 다행히도 유언 집행자들이 고인의 희망을 무시하기도 한다. 매켄지 킹의 유언 집행자 같은 경우다. 그의 일기가 사라졌다면 캐나다의 역사는 훨씬 빈약해질 뻔했다. 그리고 파괴되거나 그저 흔적 없이 사라진 기록들의 슬픈 목록을 벌충하는 것으로, 행운을 얻어 보존되거나 발견된 사례들도 있다.

1967년 미국의 한 대학 교수가 이탈리아의 한 남작을 피렌체 인근에 있던 그의 자택으로 찾아간 일이 있었다. 제1차 세계대전의 긴 기간과 전쟁이 끝난 이듬해까지 이탈리아 외무부 장관을 지낸 그의 종조부 시드니 소니노(1847~1922)가 남긴 문서를 혹시 갖고 있는지 물어보기 위해서였다. 남작은 교수에게 키안티 포도주 한 잔을 권하고는 방치된 벽장을 살펴보자고 했다. 그 안에는 열네 개의 낡은 여행용 가방이 있었는데, 열어보니 시드니 소니노의 공무상 서신과 일기, 편지, 그리고 기타 서류들이 들어 있었다.

파리 평화회의의 프랑스어 수석 통역관이었던 폴 망투(1877~1956)는 명령을 어기고 미국의 우드로 윌슨 대통령과 각기 프랑스·영국·이탈리아 총리였던 조르주 클레망소(1841~1929), 데이비드 로이드 조지, 비토리오 오를란도(1860~1952), 이렇게 네 명의 세계 정치 지도자들 사이의 대화 전문을 보존했다. 그는 프랑스 외무부에 사본 두 부를 맡겼는데, 1940년 독일군이 파리로 진군해오면서 케도르세(프랑스 외무부가 있는 거리—옮긴이) 뜰에서 불태운 엄청난 문서 무더기 가운데 그것이 들어 있었다. 망투 자신은 유일한 나머지 사본 하나를 자신의 아파트에 남겨둔 채 프랑스 정부 사람들 대부분을 따라 남쪽으로 피난했다. 그는 겨우 친구를 통해 그것을 회수해 법과대학 지하 창고에 숨겨 놓았고, 그것은 파리가 해방될 때까지 그곳에 무사히 있었다. 1919년의 중요한 대화를 적은 그 기록이 없었더라면 우리는 20세기 세계의 모습을 결정한 협상에 대해 알 수 없었을 것이다.

역사가가 과거를 재구성하는 자료는 점점 다양해지고 있다. 고고학·생물학·인류학에서 발견한 것들도 이용한다. 무덤의 비문과 조각상, 동전과 그림도 들여다보고, 법정 기록과 세금 장부, 정부 보고서까지 연구한다. 더 최근의 역사는 신문에서부터 영화나 트위터까지 모든 것을 활용한다. 그러나 우리에겐 과거의 느낌과 질감을 전해줄 수 있는 개인의 목소리와 과거 사람들의 묘사와 이야기가 여전히 필요하다. 이러한 것들은, 언젠가 미국 역사가 바버라 터크먼(1912~1989)이 말했듯이, 어떤 사람이나 어떤 순간에 대해 확인해주는 '결정적 사항corroborative detail'이다. 그리고 그러한 관찰자의 기록은 그들이 때로 의도하지 않았다 할지라도 특정한 시대·계급·가족·장소의 전제와 가치를 더 잘 이해할 수 있게 해준다.

루이 14세 궁정의 루이 드 루브루아(생시몽 공작, 1675~1755) 같은 역사 속의 많은 위대한 관찰자들은 구경꾼으로 바라보았다. 그런가 하면 다른 사람들, 예컨대 무굴 제국의 바부르 황제 같은 이들은 역사를 바꾸었다. 그들 모두가 공유하고 있는 것은 그들의 세계와 그곳에 사는 주민들에 대한 지칠 줄 모르는 호기심, 인상적인 세세한 내

새뮤얼 피프스.

용을 찾아내는 날카로운 눈, 그리고 인간사 여러 부분의 부조리에 대한 식별력, 풍자 감각 등이다. 물론 가십거리를 좋아한다는 점도 있다. 더욱 중요한 것은, 그들은 자신이 본 것을 기록하는 데 결연했다는 점이다. 그들의 기록이 없었더라면 과거에 대한 우리의 지식은 매우 빈약했을 것이다. (그리고 고백하자면, 일상생활에서는 하지 않아야 할 일을 하는 건 늘 즐겁다. 그건 남들의 사적인 편지와 일기를 읽는 일이다. 그것도 모두 연구를 빙자해서 말이다.)

훌륭한 일기와 회고록은 종종 강자들보다는 별다른 속셈이 없는 조연들에 의해 쓰인다. 이들은 당시에는 후대 사람들이 그들에 대해 생각하는 것보다 관심을 받지 못했다.

1660년에 일기를 쓰기 시작한 영국의 공무원 새뮤얼 피프스는 틀림없이 누군가가 그것을 읽으리라고 생각하지 않았을 것이다. 그는 남의 시선을 의식하지 않고 자기 자신과 자기 시대의 일상에 대해 이야기한다. 그는 모든 것을 나열하고 묘사한다. 그의 감정, 질병, 식사, 옷, 친구, 하인, 그리고 고양이까지. 때때로 그는 술을 너무 많이 마신다. 아내와 싸우고, 친구들에게 무례하게 군다. 비록 죄의식을 느끼기는 하지만, 그는 외도도 한다. 그는 또한 잉글랜드 연방이 마감되고 왕정이 복고되는 것을 목격한 사람이기도 하다. 그는 궁정의 가십을 써내려가고, 정부 내에서 부침을 겪는 사람들에게 시선을 고정한다. 그는 1665년 런던에 마지막으로 큰 전염병이 덮쳤을 때 그곳에 있었고, 이듬해 큰불이 나 도시의 상당 부분이 잿더미로 변했을 때도 그곳에 있

1680년경에서 1690년까지 새뮤얼 피프스의 장서표.

었다. 피프스의 일기가 없었다면 우리는 찰스 2세 치세의 생활에 대한 완벽한 그림을 결코 그릴 수 없었을 것이다. 그리고 짜증스러우면서도 흥미롭고 매력적인 한 인간을 알 수 없었으리라.

그다음 세대에 해협 건너에서는 생시몽 공작 루브루아가 루이 14세 궁정의 가십을 열심히 수집했다. 그의 긴 회고록은 종종 불쾌하고 신랄하지만, 웅장한 베르사유 신궁전의 생활과, 누가 태양왕(루이 14세)의 총애를 받고 누가 그렇지 않은지에 대한 소문과 끝없는 억측들에 대한 비길 데 없는 이야기들을 전한다. 누가 윗자리를 차지하는지, 누가 왕의 면전에서 자리에 앉는 허락을 받는지, 누가 미사에서 가난한 자들을 위한 기부금을 거두는 가방을 돌릴 것인지를 둘러싼 우스꽝스러운 다툼들이 소개된다.

루브루아는 왕과 그 주변 인물들을 자세히 관찰했다. 그는 열두 살 나이에 루이 14세의 손자이자 상속자와 결혼하기 위해 사부아에서 프랑스로 온 어린 공주에게 반했다. (왕은 자비롭게도 첫날밤은 2년

동안 연기한다고 언명했다.) 루브루아는 이렇게 썼다.

공주는 겉보기에는 평범했다. 볼은 처지고, 이마는 아름답다고 하기에는 너무 튀어나왔으며, 코는 높지 않았고, 입술은 두껍고 육감적이었다. 그러나 밤색 머리카락의 선과 눈썹은 눈에 확 띄었고, 온 세상에서 가장 예쁘고 가장 표정이 풍부한 눈을 가지고 있었다. 몇 개 남지 않은 이는 심하게 썩어 있었는데, 그것을 자신이 먼저 웃으며 이야기했다.

루브루아는 공주가 왕의 방에서 늙은 유모가 관장灌腸을 하기 위해 뒤에서 옷을 들추고 있는 동안 그에게 그리고 그의 하인들에게 명랑하게 떠드는 것을 보며 즐거워했다. 공주가 병이 들어 갑자기 죽었을 때 루브루아는 공주가 독살되었다는 소문도 함께 기록했다.

루브루아는 루이 14세를 싫어했다. 그는 왕의 여러 가지 이기적인 행동들을 이야기하면서 즐거움을 얻었다. 예컨대 왕이 가장 좋아하는 손녀가 어렵게 임신한 상태인데도 억지로 함께 소풍을 가자고 한 그런 일들이다. 손녀가 유산했지만 왕은 늘 그렇듯이 반성할 줄도 몰랐다고 루브루아는 썼다. 그는 베르사유 궁전도 혐오했다. 불편하고 비위생적이라고 생각했다.

아름다운 것과 추한 것, 거대한 것과 초라한 것은 대체로 한데 붙어 있다.

측근 신하들이 복도에서 소변을 보고, 급해진 공작 부인은 예배당에서 볼일을 본다고 그는 썼다. 그는 루이 14세가 베르사유와 자기 궁정의 웅장함을, 귀족들을 무력화하고 길들이는 데 이용했다고 보았다.

왕은 모든 사람을 약화하기 위해 계획적으로, 그리고 성공적으로 이런 수단을 사용했다. 그는 온 세상 사람이 칭찬할 만한 호화로운 궁전을 만든 것이다.

그는 쓸데없는 사치에 돈을 쓰는 것은 베르사유에서 프랑스 전역으로 전염병이 퍼져 나가는 것이나 마찬가지라고 경고했다.

신분과 자부심과 심지어 예의범절의 혼란에 의해 온존되고 고관들의 어리석음에 의해 기운을 얻은 이 암 덩어리는 헤아릴 수 없는 결과를 낳아 다름 아닌 파멸과 총체적인 재앙으로 이끌 것이다.

바부르 황제 · 이례적인 역사의 기록자

회고록과 일기는 우리 모두가 의식하지 못하는 사이에 만들어내는 고정관념을 수정하는 역할도 한다. 서방 세계에서는 십자군에 대해 대중문학과 영화 등에 의해 만들어진 특정한 시각이 형성되어 있다. 귀족 출신인 기사가 야만적인 이슬람교도들에게서 기독교의 성지를 회복하기 위해 서아시아로 떠나는 그런 모습이다. 이는 오늘날 서아시아에 대해 생각하는 방식에 영향을 줄 수 있다. 그러나 아민 마알루프(1949~)가 쓴, 작지만 놀라운 책 『아랍인의 눈으로 본 십자군 전쟁*Les Croisades vues par les Arabes*』(1983)이나 1083년에 태어난 비잔 티움 제국 황제의 딸 안나 콤네네(1083~1153)의 회고록을 읽어보면 아주 다른 그림을 얻게 될 것이다. 콤네네의 글은 콘스탄티노플과 레 반트(현재의 시리아·레바논·요르단 등을 중심으로 하는 지중해 동부 해 안 지역을 가리키는 말—옮긴이) 사람들이 천박하고 싸움질이나 좋아 하며 탐욕스러운 서방 사람들을 실망과 경멸의 눈초리로 보았음을 보여준다. 그들은 종교보다는 약탈과 전리품에 훨씬 더 관심이 있는 듯하고, 의약이나 기본적인 위생에 대한 그들의 생각은 아주 초보적 이라는 것이다.

인도 무굴 제국의 초대 황제 바부르를 그린 작고 정교한 초상화를 보면 우선 이색적인 멋에 매혹된다. 턱수염을 기른 남자가 보석 박힌 터번을 두르고 진주 목걸이를 목에 걸고 대리석 옥좌에 앉아 있다. 가마에 기대어 있거나 말을 타기도 하고, 때로는 손목에 매를 얹고 있다. 그러나 그는 우리에게 그 번쩍거리는 표면 아래로 들어가 복잡 하고 흥미로운 인간을 발견할 수 있는 길을 남겨주었다.

1483년 태어난 바부르는 중앙아시아의 군소 군주였는데, 온갖 고 난을 겪은 끝에 카불에 왕국을 건설하고 1526년에는 인도 황제가 되어 1857년까지 지속되는 왕조의 토대를 닦았다. 그의 회고록은 자 신이 걸었던 험난한 길과 아울러 자신의 대응 및 반성을 이야기한 다. 그 가운데는 그가 절망에 빠져 모든 것을 포기하고 도망쳐버리자 고 생각한 순간도 있다. 그는 자신에게 이렇게 말했다.

그런 어려움이 있더라도, 내가 살아 있는 한 혼자서 버텨 나가는 것 이 낫겠다. … 이 세상 끝까지라도.

그리고 그는 기운을 내 노력하고 또 노력했다.

지배하겠다고 자처하고, 정복하겠다는 욕구가 있는 사람이라면 일이 한두 번 풀리지 않는다고 해서 물러앉아 그저 보고만 있을 수는 없다.

바부르 황제.

그는 끈질기게 밀고 나가면 결국 성과를 거둘 수 있다고 스스로에게 말한다.

기회가 왔을 때 머뭇거리지 않고 결단하는 것이 중요하다. 나중에 후회해봐야 아무 소용 없다.

우리는 그가 이렇게 생각했음을 알게 되었고, 그것을 그가 직접 말로 옮긴 것도 가지고 있다. 그 시대를 살았던 그런 신분의 사람으로서는 아주 예외적으로 자신의 회고록을 썼기 때문이다.

하지만 애석하게도 그것은 완전하지 않다. 어떤 부분에서는 몇 년이 비어 있다. 바부르가 여러 차례 고생을 하며 떠돌아다니는 동안 그의 짐 보따리는 계속해서 쓸려 나가고 분실되었다. 그리고 그의 아들이자 상속자인 후마윤(1508~1556)은 아버지가 죽은 뒤 원고를 분실하기도 했을 것이다. 그래도 남아 있다는 것은 이례적이다. 그것이 남아 있다는 사실도 그렇고, 애초에 그것이 쓰였다는 사실도 그렇다.

회고록은 많은 곳과 서로 연결되고 영향을 주고받는 세계를 보여준다. 튀르크어를 쓰는 전사들은 중앙아시아에서 동서남북으로 퍼져 나갔다. 페르시아어를 쓰는 사람들은 동쪽으로 이동했다. 아프가니스탄에서 온 사람들은 인도로 휩쓸고 내려갔다. 그리고 상인들과 예술가들과 학자들이 전 지역을 종횡으로 누볐다. 바부르는 부하들과 함께, 때로는 가족과 함께 상당히 먼 거리를 여행했다. 사마르칸트에서 헤라트(아프가니스탄 서북부의 도시—옮긴이)와 카불까지, 그리고 마지막에는 델리까지. 그곳에서 그는 무굴 왕조를 창건했다. 따라서 그의 회고록은 무굴 제국과 그들이 정복한 민족들에 관한 귀중한 기록이다.

그러나 무엇보다도 그것은 매우 개인적인 관찰이고 사색이며, 전사·시인·인간의 생각이다. 그것은 수백 년을 사이에 두고 우리에게 말한다. 그것이 쓰이던 때나 그 후 여러 해 동안, 사람들이 보통 말하는 『바부르나마*Baburnama*』('바부르의 책'이라는 의미로 바부르의 회고록 제목이며, 앞서 애넷 베버리지가 번역했다고 한 것이 바로 이 책이다—옮긴이)와 조금이라도 비슷한 이슬람 문학은 없었다. 그리고 나는 그런 자서전을 쓴 유럽의 통치자는 알지 못한다.

다른 수많은 회고록 필자와 마찬가지로 바부르도 다른 의도는 전혀 없다고 주장한다. 그저 자신이 보고 경험한 것을 적을 뿐이라 했다. 그는 이렇게 썼다.

나는 불평을 하려고 이것을 쓰는 것이 아니다. 나는 그저 진실을 기록할 뿐이다. 나는 내가 쓴 것을 가지고 나 자신을 자랑할 생각이 없다. 나는 그저 무슨 일이 일어났는지를 정확하게 적어둘 뿐이다. 나는 이 역사에서 모든 일에 관해 진실을 쓰고 모든 사건에서 사실이 아닌 것은 쓰지 않는 것을 원칙으로 하고 있다. 그 결과 나는 내가 본 아버지나 형제들의 모든 선행과 악행을 기록하고, 친척이나 남들의 모든 잘못과 미덕에 관한 사실들을 적어두었다. 독자들은 나를 이해해주시고, 청자聽者들은 나를 책망하지 마시기 바란다.

사실 바부르는 자신의 태도에 관해, 자신의 호불호에 관해 많은 것을 이야기했다. 그는 자신이 머뭇거리던 순간과 우울증에 빠진 순간들을 기록했다. 예컨대 그는 하라트에서 카불로 가는 도중 눈보라 속에서 거의 죽을 뻔한 순간에 대해 이런 시를 썼다.

내게 아직도 겪어야 할
잔인하고 고단한 운명이 남아 있단 말인가?
내 상처 난 가슴에 아직도
겪어보지 못한 고통과 고난이 있단 말인가?

그는 때때로 부끄러움과 후회도 드러낸다. 만년에 그는 우스꽝스럽고 저속한 시들을 쓰지 않았으면 어땠을까 생각하고, 자신이 피를 토할 정도로 심한 열병을 앓고 기침을 한 것이 무엇 때문이었는지 의아해한다.

아, 이 혓바닥을 어찌해야 하나
너 때문에 내 속은 피투성이다.

아무리 우아하게 재미있는 시를 지어도
한구석은 저속하고 한구석은 거짓말이네.
네가 이 죄로 불구덩이에 들어가지 않으려거든
네 감정 여기서 돌려야 하리.

바부르는 자신이 치른 전투와 자신의 신체적 능력에 대해 자랑도
한다(거나한 술판 같은 것도 그 하나다). 그는 전사였고 생의 대부분을
적을 상대하며 보냈기 때문에, 모든 전투와 충돌과 기습 부대에 대
해 꼼꼼하게 기록했다(그는 자신의 신민을 공격하는 것을 거부했다고 자
랑스럽게 적었다). 그는 무엇이 잘되고 잘못되었는지를 평가하려고 애
썼고, 회고록에서 자신의 잘못을 반성했다. 그는 초기에 부하들에게
새로 점령한 마을을 약탈하도록 허용해, 적들이 가까이 있는데 쓸데
없이 현지인들을 멀어지게 한 것은 잘못이었음을 인정했다.

우리가 반성하지 않고 이런 명령을 내려서 얼마나 많은 다툼과 갈
등이 생겨났을까!

바부르의 아버지는 몽골(이 말이 인도에서 '무굴'이 되었다)족이었고,
절름발이 테무르(1336~1405)의 여러 자손 가운데 한 사람이었다. 그
가족은 현재의 우즈베키스탄에 해당하는 곳에 작은 영토를 갖고 있
었다. 사마르칸트 동쪽의 푸르고 비옥한 페르가나 분지다. 바부르는
아버지에 대한 생생한 묘사를 남겼다.

아버지는 키가 작고, 구레나룻을 길렀으며, 얼굴이 투실투실하고,

살이 쪘다. 윗옷을 입으면 너무 꽉 끼어서 띠를 묶으려면 아랫배에 힘을 주어야 했다. 그냥 내버려두면 가끔 띠가 끊어지곤 했다. 아버지는 옷이나 말에서도 모두 격식을 차리지 않았다.

바부르가 아직 소년이었을 때 그의 아버지는 이상한 사고로 죽었다. 아버지는 그때 좋아하는 비둘기를 보살피고 있었는데, 요새의 높은 성벽 위에 지어 놓은 비둘기장이 갑자기 무너져 아래 골짜기로 굴러 떨어진 것이다. 바부르는 튀르크어로 우아한 말재간을 부리지 않을 수 없었다. 그는 아버지가 "매로 변했다"고 썼다. 이 말은 죽었다는 말과 동의어였다.

바부르는 열두 살 나이에 통치자 자리에 올랐다. 맹수들(대부분이 테무르의 후손인 친척들이었고, 이복동생도 있었다)이 그가 물려받은 것을 빼앗기 위해 몰려들었다. 바부르는 이후 10년 동안 이리저리 옮겨 다니면서 튼튼한 기반을 확보하기 위해 노력했다. 그는 두 번 사마르칸트를 점령했지만 매번 쫓겨났다. 때때로 그와 그를 따르는 무리는(수가 점점 줄어들었다) 굶주려 죽기 직전까지 가기도 했다. 그는 나중에 이렇게 썼다.

집도 절도 없이 이 산에서 저 산으로 떠돌아다니는 것은 할 짓이 아니라는 생각이 머릿속을 스쳐갔다.

그는 치욕스러움을 느끼는 자신의 약점을 발견하고, 거듭된 모욕을 참아낸 것에 격하게 분개했다.

내 영혼 말고는

믿을 만한 친구 못 보았네.

내 마음 말고는

친한 친구 못 보았네.

그는 초기의 시에서 이렇게 읊고는 다음과 같이 결론지었다.

바부르야, 매정한 사람이 되자고 다짐해라.

1502년, 그는 타슈켄트에 있는 한 숙부를 찾아가 신세를 지려고 의탁했지만, 자신이 천덕꾸러기 취급을 받고 있음을 깨달았다.

나는 수많은 고난과 곤궁을 견뎌냈지.

내게는 영지가 없네

영지를 얻을 희망도 없네

내가 다스릴.

그는 중국으로 달아나야겠다고 결심했다. 잠시 동안이었다.

어려서부터 나는 중국에 가보고자 하는 욕망이 있었다. 그러나 통치를 해야 하고 다른 문제들도 있어서 전에는 전혀 가능하지 않았다.

마침내 그는 바부르답게 자신의 왕국을 얻는다는 오래전부터 품어온 목표를 추구할 것을 결심했다.

바부르는 일생 동안 자신의 혈통(그는 테무르와 칭기즈칸 양쪽의 피를 이어받았다)에 대해 엄청난 자부심을 가지고 있었지만, 그의 회고록을 보면 그는 예절에 관해 너그러운 태도를 보이고 있다. 그는 실제로 자신이 예법에 맞게 영접받지 못한 이야기를 적었다. 한 친척이 "아주 느릿느릿" 일어서면 그의 시종 하나가 바부르의 허리띠를 잡아당긴다. 너무 빨리 나아가지 않도록 하기 위해서다. 그의 여러 친척 가운데 두 사람이 그들의 야영지에서 멀리까지 나와 그를 맞이하지 않았을 때, 그는 그저 이렇게 썼다.

그들이 늦은 것은 아마도 마음껏 마시고 즐긴 뒤의 숙취 때문이지, 오만하거나 거스르려 해서가 아니었을 것이다.

그는 음식이 전통적인 원칙에 따라 제대로 차려졌을 때 이를 칭찬하며 이야기했다. 그러나 곧바로 이렇게 덧붙였다.

누군가가 세상을 떠나면 훌륭한 원칙에 따라 행동하는 것이 필요하다. 그러나 조상이 나쁜 선례를 남기면 좋게 바꿔야 한다.

그의 친척들이 그를 해치려고 음모를 꾸미면(그런 일이 잦았다) 그는 가족을 위해 그들을 용서했다. 그러나 초년 시절 이후로는 그들을 너무 깊이 믿지 않도록 늘 조심했다.

그는 어머니를 존경하고 최고의 예우로 대접했지만, 항상 어머니의 말에 따르지는 않았다. 그가 열일곱 살 때 어머니는 그의 혼처를 마련했지만, 그는 신부에게 냉담했다. 그는 어머니가 한 달에 한 번

바부르 황제와 그의 후계자인 후마윤.

쫌은 "아내에게 가도록 사감 선생처럼 혹독하게 나를 몰아댔다"고 불평했다. 갈등의 한 원인은 그가 한 소년과 사랑에 푹 빠졌던 일이었을 것이다. 바부르는 소년이 시적이라고 썼다. 그러나 그는 열정의 대상을 만나면 작아졌다.

나는 그를 만나면 우울해졌다. … 나는 매우 수줍어서 그의 얼굴을 똑바로 쳐다보지도 못했고, 하물며 그와 자유롭게 이야기를 나누는 것은 말할 것도 없었다.

이후 바부르는 여러 명의 아내를 두고 많은 자식을 낳았다. 그는 맏아들 후마윤을 대단히 자랑스러워했다. 훌륭한 전사이자 완벽한 행정가였다. 그러나 걱정도 했다. 바부르는 인도를 정복한 뒤에 쓴

한 편지에서 후마윤에게 더 많이 상의하고 조언을 받아들여야 한다고 말했다.

제왕이 된 자가 고독을 추구하는 것은 부적절하다.

그는 또한 아들의 편지를 비판했다.

네 글은 어찌어찌해서 읽을 수는 있겠다마는, 그것은 너무 모호하다. 수수께끼같이 쓰인 산문에 대해 들어본 사람이 어디 있겠느냐?

게다가 아들의 철자법은 엉성했다. 후마윤은 아직 바부르의 수중에 있는 카불에 대해 탐욕스러운 눈길을 보내고 있는 듯했고, 그는 이렇게 경고했다.

나는 카불을 내 행운의 상징으로 생각한다.

이 회고록은 또한 사냥을 즐기고 시를 쓰고 정원을 꾸밀 시간을 냈던 사람의 모습을 보여주고 있다. 바부르는 아름다움을 사랑했다. 자연의 아름다움이든, 사람의 아름다움이든, 예술의 아름다움이든 말이다. 1519년에 그는 가을 단풍을 구경하기 위해 카불 부근의 산으로 사흘 동안 여행을 떠났다. 그는 헤라트에 매혹되었다. 1504년 이후 처음 찾은 곳이었다.

믿을 수 없을 정도로 멋진 도시 … 모든 즐거움과 환락의 수단이 준비되어 대령하고 있는 곳. 모든 오락과 향락의 도구가 바로 곁에 있는 곳.

그는 새로운 맛과 감각을 즐겼다. 그는 사마르칸트 인근 마을에서 가져온 멜론에 대해 이렇게 썼다.

껍질은 노랗고 장갑용 가죽처럼 부드러우며, 씨는 사과 씨처럼 생겼고, 과육은 손가락 네 개 두께다. 무지무지하게 맛있다.

그는 짓궂은 장난을 잘 쳤다. 한번은 일행 한 사람에게 여주苦瓜라는 쓴 과일을 맛있는 사과라면서 주었다.

그날 밤까지 그것을 먹은 그는 결국 입에서 쓴물을 토해내고 말았다.

바부르는 1504년 카불과 그 주위 영토를 점령하고는 기쁨에 차서 자신의 새 왕국이 기후가 매우 좋다고 썼다. 그는 그 지역의 과일과 나무, 동물들에 대해 상세하게 기록했다. 그는 다양한 종류의 튤립을 꼽았다. 과일 나무들을 심었고, 격식을 갖춘 정원을 설계했다. 그는 이제 자신의 지배 아래 들어온 사람들에 대해 많은 호기심을 가졌다. 그들의 풍습과 교역과 기술에 대해, 그들이 어떻게 사냥하고 농사짓고 새를 잡는지, 그리고 가을에 물고기를 마취시키기 위해 어떻게 약초를 물에 넣는지에 관해.

그는 또한 그들에게 적당한 이슬람식 종교 의례가 없고 토착 미신을 믿는 것에 대해 비판적이었다. 한 성소聖所의 관리인들이 그 건물이 마치 움직이는 것처럼 보이게 만드는 속임수를 쓰는 것을 본 그는 그런 짓을 하면 사형에 처하겠다는 명령을 내려 다시는 그러지 못하게 했다.

바부르는 처음에는 종교적인 이유로 술을 마시는 것을 꺼렸지만, 나중에 "취한다는 게 유쾌하고 즐거운 것임"을 알았다. 그의 술잔치는 때때로 며칠씩 계속되었고, 강 위의 배 안에서 시작되어 육지에서 끝나는 경우도 많았다. 그는 자신이 마준majun이라 부른 마약도 흡입했는데, 이는 일종의 대마초 같은 것으로 보인다. 그는 펀자브에 대한 첫 공격에서 그것을 세게 흡입한 것을 묘사하고, 언덕 위에 앉아 앞에 펼쳐져 있는 광경을 어떻게 응시했는지를 적었다.

약 기운 속에서 꽃이 핀 들판이 얼마나 야릇하게 보였던지. 어떤 곳에는 온통 자줏빛 꽃만 피었고, 다른 곳에는 노란색 꽃만 피었다. 때로는 노란색 꽃과 자줏빛 꽃이 함께 피어 금빛 얼룩처럼 보였다.

때때로 그는 더욱 강력한 것(아마도 아편이었을 것이다)을 흡입하는 바람에, 회의를 해야 하는데 텐트 밖으로 나가지 못하기도 했다. 그는 생애를 마감할 무렵 아쉬운 듯이 말했다.

요즘 나는 그 절반 정도만 취해 있었다면 어땠을까 하는 생각을 한다.

그는 마약과 술이 궁합이 잘 맞지 않는다고 썼지만, 그럼에도 불구하고 그는 두 가지를 한꺼번에 즐겼다. 무슨 일에서든 이기려고 드는 그는 회고록에서 자신이 얼마나 취해 있었는지 자랑했다. 한번은 그가 일행과 떨어져 말에 올라탄 적이 있었다.

나는 손에 횃불을 들고 이리 비틀 저리 비틀 하면서 야영지까지 강둑을 따라 말이 제멋대로 달려가게 했다. 나는 정말로 취했던 것 같다.

그는 "텐트로 돌아와서 엄청나게 토했던 것 외에는" 아무것도 기억나지 않았다고 자랑스럽게 말했다. 때때로 그는 독실한 이슬람교도로서 술을 마시고 지나치게 방종한 것에 대해 어떤 불편함을 느꼈지만, 스스로 변명거리를 찾아냈다. 예컨대 그는 이렇게 썼다.

마흔 살이 되면 술을 마시지 않겠다고 맹세했는데, 마흔 살 나이를 단 1년 남기고 불안해져 지나치게 술을 마시고 있다.

실제로는 그는 몇 년이 더 지나서야 술을 끊었고, 이는 다른 이유 못지않게 정치적인 조치였다.

바부르는 매우 화를 낼 때도 있었지만, 곧바로 사람들을 용서하곤 했다. 그는 적들에게 매우 관대했다. 한때 자신에게 반란을 일으킨 주범이 굶주리고 누더기를 걸친 모습으로 카불에 도착했을 때의 일을 바부르는 이렇게 적었다.

이제 그는 자신의 과거 잘못 때문에 비참해졌고, 자신이 일을 꾸몄던 것을 부끄러워하고, 얼이 빠져 있었다. 나는 내 입장에서 그를 조금도 꾸짖지 않고, 다만 따뜻하게 받아들여 그의 고통을 달래주었다.

그런 관대함은 좋은 정책이기도 했다. 이렇게 함으로써 다른 사람들에게 바부르의 적들보다는 바부르의 곁에 있는 것이 더 낫다는 것을 보여줄 수 있기 때문이다.

반면에 그는 갑자기 잔인해지기도 했다. 그래서 독자들은 그의 가치관이 언제나 우리와 똑같지 않다는 것을 퍼뜩 깨닫게 된다. 그와 그 동맹자들은 승리의 징표로 벤 머리를 서로에게 보내곤 했다. 그는 한 전투에서 승리한 뒤 대뜸 이렇게 적었다.

죽은 아프간인들의 두개골 탑이 세워졌다.

그런 뒤에 그는 그 지역의 멋진 호수에 대해 감탄하는 묘사를 이어갔다. 그는 아프간 현지의 산적들이 골치 아프게 하자 "그들 가운데 몇을 말뚝에 꽂아 죽여 시범을 보였다." 또 한번은 그의 부대가 서부 아프가니스탄의 한 요새를 점령했다. 그는 이렇게 썼다.

그들은 반역자들이고, 그들 사이에는 이교도의 풍습이 퍼져 있으며 이슬람의 종교가 실종되었기 때문에 그들을 도륙하고 그 처자들은 포로로 잡았다.

쫓겨난 델리 술탄의 어머니가 자신의 하인 일부를 매수해 자신을 독살하려 하자 그는 죄인들을 단호히 처리했다.

나는 독을 검사하는 자를 토막 쳐 죽이고 요리사는 산 채로 껍질을 벗기라고 명령했다. 두 여자 중 하나는 코끼리에게 던져주고, 하나는 내가 쏘아 죽였다.

바부르는 자신의 몽골족 조상들이 한때 지배했던 곳에 왕국을 세우고 싶었을 것이다. 오늘날 중앙아시아 국가들이 자리 잡고 있는 땅이다. 그러나 그나 그와 다투던 테무르계 친척들은 이제 무시무시한 적수와 맞닥뜨렸다. 강력한 지도자의 모습으로 나타난 샤이바니 칸이다(샤이바니 왕조를 창시한 무함마드 샤이바니(1451~1510)로, 칭기즈칸의 장남 주치의 5남인 시반의 후손이다―옮긴이). 그는 분열된 우즈베크 부족들을 결집시켜 가공할 전투 부대를 만들었다.

바부르는 자신이 '시바그'('시반'의 발음을 약간 비튼 이 말은 환각제를 만드는 약쑥을 가리키는 말이어서 상대를 마약쟁이로 비꼰 것이다―옮긴이)라고 별명을 붙인 이 사람을 교양이 없고 무식한 시골뜨기라고 생각했다. 바부르에 따르면, '시바그' 칸은 1507년 잠시 헤라트를 점령했을 때 스스로 웃음거리가 되었다. 지도급 물라(이슬람교의 율법학자―옮긴이)들에게 『쿠란』의 해석을 가르치겠다고 주제넘게 나서고, 그 세련되고 교양 있는 도시에서 유명한 화가들의 글씨와 그림을 고치라고 한 것이다.

게다가 며칠에 한 번씩 맥빠진 시를 지어 설교단에서 암송하도록 하고, 시장 거리에 붙여 사람들한테 찬양을 받고자 했다.

시바그가 하루에 다섯 번 기도하고 『쿠란』을 암송할 수 있다는 것은 사실이었다.

그러나 그는 멍청하고 어리석으며 뻔뻔하고 이교도적인 말을 수도 없이 했다.

그러나 시바그와 우즈베크인들은 중앙아시아의 장악력을 높였고, 이것이 서쪽 페르시아의 사파비 왕조로부터 오는 새로운 위협과 맞물려 바부르를 남쪽 아프가니스탄으로 밀어냈다. 그는 이렇게 말했다.

인더스 강을 건너는 바부르 황제.

적은 강했고, 우리는 약했다. 화해를 할 수 있는 가능성이나 저항할 수 있는 여지가 모두 없었다.

카불에 자신의 왕국을 세운 뒤 그는 선택에 직면했다. 그의 지배력을 북동쪽 아프가니스탄으로 확대할 것이냐, 남쪽 인도(그는 이곳을 힌두스탄이라 불렀다)로 이동할 것이냐였다. 결국 인도 쪽의 유혹이 더 컸다. 1519년, 바부르는 처음으로 인더스 강(오늘날의 파키스탄에 있다)을 건너 풍요로운 인도아대륙의 정착 평원으로 들어갔다. 그때 그는 약탈물을 거두는 것으로 만족했다. 그러나 그는 카불과 인더스 강 사이의 주민들에게 점점 더 많은 공물을 요구하고 받아갔다.

1525년, 그는 인도 북서부의 주요 세력인 델리의 아프간 술탄국을 총공격할 준비가 되어 있었다. 바부르는 오스만계 튀르크인들에게서 얻은 화승총과 대포로 무장하고 인도로 진군해 들어갔다. 처음에

1526년 파니파트 전투.

적들은 새로운 무기를 보고 웃었지만, 그들은 이내 그것이 얼마나 치명적인 것이 될 수 있는지 알게 되었다. 바부르와 그의 군대는 자신의 표현대로 델리 술탄의 부하들을 하나씩 하나씩 제치고, 자신들에게 맞서 싸우러 나온 군대를 쳐부쉈다.

1526년 봄, 그는 델리 북쪽 파니파트에서 결정적인 승리를 거두어 델리로 들어가는 길이 활짝 열렸다. 바부르의 군대는 델리를 점령하고 이어 남쪽의 아그라를 점령했다. 그런 뒤에 그는 자신이 힌두스탄의 황제임을 선언했다. 군대가 노획한 전리품 가운데는 금은보석이 무더기로 있었다. 후마윤은 커다란 다이아몬드 하나를 발견해 아버지인 바부르에게 바쳤고, 바부르는 이를 다시 아들에게 선물했다. 코이누르('빛의 산'을 뜻하는 페르시아어가 변형된 것—옮긴이)로 알려지게 된 이 다이아몬드는 빙 돌아서 결국 대영제국의 보석이 되었다.

이듬해가 되자 바부르의 많은 병사들은 불만스러워했고 향수병에 걸렸다. 그들은 평원의 여름 열기를 싫어했고, 카불의 선선한 공기를 그리워했다. 바부르는 그들의 열망에 공감하기는 했지만, 정복을 포기할 수가 없어 그들에게 남아 있으라고 요구했다.

지금 우리가 왜 아무런 이유도 없이, 그렇게 비싼 대가를 치르고 얻은 영토를 모두 버려야 한단 말인가? 카불로 돌아가 다시 가난에 시달려야 한단 말인가?

규모가 크고 호전적인 라지푸트 세력이 남쪽(아그라 서쪽)에 집결하자 그는 엄숙하게 모든 금·은제 술그릇들을 깨버리고 극적인 발표를 했다. 자신이 영원히 술을 끊겠다는 것이었다. 그는 병사들에게도 마찬가지로 술을 끊고 성스러운 이슬람 전사가 되겠다고 『쿠란』에 맹세하라고 촉구했다. 바부르는 이렇게 썼다.

그것은 정말로 좋은 계책이었고, 친구와 적 모두에게 긍정적인 선전 효과를 가져왔다.

그러나 그는 여전히 마약은 끊지 않았다.

바부르의 군대는 1527년 2월 라지푸트를 상대로 또 한 번의 결정적인 승리를 거두었다. 또다시 총이 그에게 승리를 안겨주었다. 그 뒤, 여기서 패배할 것이라고 예언했던 점성가가 나타나 바부르에게 축하 인사를 건넸다.

나는 그에게 사정없이 욕을 했고, 그러자 내 기분이 좀 나아졌다.

그러나 전에 그 사람을 잘 써먹었으므로 바부르는 많은 돈을 주어 떠나보냈다.

비록 그 자신은 몰랐지만, 인도의 새 황제가 된 그는 2년밖에 더

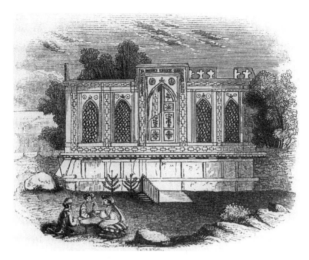

카불에 있는 바부르
황제 무덤.

살지 못했다. 그는 계속해서 회고록을 쓰는 데 공을 들였고, 인도에
대해 관찰한 것을 상세히 기록했다.

이곳은 이상한 땅이다. 우리가 살던 곳과 비교하면 이곳은 또 다른
세계다.

그는 거의 모든 것을 비교했다. 동·식물상에서부터 사람들에 이
르기까지 그의 사랑하는 아프가니스탄 및 중앙아시아와 비교했는
데, 언제나 그의 새 영토가 이전의 영토만 못 했다. 인도의 도시와 마
을들은 "아주 불편"했고, 땅은 거의 모든 곳이 "판자처럼 평평"했다.
우기의 습도는 끔찍해서 궁수들의 활을 망가뜨렸다. 그는 공작은 매
우 아름답고 코끼리는 "커다랗고 똑똑한 동물"이라고 인정했다. 그는
말하는 것을 배울 수 있는 앵무새에 흥미를 보였지만, 아름답고 붉
은 어떤 종種은 "깨진 자기 조각이 놋쇠 쟁반을 긁고 지나가는 것 같

은 불쾌하고 새된" 소리를 낸다면서 아쉬워했다. 과일과 꽃에 대해서도 꼼꼼히 묘사했다. 과일은 망고를 제외하고는 모두 맛이 없다고 했고, 꽃 가운데서는 부용芙蓉과 협죽도夾竹桃를 좋아했다. 그의 전반적인 평가는 아주 좋지 않았다.

힌두스탄은 매력이 별로 없는 곳이다. 그 사람들에게는 아름다운 구석이 없고, 우아한 사회적 교제도 없고, 시적 재능이나 시에 대한 이해력도 없고, 예의범절이나 고결함이나 남자다움도 없다. 예술과 공예는 조화나 균형이 없다. 좋은 말이나 고기, 포도나 멜론이나 다른 과일들도 없다. 얼음도 없고, 찬물도 없고, 시장에 좋은 음식이나 빵도 없다. 목욕탕도 없고 학교도 없다.

그는 수영장과 흐르는 물이 있고 적절하게 균형이 잡힌 정원을 설계해 스스로 위안을 삼았다. 그러고는 이렇게 적었다.

힌두스탄의 한 가지 좋은 점은 금과 돈이 많은 큰 나라라는 것이다.

남아 있는 회고록은 갑자기 끝난다. 점점 자주 자신의 건강 문제를 한탄했던 바부르는 1530년 말에 죽었다. 전설에 따르면 바부르는 아들 후마윤이 심하게 아프자 젊은 아들의 침상 곁을 서성거리며 신에게 아들 대신 자신을 데려가라고 빌었다고 한다. 그래서 후마윤이 회복되자 바부르가 병이 나서 죽었다는 것이다.

후마윤과 그 후계자들은 바부르의 회고록을 최고의 필경사들에게 베끼게 하고 멋진 세밀화를 삽화로 넣었다. 앞에서 언급한 호기심

많고 대담한 여성들 가운데 한 사람인 애넷 베버리지가 19세기에 이를 영어로 번역했다. 그의 번역은 새롭게 개정되어 우리는 이 비범한 사람의 정신과 세계를 자세히 들여다볼 수 있게 되었다.

마르셀 트뤼델과 찰스 리치 · 자신들의 캐나다를 기록하다

유럽인들이 캐나다에 정착하던 초창기는 시간적으로 바부르의 시대만큼 멀지는 않지만(캐나다인인 나의 할아버지는 19세기 중반에 가족들이 어떻게 온타리오 주 런던 부근의 땅을 개간해야 했는지에 대한 이야기를 당신의 할아버지한테 들었다), 이 시기는 오늘날의 우리에게는 똑같이 먼 이야기로 들릴 수 있다. 토론토에 맨 처음 건물이 지어질 때의 그곳을 알고 있었던 심코 부인의 기록이나, 영국의 비교적 안락한 중산층 출신으로 오지의 정착민이 된 용감한 자매 캐서린 파 트레일(1802~1899)과 수재나 무디(1803~1885)의 기록은 다행히 남아, 우리에게 자동차나 현대 의약, 사회안전망이 없던 시절의 삶이 어떠했는지에 대해 감을 잡을 수 있게 한다. 그래프나 통계를 곁들인 꼼꼼한 사회 분석이 제공할 수 없는 방식을 통해서다.

우리 시대와 좀 더 가까운 것으로는 캐나다의 선구적 페미니스트 넬리 매클링(1873~1951)의 회고록이 우리를 기차와 배, 그리고 말이 끄는 수레로 온타리오에서 대초원의 미개척지로 가는 그의 가족들의 여행에 데려다준다. 그들의 첫 번째 집은 초가지붕을 얹어 엉성하게 얽은 통나무 오두막이었다. 밤이 되면 벽 틈으로 바람이 휘파람 소리를 내며 들어왔고, 초원의 늑대들이 짖는 소리를 들을 수 있었다. 2년 뒤 이웃들이 모여 비바람이 들이치지 않는 그들의 새집을 지었다. 봄이 오자 어머니는 온타리오에서 가져온 단풍나무 씨를 심어 화단을 만들고 가장자리를 버펄로 뼈로 둘렀다. 최근에는 사냥꾼들 때문에 전멸했지만, 당시에는 그 정도의 버펄로 떼가 남아 있었다. 여름에는 새로 개간한 초원에 밀이 자라 누런 들판이 되었다. 기나긴 겨울에는 하늘에서 북극광이 춤을 추었고, 집 주위에 눈이 쌓여 그들은 꼼짝없이 갇혀 지내야 했다.

17세기 초 사뮈엘 드 샹플랭과 함께 유럽인들의 정착이 시작된 퀘벡의 일상생활을 나는 두 개의 회고록에서 포착했다. 하나는 로베르드 로크브륀(1889~1976)이 쓴 것이고, 또 하나는 저명한 역사가 마르셀 트뤼델(1917~2011)이 쓴 것이다. 두 사람은 서로 다른 사회 계급 출신이다. 로크브륀은 17세기에 지어진 커다란 석조 저택에 살던 옛 영주 가문 출신이고, 트뤼델은 훨씬 평범한 기술자·사냥꾼·농부 가정 출신이다. 그러나 두 사람은 모두 대초원 정착민들의 세계보다도 더 멀어 보이는 세계에 대한 생생한 기록을 남겼다.

로크브륀은 이렇게 썼다.

나는 캐나다에서 어린 시절을 보냈는데, 그 세계는 지금은 사라져 버렸다. 1890년에서 1905년 사이의 시기는 완전히 다른 세계에서의 일처럼 지나갔다. 우리에게서 시간적으로 멀 뿐만 아니라 일의 겉모습이나 사람들이 생각하는 방식, 그리고 그들이 행동하는 방식에서도 멀었다. 내 어린 시절에 있었던 세계는 아주 완전히 사라졌고 그 세계는 아주 낯설어졌기 때문에 나는 그것을 기억조차 하기가 쉽지 않다.

가족은 상업과 공업으로 북적거리는 몬트리올로 가는 간선도로에서 불과 3킬로미터 떨어진 곳에 살았다. 그러나 그들은 섬에 있는 것 같았다. 그들은 소박하게, 대체로 자기네 땅에서 나는 것들만 가지고 살았다. 겨울에는 심코 부인에게 그토록 즐거움을 안겨주었던 말이 끄는 썰매를 타고 여행했다. 그들은 자기네 조상들을 매우 자랑스러워했다. 조상들의 초상화(남자들은 분을 바른 가발에 프록코트나 제복 차림이었고, 여자들은 비단옷 차림이었다)가 벽에 줄지어 걸려 있었다. 그들의 친교 활동은 주로 이웃들 주변을 맴돌았고, 가끔씩 몬트리올이나 퀘벡에서 친척들이 와서 바깥 세계의 소식들을 전해주었다. 전원생활(아이들과 그 어머니에게는 그랬다)은 아버지가 정부에 일자리를 얻어 가족이 퀘벡 시로 이주하면서 마감했다. 저택은 남에게 팔렸고, 이후 불이 나서 허물어졌다.

1917년에 태어난 트뤼델은 그 뒤 세대였다. 그러나 그는 세인트로렌스 강 훨씬 북쪽의 퀘벡 농촌 출신이었다. 그곳은 남부에 비해 옛날 방식이 더 오래 남아 있었다. 그의 마을 사람들에게는 그 방식들이 가장 좋은 것이었고, 바깥 세계는 이국적이고 위험으로 가득 찬 곳이었다. 특히 영적인 부분에서 그랬다. 영국이 1759년 누벨프랑스를 정복하기는 했지만, 구체제는 여전히 위계적이고 보수적인 사회를 만들어내고 있었다. 그곳에서는 권위, 특히 교회의 권위가 매우 존중되었다. 트뤼델은 나이 많은 부인들이 파니에(여자들의 스커트를 양쪽으로 벌리게 하기 위해 속에 걸친 틀—옮긴이)와 크리놀린(여자들의 스커트를 부풀게 하기 위해 속에 걸친 틀—옮긴이)을 걸친 것을 기억한다. 남자들의 굽 높은 구두는 '프랑스 구두'라 알려진 것이었다. 도량형은 한때 파리에서 통상 쓰던 옛 도량형을 사용했다. 트뤼델은 이렇게 적었다.

남들과 어울려 살려면 가톨릭 전통을 실천해야 했다.

탄생과 결혼과 죽음은 모두 교회에서 합법적이라는 승인을 받아야 했다. 남녀는 옛 법에 따라 결혼했고, 아내의 재산은 그의 "지배자이자 주인"인 남편만이 관리해야 했다. 교구 교회는 지역사회의 영적인 중심이자 사회적인 중심이었고, 역대 주교들이 설정한 규칙들은 엄격히 강제되었다. 1691년의 춤 금지령 같은 것들인데, 이를 금지한 그 주교는 연극 「타르튀프Tartuffe」(몰리에르가 지은 희극으로, 독실한 체하지만 누구보다도 탐욕스러운 타르튀프라는 주인공을 내세워 이런 부류의 사람들을 비판했다―옮긴이)를 금지하기도 했다. 이 연극은 1952년까지 퀘벡에서 상연되지 않았다.

교육 역시 구체제를 따랐다. 남녀는 엄격히 구분되었다. 트뤼델의 형은 신부가 되었고, 트뤼델 자신은 신학대학에 갔는데 그곳 학생들은 17세기 신부들의 성직자복을 입고 그리스어와 라틴어 고전들을 공부했다. 그의 꿈은 대학에서 가르치는 것이었는데, 당시에 그것은 그도 신부가 되어야 한다는 의미였다. 그랑 신학대학에서 상급 과정을 1년 공부한 뒤 그는 자신에게 소명 의식이 없음을 깨닫고 라발대학으로 전학했다. 거기서 박사 학위를 받으려는 것이었고, 그러면 가르칠 수 있을 터였다.

변치 않는 프랑스인 사회처럼 보이던 퀘벡의 표면 아래에서 새로운 생각과 사고방식이 꿈틀거렸다. 트뤼델은 교회가 연구하고 쓸 수 있다고 허용한 대상을 확장하는 데 일익을 담당했다. 주교였지만 진보적인 사고를 지녔던 삼촌의 지원을 업고 그는 종교 당국으로부터 캐나다의 프랑스 문학에 끼친 볼테르의 영향에 관해 쓸 수 있는 허락을 얻어냈다. 이는 특별 허가의 하나로, 그는 대학교 도서관에 자물쇠를 채워 보관하고 있던 볼테르의 작품들을 읽을 수 있었고, 그 결과 1946년에 학위 논문을 발표했다. 그는 이어 누벨프랑스의 건설과 발전에 대해 연구하는 일을 시작했고, 다시 한 번 영역을 확장했다. 예컨대 장로교로 개종한 프랑스 가톨릭 신부에 관해 쓴 글 같은 것들이다.

1962년에 그는 퀘벡에서 교회와 국가의 분리를 촉진하는 새로운 운동을 이끌었고, 이것이 교회의 지배권에 대한 마지막 일격이었다. 그는 라발에서 강등되고, 3년 뒤 오타와로 옮겨 그곳의 한 대학에서 가르쳤다. 교회는 승산 없는 싸움을 벌이고 있었고, 결국 지고 말았다. 정치적·사회적·지적 변화는 낡은 질서를 쓸어내고 있었다. 트뤼델은 이렇게 말했다.

그러므로 우리 세대의 사람들은 구체제의 확장판에서 태어나고 자랐다. 갑자기, 예고도 없이 우리는 또 다른 종류의 사회에 살고 있음을 깨닫게 되었다. 1960년대에 퀘벡의 '조용한 혁명'(이 시기 캐나다 퀘벡 주에서 이루어진 정치·경제·교육 등에 관련된 일련의 개혁을 말한다―옮긴이)과 함께 진행된 과정이었다.

300년 이상 지속되어온 삶의 방식이 10년 만에 사라졌다.

세부적인 것에 대한 날카로운 눈은 좋은 관찰자가 되는 데 도움이 된다. 불합리한 것에 대한 감각도 마찬가지며, 심지어(또는 아마도 특히) 약간의 악의도 그런 역할을 한다. 얼굴이 갸름하고 우아한 외교관 찰스 리치(1906~1995)는 계속 이어진 자신의 일기에서 모든 사람을 날카롭게 비판한다. 물론 자신에 대한 비판이 가장 먼저다.

그는 전통에 얽매인 초기 정착민들의 프랑스계 퀘벡과는 또 다른 캐나다에서 성장했다. 그의 캐나다는 핼리팩스라는 아늑한 세계였다. 몇 세대 동안 그곳에 살아온 오랜 가문들은 그들끼리만 어울렸으며, 토론토나 몬트리올이 아닌 런던이 그네들 머릿속의 중심 도시였다. 그는 세계를 다과회에 초대될 수 있는 사람과 너무 "신참"이라 그럴 수 없는 사람으로 나누는 속물근성을 그들과 공유하고 있었다.

어머니에게서 사랑을 듬뿍 받고 자신도 어머니를 퍽 좋아했지만 그는 집을 떠나기를 원했다. 그의 꿈은 옥스퍼드로 가서 매우, 심지어 위험할 정도로 박식해지는 것이었다. 자신에게 "지식이 부족하지는 않다"고 말한 그는 자신의 결점을 잘 알고 있었다. 그는 초기의 일기에 이렇게 썼다.

나는 멋지고 늠름하며 자신감이 있기를 원한다. 그러나 나는 빼빼 마르고 매부리코에다 가슴이 빈약하고 안경을 썼다.

그는 남들이 자신을 비웃을 거라고 염려했다. 그는 이 여자 저 여자 사랑했지만 그들의 마음을 얻을 수 없었다. 그는 자신의 학교 선생들이 불결한 생각이라고 부르는 것을 자신도 갖고 있지만, "그것이 악인지 아닌지 나는 모르겠다"고 조심스럽게 적었다. 그는 영국에서 오는 방문객들과 그들의 깔끔한 옷, 그들의 세상 경험, 그들의 자신감을 부러워했다.

1940년 런던 대공습 때 세인트 폴 대성당 근처.

1920년대 말에 그는 소망을 이루어 옥스퍼드 대학 학생이 되었다. 그곳에서 그는 더 경박하고 돈 많은 학생들 무리에 금세 이끌려 들어갔다. 옷을 맞추느라 많은 돈을 들였고, 도박과 술에 너무 빠졌다. 말 잘 듣는 동네 여자 덕분에 섹스의 즐거움에 눈을 떴다. 그는 또한 잊지 못할 어느 날 밤에 대해서도 이야기했다. 그의 친구 몇 명이 그의 집 창문 아래 붐비는 큰길에서 공기총을 난사한 것이다. 총은 그의 것이었다. 그들은 행인을 맞혀 겁에 질렸고, 맞은 사람은 시의원으로 밝혀졌다. 그것으로 리치의 인생이 끝났을 수도 있었지만, 당시 옥스퍼드에서 그런 일들은 무마될 수 있었다.

1934년, 위태위태했던 청년기를 멀찌감치 뒤로하고 그는 캐나다의 신생 외무부에 들어갔다. 1939년 제2차 세계대전이 일어나기 전날 그는 런던으로 전근되었고, 1945년 전쟁이 끝날 때까지 그곳에서 근무했다. 그의 일기는 런던 대공습(1940년 9월부터 이듬해 5월까지 있었던 독일의 대공습으로, '번개'를 의미하는 독일어 '블리츠Blitz'로도 불린다—옮긴이) 당시의 생활상을 보여준다.

우리의 귀는 위험을 알리는 소리에 예민해졌다. 하늘에서 휘몰아치는 강렬한 위협과 폭탄이 떨어질 때 나는, 막혔던 숨을 토해내는 듯한 긴 폭음이다.

런던은 점점 위축되는 것 같았다고 그는 적었다. 집들에는 더 이상 칠을 하지 않았고, 폭탄의 충격을 받은 곳에서는 균열이 생겼다. 공습이 절정을 이루었던 1940년 가을에 그가 한 영화관에서 나와보니 런던 중심가에 있는 피커딜리 거리 전체가 불바다였다. 그는 이상한 흥분감을 고백한다.

일이 끝나면 그것을 잊을 것이다. 정전되어 캄캄한 가운데 현관문 열쇠를 찾느라 더듬거리고, 눈송이가 방향을 잃고 유유히 공중을 떠도는 그 모습 그대로, 파편 조각이 옆 길바닥에 떨어져(파편은 으레 그렇게 날아다닌다) 쨍그랑 하는 소리를 낸다.

마침내 그가 사는 아파트도 직격을 당했다. 그는 자신의 비싼 옷과 책들을 잃어버려 짜증이 났다. 그는 런던에 살던 많은 사람들과 마찬가지로 독일이 언제 쳐들어올지, 그리고 그 뒤에 전쟁이 교착 상태에 빠졌을 때는 연합군이 정말로 이길 수 있을지 의문을 품었다.

전쟁은 위험한 일이었지만, 그는 빡빡한 사교 생활을 즐겼다. "화려

한 루마니아 공주님들이나 겉멋 든 아마추어 평론가들"과 주말과 만찬과 점심을 함께했다. 사람들은 그가 매력적이고 재미있다는 것을 알게 되었고, 그는 새셰버럴 시트웰(1897~1988) 부부와 루마니아 출신의 칼리마치 공주("활발하고 … 도마뱀처럼 생긴"), 미리엄 로스차일드(1908~2005), 그리고 오스트리아의 로베르트 대공(1915~1996) 같은 사람들과 친해졌다. 그는 웨스트민스터 공작 부인(1902~1993)과 크리스마스를 보내고, 데이비드 세실(1905~1981)과 저녁을 먹었다. 낸시 미트포드(1904~1973)와 파티에 가고, 그 여동생 유니티 미트포드(1914~1948)를 만났다. 유니티는 히틀러를 너무 존경해 전쟁이 발발하자 자살을 기도했던 사람이었다. 한 만찬에서 그는 T. S. 엘리어트가 다른 작가를 악의적으로 비평하는 것을 들었다.

먹잇감을 궁지에 몬 뒤 죽이는 것이 너무도 깔끔하고 결정적이었으며, 뼈를 발라내고 입술을 핥는 희미한 소리로 잔치는 끝이 났다.

그는 또한 저명한 작가 엘리자베스 보언(1899~1973)과 연애를 시작했다. 30년 이상 지속되는 관계였다. 보언은 약간 나이가 많았고, 결혼한 사람이었다. 그녀는 교양 있는 런던과 새로 독립한 아일랜드의 미개한 영국계 아일랜드 귀족 세계 사이를 자유로이 넘나들었다. 그녀에 대한 그의 첫인상은 절제된 느낌이었다.

옷을 잘 입고, 어딘가 귀족의 세속적인 아내 같은 분위기가 있는 중년이었으며, 갸름하고 지적인 얼굴에 눈은 상대를 주시하고, 말은 가혹했지만 재치가 있었다.

반 년 뒤, 그는 그녀에게 사로잡혔다.

그녀는 벌거벗자 시적이 되고 거침 없어지고 젊어졌다.

엘리자베스 보언.

그는 여자와 함께 아일랜드에 있는 그녀의 소중한 가족의 집인 보언 궁에 가서 잠깐 동안 행복한 날들을 보냈다. 그러나 그들의 관계는 점점 어려워지고 불행해졌다. 여자는 남편과 헤어질 생각이 없었고, 리치는 계속해서 딴 여자와 만났다. 리치는 자신이 그녀에게 의존하는 것이 분했다. 그는 일기에 이렇게 썼다.

나는 더 이상 말려들고 싶지 않다. 아일랜드 위스키를 마시고 내 감정에 대해 이야기한 것이 부끄럽다. 나는 더 이상 사춘기 청소년이 아니다.

그는 발을 빼려고 애쓰면서 동시에 자신의 직업 때문에 결혼할 필요가 있다고 판단하고(아마도 이기적이고 냉소적인 생각이었을 것이다), 1948년에 실제로 결혼을 했다. 그와 엘리자베스는 여전히 가끔 만나는 관계를 유지했지만, 그들은 이제 주로 편지를 통해 이야기를 나누었다. 보언은 그 편지들에 자신을 쏟아부었고, 그 가운데는 그가 쓴 최고의 글들도 들어 있다. 불행하게도, 그리고 또 한 번 이기적으로 리치는 죽기 전에 가차 없이 그것들에 손을 대 페이지를 잘라내거나 찢어버렸다. 또한 보언의 편지 일부를 완전히 없애버렸고, 자신이 그녀에게 보낸 것은 사실상 모두 없앴다. 보언이 살았더라면 더 큰 사랑을 드러냈을지도 모르지만, 그녀가 죽자 그는 이렇게 썼다.

그녀와 단 한 시간만이라도 다시 이야기할 수 있다면 나는 내가 주어야 할 모든 것을 주겠다. 내가 그녀를 사랑한 것보다 자신이 나를 더 사랑한다고 그녀가 한 번이라도 생각했다면 그는 복수를 당한 것이다.

심코 부인, 수재나 무디, 캐서린 파 트레일, 넬리 매클렁, 로베르 드 로크브륀, 마르셀 트뤼델, 그리고 찰스 리치는 모두 그들의 캐나다에 대해 기록했다. 온타리오의 숲을 벌목하고 대초원을 개간하기 위해 분투했던 정착민들의 세계는 프랑스령 캐나다의 더 안정된 세계나 친영親英적인 핼리팩스의 고상함과는 크게 동떨어져 있다. 그러나 비슷한 점도 있다. 구세계인 유럽과 신세계 아메리카 사이의 충돌, 땅 자체의 도전, 식민지의 집합에서 국가로의 점진적이고 대체로 평화로웠던 진화, 캐나다적이라는 것은 무엇인가에 대한 탐구 같은 것들이다. 이들 캐나다인들이 들려주는 이야기는 천천히 펼쳐지는 캐나다의 역사라는 캔버스에 색과 깊이를 더해준다.

하리 케슬러
• 19~20세기 유럽 문화예술계의 속살을 넘나들다

19세기와 20세기의 유명한 기록자 가운데 한 사람인 하리 케슬러

(1868~1937) 백작은 리치와 달리 기록에 손을 댈 생각을 하지 않았다. 그러나 그가 나치스 독일에서 추방되어 마요르카(에스파냐 동쪽 지중해상에 있는 에스파냐에서 가장 큰 섬―옮긴이)에서 살다가 죽었을 때, 그가 50년 이상 간직했던 일기는 얼마 되지 않는 그의 다른 유류품들과 함께 사라졌다. 그러나 1983년 현지 은행의 안전 금고 임대 기한이 만료되면서 일기가 온전한 상태로 보관되어온 것을 알게 되었다. 일기는 유럽의 역사가 요동치고 빠르게 변하던 시기에 관해 이례적이고도 상세한 기록을 제공하고 있다.

1880년 열두 살이던 케슬러가 일기를 쓰기 시작했을 때는 빅토리아 여왕이 세계 최대 제국의 권좌에 있었고, 영국 해군은 바다를 지배하고 있었다. 독일·이탈리아와 캐나다는 신생국이었고, 특히 독일은 재빠르게 유럽의 경제 대국이 되어가고 있었다. 프랑스와 스위스 같은 극소수를 제외한 유럽 여러 나라들은 군주가 통치했고, 오래된 지주 귀족들이 교회에서 군대에 이르기까지 사회의 높은 지위를 차지하고 있었다. 오스트리아-헝가리제국이 여전히 유럽의 중앙부를 통치했고, 오스만 제국은 아랍 세계와 발칸 반도의 일부분, 그리고 오늘날의 터키를 지배하고 있었다.

유럽 대륙은 전체적으로 볼 때 세계에서 가장 강력하고 중요하며 번영하는 지역이었다. 아프리카와 동아시아 등 세계의 상당 부분은 유럽의 이 제국 아니면 저 제국의 식민지였다. 비유럽 국가들 가운데는 주요 강국으로 꼽히는 나라가 없었다. 일본은 이제 막 근대화를 시작했고, 중국은 마치 곧 쪼개질 나라처럼 보였다. 미국은 내전의 피해로부터 회복되기 시작하는 중이었고, 무시해도 좋을 정도의 육군과 겨우 초보 단계의 해군을 보유하고 있었다. 유럽 사회는 산업혁명 및 과학혁명의 충격과 자본주의 또는 정치 운동(자유주의와 사회주의를 포함하는)의 확산 등으로 빠르게 변화하고 있었다. 그러나 대다수의 유럽인들은 여전히 옛날 가치관에 매달린 채 전통적인 방식으로 살고 있었다.

케슬러가 죽던 1937년 무렵에는 오래 지속된 전쟁으로 인해 유럽이 빈궁 상태에 빠지고 수많은 사람이 목숨을 잃었다. 예전의 사회적·정치적 질서는 흔들렸고, 일부 나라에서는 무너져버렸다. 혁명이 러시아 제정帝政을 무너뜨렸고, 그 자리에 볼셰비즘이라는 형태의 새로운 정치 운동이 들어서 이제 소련이라는 나라를 지배했다. 오스트리아-헝가리제국은 지도에서 사라졌고, 그 대신 작은 민족 국가들이 한 무더기 들어서 그들끼리, 그리고 이웃들과 다툼을 벌였다. 오스만 제국 역시 사라지고 터키와 이라크 같은 새로운 나라들이 등장했다. 독일은 독자적인 혁명을 이루어 군주정이 자유주의적이고 민주적인 정권으로 대체되었으며, 그것은 다시 1933년 나치스 혁명으로 쏠려 나갔다. 유럽에는 여전히 제국들이 있었지만, 그들은 내부의 독립 운동과 외부의 새로운 강대국들(공격적인 일본이든, 점점 강력해지고 있는 미국이든)로부터 점점 거센 도전을 받았다.

케슬러는 살아 있는 동안 이러한 거대한 정치적 격변을 목격하고 기록했다. 그러나 그는 그보다 더 큰 일을 했다. 현대적 방식이 전통과 충돌하는 시기에 옛 질서의 죽음과 새로운 질서의 난산難産을 경험한 것이다. 그는 니체나 아인슈타인 같은 사상가들이 가져온 새로운 사상을 만나고, 새로운 유형의 그림과 조각을 보고, 새로운 형태의 음악을 들었다.

케슬러는 그런 거대한 변화를 관찰하는 데 꼭 맞는 예외적인 사람이었다. 그는 영리하고, 감각이 예민하며, 호기심이 많고, 새로운 사람과 새로운 경험을 갈구하고 있었다. 그는 또한 발이 매우 넓었다.

1917년 하리 케슬러.

그는 1870년대에 독일의 첫 황제에게서 작위를 받은 부유한 독일 은행가와 아름다운 영국계 아일랜드인 어머니의 아들이었다(케슬러의 어머니 앨리스는 황제의 애인이었다는 소문이 있었지만, 가족들은 언제나 이를 부인했다). 그는 유럽 전역에, 그리고 어쩌면 더 먼 곳에도 친척들이 있었던 것 같다. 앨리스 케슬러의 한쪽 할아버지가 페르시아 왕가의 사람과 결혼했기 때문이다.

영국과 독일 양쪽에서 교육을 받아서 소년 케슬러는 몇 개 언어를 유창하게 구사했으며, 유럽 각국의 상류층 사회에 대해 잘 알았다. 그러나 그 세계에 있던 많은 사람들과 달리 그는 예술을 좋아하고 유럽과 세계 각지에서 새로운 사상과 새로운 풍격을 추구했다. 예를 들어 그는 일본을 여행했을 때 일본 미술가들이 소묘나 채색에서 절제미를 보여주는 것을 보고 충격을 받았다. 서양 미술가들은 너무 자세하게 그린다고 그는 주장했다.

그는 말쑥하고 우아한 사람이었다. 작은 손의 손톱을 세심하게 손질하고, 옷도 매우 신경 써서 입었다. 그의 예의범절은 흠 잡을 데가 없었다. 러시아 출신 작곡가 니컬러스 나보코프(1903~1978)는 그가 "절반은 외교관이고 절반은 프로이센 장교"라고 말했다. 케슬러는 고

상한 체하는 사람이었다. 그는 상스러운 것을 보면 어디서든지 지체 없이 비난을 퍼부었고, 그런 것들은 곳곳에 널려 있었다. 베를린에서 열린 한 대규모 궁정 무도회에서 그는 금빛 옷을 입고 붉은 띠를 두른 황후가 "싸구려 파티 불청객 같아" 보인다고 말했다.

그는 독일 귀족이라는 자신의 신분을 의식했고, 그 계급이 지닌 편견을 너무 자주 드러냈다. 반反유대주의 같은 것들이다. 1902년에 그는 일기에서, 유대인들이 놀라울 정도로 비겁함과 권력의지를 함께 지니고 있기 때문에 자신을 밀어냈다고 말했다. 그는 또한 '인종이 어떻게 근본적으로 다른가' 하는(그 시대에 너무나도 전형적인 생각이다) 어리석은 말도 했다. 그는 어떤 곳에서 유대인과 프랑스인은 이성에 지배되기 때문에, 자기네 프로이센인이나 영국인·그리스인과 달리 감정 생활이 빈곤하다고 주장했다. 그러나 그는 평생 가까운 유대인 친구를 여럿 두었고, 만년에는 견해를 바꾸었다. 1920년대의 어려운 시기에 한 오랜 친구가 독일이 직면한 중요한 과제는 유대인의 정신을 근절하는 것이라고 주장하자, 케슬러는 그러면 무슨 정신이 남게 되느냐고 날을 세워 물었다.

케슬러는 사교 생활에 관한 엄청난 에너지와 대단한 능력을 모두 갖추었다. 그는 당시 대부분의 주요 예술 행사의 초연初演과 개막에 참가했고, 꽤 넓은 분야의 사람들과 끊임없이 점심을 먹고 저녁을 먹고 술을 마셨다. 그는 일생 동안 사회적·정치적 경계선을 쉽게 넘나들었다. 쾌활했던 이 남자는 자신의 나이가 못마땅해지고 불쾌해지는 시기가 되면서 사회제도의 불평등과 잔인성을 직접 보게 되었다. 그리고 아마도 노동계급 출신 젊은 남자들과의 연애 사건 덕에 그들이 자기네 삶에서 맞닥뜨리고 있는 어려움들을 더 잘 이해할 수 있었을 것이다. 시간이 지나면서 그는 견해가 좌파 쪽으로 이동했고, 1920년대쯤에는 '붉은 백작'이라는 별명까지 얻게 된다.

케슬러의 주소록에는 1만 명이 넘는 사람들의 이름이 들어 있었다. 프랑스의 조각가 오귀스트 로댕, 독일 철학자 프리드리히 니체, 독일 황제 빌헬름 2세, 영국 총리를 지낸 헨리 애스퀴스(1852~1928), 피아니스트 리스트의 딸이자 작곡가 바그너의 아내 코지마 바그너(1837~1930), 오스트리아 작곡가 구스타프 말러, 미국 무용수 이사도라 덩컨, 아일랜드 작가 조지 버나드 쇼, 독일 기업가 구스타프 크루프, 독일 총리를 지낸 오토 폰 비스마르크, 독일 장군 에리히 루덴도르프(1865~1937), 영국의 은행가 어니스트 카셀(1852~1921), 영국 작가 윌리엄 모리스…. 1880년대에서 1930년대 사이의 유럽 문화·정치·금융계 엘리트들 가운데 그가 만나지 않았던 사람을 찾기 어려울 정도다.

제1차 세계대전 전의 일기 내용 중 아무렇게나 펼쳐보았더니, 그는 피에르 보나르와 에두아르 뷔야르 등 두 화가와 차를 마시고, 역시 화가인 피에르-오귀스트 르누아르와 저녁을 먹었다. 그는 빈의 젊은 시인 후고 폰 호프만슈탈(1874~1929)과 친해져 그에게 플롯 하나를 귀띔해주었는데, 그것이 나중에 리하르트 슈트라우스(1864~1949)의 오페라 「장미 기사Der Rosenkavalier」가 되었다. 케슬러는 조각가 아리스티드 마욜(1861~1944)과 휴일을 보냈고, 라이너 마리아 릴케와 시 작법에 관해 이야기했으며, 독일이 영국과 관계가 좋지 않은 것에 대해 독일 총리 테오발트 폰 베트만홀베크와 의견을 나누었다.

소설가 토마스 만은 케슬러가 죽은 뒤 이렇게 썼다.

그는 때로는 독일인처럼 보이고, 때로는 영국인처럼 보이며, 때로는 프랑스인처럼 보인다. 그러니 그의 신분은 유럽인이다. 실제로 그의 고국은 예술이었다.

케슬러는 클로드 모네와 그림의 명암에 대해 토론했고, 에드가르 드가와 인체의 움직임을 포착하는 방법에 대해 이야기했고, 젊은 시절의 조지 그로스와 예술의 목적에 대해 의견을 나누었다. 또 다른 지인 에드바르 뭉크는 그의 초상화를 그렸다. 케슬러는 발레 시나리오를 쓴 뒤 리하르트 슈트라우스에게 곡을 붙여달라고 설득했고, 레온 박스트(1866~1924)가 의상과 무대를 맡고 세르게이 디아길레프의 러시아 발레단(발레뤼스)이 이를 무대에 올렸다.

케슬러의 어머니는 때때로 그의 낭비벽을 걱정했다. 베를린과 파리의 아파트, 바이마르의 집, 많은 돈이 들어가는 그의 예술 프로젝트들, 그림·소묘·조각품의 충동구매 등이다. (그의 수집품 중에는 빈센트 반 고흐와 조르주-피에르 쇠라, 아리스티드 마욜, 폴 세잔, 폴 고갱의 작품들이 포함되어 있다.) 그러나 제1차 세계대전 때까지 그의 생활은 세계에서 가장 강력한 대륙의 심장부에서 커다란 특권과 자유를 누리는 것이었다. 그는 밥벌이를 할 필요가 없었기 때문에 자신이 원하는 일은 무엇이든 할 수 있었다.

케슬러는 동시대의 주요 지식인이나 예술가들과 마찬가지로 예술에서 급진주의자였다. 그는 낡은 형식과 관습을 벗어버리고 더 순수하고 더 실용적인 예술을 성취해 불필요한 장식을 없애고자 했다. 게다가 그는 유럽 사회가 벌써 변화했어야 한다고 생각했다. 그는 이렇게 썼다.

건축가 앙리 반 데 벨데가 지은
바이마르의 바이하우스 대학교.

뭔가 매우 거창한 것, 낡고 세계적이며, 대체로 농촌을 기반으로 하는 봉건적인 유럽, 아름다운 여인과 당당한 왕과 왕실이 어우러지는 세계, 18세기의 유럽과 신성동맹(1815년 러시아·오스트리아·프로이센이 기독교의 원칙에 따라 유럽의 정치 질서를 재건하고자 맺은 동맹—옮긴이)이 낡고 약해져 사라져가고 있다. 새롭고 젊고 활기 차고 상상하기 어려운 무언가가 눈앞에 있다.

케슬러는 당대의 많은 사람들이 그러했듯이 니체에 매료되었다. 그는 니체가 천재이며 대중사회의 대두를 눈앞에 두고 개인의 중요성을 옹호하기 위해 분투하고 있다고 생각했다. 유럽 문명의 도덕적·지적 기반을 재검토하자는 니체의 주장은 불안감을 주고 도전적이었으며, 새롭지만 위험한 미지의 세계를 약속하는 것이었다. 케슬러는 무언가 커다란 변화가 목전에 있다고 생각했지만(실제로 그랬다), 새롭게 변화된 유럽이 문화를 통해 통합되기를 원했다.

그는 전쟁 전 시기에 중요하고도 새로운 예술운동들에 진지하게 매달렸다. 단지 미학적 견지에서가 아니라(그것은 그에게 언제나 중요하기는 했지만), 새로운 예술 형태를 통해 새로운 사회가 건설될 수 있다고 생각했기 때문이다.

케슬러에게 절호의 기회가 찾아왔다. 바이마르 대공국으로부터 그곳의 예술 생활 재건을 위해 조언을 해달라는 요청을 받은 것이다. 그는 벨기에의 모더니스트 건축가 앙리 반 데 벨데(1863~1957)와 함께 새로운 공예 학교를 설립하는 데 도움을 주었다. 이것이 1920년대와 1930년대에 매우 영향력이 컸던 바우하우스 대학교의 전신이다. 케슬러는 그곳 미술관의 관장 자리를 맡았고, 독창성 없는 과거의 잡동사니라고 생각한 것들을 몰아내는 일에 단호히 나서, 그곳을 현대 실용 디자인의 시범 장소로 만들고 바이마르의 국민들을 가르쳤다. 그는 대규모의 프랑스 후기 인상파 전시회를 열고 앙드레 지드와 전위 세트 디자이너 고든 크레이그(1872~1966) 같은 친구들을 객원 예술가로 초청했다.

이와 함께 케슬러는 독일의 예술계를 전통파(황제 빌헬름 2세가 직접 지원했다)와 현대파로 나눠버린 대규모 투쟁에 끼어들었다. 케슬러는 전통과 기득권 세력의 예술 지배에 도전하는 예술가들이 독일 전국 규모의 조직을 만드는 데 도움을 주었다. 케슬러는 이렇게 말했다.

최종 목표는 예술에서 모든 제한을 없애고, 자유롭게 예술을 할 수 있게 하는 것, 그리고 국가가 이를 전면적으로 용인하는 것이다.

이것은 변덕이 죽 끓듯 하는 카이저에게도(카이저는 모든 형태의 근

대풍을 쓰레기 같은 것으로 보았
다), 단조로운 작은 도시 바이마
르와 그 대공에게도 너무 심한
것이었다. 케슬러는 결국 벌거벗
은 남자 무용수를 그린 로댕의
수채화를 둘러싸고 물의가 일자
물러났다. 케슬러의 적들은 그
것이 너무 적나라하다고 주장했
다. 케슬러는 근대파의 대의에서
물러설 생각이 전혀 없었고, 계
속 근대주의와 예술 혁신을 지
원했다. 1914년 이전에 그는 일

미국 미용가 루스 세인트 데니스.

부 젊은 예술가들의 후원자가 되었는데, 이들이 발전시키고 있던 생
각은 나중에 독일 표현주의로 열매를 맺었다.

그는 또한 근대 무용에서 새로운 의욕을 찾았다. 그는 실험 정신
이 강한 미국의 무용가 루스 세인트 데니스(1879~1968)의 팬이 되
었다. 데니스는 이집트와 인도의 신화를 토대로 새로운 형태의 무용
을 창조했다. 그는 1906년에 이렇게 썼다.

나는 당시 데니스의 동작처럼 그렇게 완벽하게 밖으로 발산하는 예
술을 본 적이 결코 없다. 꽃봉오리가 연한 녹색으로 싹을 틔우는 것과
같고, 4월의 하늘처럼 아주 순수했다.

이와 대조적으로 그는 처음에 이사도라 덩컨이 지나치게 감정적이

고 효과를 내기 위해 너무 애를 쓰고 있다고 생각했다. (그는 나중에 생각을 바꿨다.)

그는 점점 디아길레프 및 러시아 발레단과 가까워졌고, 젊고 뛰어난 바츨라프 니진스키(1890~1950)에게 매료되었다. 그들이 처음 만났을 때 케슬러는 이 무용수가 무대에 있을 때에 비해 얼마나 작아 보이는지를 깨닫고 충격을 받았다.

니진스키가 「장미의 정령」에서 춤추는 모습.

얼굴은 홀쭉하고, 약간 몽골 인종처럼 보였으며, 눈은 심술궂어 보였으나 매우 컸고 이탈리아인들처럼 짙은 갈색이었다.

케슬러는 1913년 파리에서 열려 화제를 모은 니진스키의 「봄의 제전」 첫날 밤 공연 때 그곳에 있었다. 니진스키는 무용이 어느 경지까지 갈 수 있는지에 대한 새로운 가능성을 완벽하게 입증했다.

새로운 종류의 야성野性이며, 비非예술과 예술이 동시에 존재했다. 모든 형식은 폐기되었고, 혼돈에서 갑자기 새로운 형식이 떠올랐다.

관객 가운데 상당수는 이런 생각과 달랐고, 공연은 고함과 휘파람과 떠들썩한 논쟁과 심지어 주먹다짐으로 얼룩졌다. 케슬러는 결국 새벽 세 시에 디아길레프, 니진스키, 박스트, 장 콕토와 함께 택시를 집어타고 파리 시내를 질주했다고 적었다.

케슬러와 유럽의 황금기는 1914년 여름 제1차 세계대전의 발발과 함께 갑자기 끝이 났다. 그는 처음에는 독일을 강타한(사실 다른 강대국들에서도 마찬가지였다) 애국주의의 파도에 휩쓸렸다. 8월 3일 독일군이 이미 벨기에로 진격해 들어가고 있을 때는 차분한 자신감에 찬 분위기였다고 케슬러는 적었다.

전쟁은 끔찍할 테고 우리는 아마 때때로 패배도 하리라는 사실을 알고 있지만, 책임감 있고 진지하며 완강한 독일인들의 특질이 있으므로 결국 우리가 이기리라고 믿는다. 이 전쟁은 독일이 세계를 지배하는 것으로 결말 지어지지 않으면 독일은 파멸한다는 것을 누구나 잘 알고 있다.

그는 독일군이 벨기에 민간인들을 다른 사람들에 대한 본보기로 사살하고 벨기에의 도시를 불태우는 등 벨기에에서 취한 단호한 조치는 정당한 일이었다는 데 동의했다. 그는 벨기에인들이 저항을 했다며 비난했다.

벨기에 주민들의 잘못으로 사태는 이미 1870년의 전쟁(프로이센-프랑스 전쟁을 말한다―옮긴이)이나 심지어 나폴레옹 전쟁보다도 더 잔인하고 더 야만적이 되어가고 있다.

나뮈르(벨기에 남부 프랑스어권 지역인 왈롱 지역의 중심 도시―옮긴이)가 불태워질 때 케슬러는 그곳에 있었다.

불길과 불똥 떨어지는 것이 무섭고 엄청났다.

그는 독일이 벨기에를 병합하는 것을 지지했다. 그는 독일군의 동부전선에 배속되자 러시아의 상당 부분을 포함한 거창한 대독일제국의 꿈에 사로잡혔다. 그는 루덴도르프와 그의 동료 파울 폰 힌덴부르크 장군의 전쟁 수행을 긍정적으로 바라보았다. 그들은 1916년 사실상 군부독재 체제를 수립하고 파멸적인 정책을 밀어붙였다. 중립국 배들에 대한 무제한 잠수함 공격 재개 같은 것이 대표적이었는데, 이로 말미암아 미국이 1917년 봄 연합국 편에 서서 참전하게 된다. 케슬러는 일기에서 루덴도르프를 대단한 재능과 정력과 지성의 소유자로 묘사했고, 반면에 힌덴부르크는 아주 마음 든든한 할아버지 같은 인물로 그렸다.

전쟁이 교착 상태에 빠지자 케슬러의 당초 열정은 식어버렸다. 그는 전쟁이 독일에, 나아가 총체적으로 유럽 사회에 어떤 영향을 미치는지를 보고 체념했다. 1918년 11월 독일이 연합군에 항복하자, 그는 이제 더 새롭고 민주적인 시대를 안내할 세계 노동계급에 의한 혁명에 희망을 품었다. 독일의 우국지사로서 그는 또한 그러한 혁명으로 인해 승전국들이 자기 나라를 덜 가혹하게 대하기를 바랐다.

혼란스러운 전쟁의 여파 속에서 새로운 사회주의 정권이 베를린에서 질서를 잡기 위해 애쓰는 동안에 케슬러는 새로 등장한 나라인 폴란드 주재 초대 독일 대사로 가는 데 동의했다(그는 폴란드 지도자 유제프 피우수츠키(1867~1935)와 이미 알고 있었다). 폴란드와 협상을 타결하려 했던 그의 시도는, 폴란드 쪽에서는 독일의 의도를 의심하고 독일 고위층에서는 완승을 거두려는 요구를 해서 효과를 보지 못했다.

1919년 12월, 그는 베를린으로 돌아와 마침 벌어지고 있던 독일 공산주의자들의 정권 장악 시도를 목격할 수 있었다. 그의 일기는 공산주의를 상징하는 붉은기를 든 군중들과 사회주의자들의 대항 시위를 묘사하고 있다. 그는 거리의 싸움을 주시하고, 핵심 지점을 장악해 질서를 회복하려는 군인들의 움직임을 보았다. 밤이나 낮이나 기관총을 쏘고 대포를 발사하고 수류탄이 터지는 소리가 들렸다. 그러나 지하철은 계속 운행됐고, 싸움이 벌어지지 않는 곳에서는 카페가 문을 열었다. 그는 한 군데를 들여다봤다.

악단은 연주를 하고 있었고, 식탁은 만원이었으며, 담배 매점의 여자는 평화시의 화창한 날이라도 되는 것처럼 손님들에게 귀엽게 웃고 있었다.

친정부적인 관현악단 하나가 경찰 본부 밖 마당에서 「로엔그린 Lohengrin」(리하르트 바그너가 작곡하고 대본을 작성한 3막의 악극 양식의 오페라―옮긴이)을 연주했다. 그곳은 치열한 싸움이 벌어졌던 곳이었다. 군중들은 피해를 확인하고 한편으로 음악도 즐길 겸해서 나왔다고 그는 썼다. 많은 베를린 주민들과 마찬가지로 케슬러도 혁명파에 대한 잔인한 보복(그 지도자들을 죽이기까지 했다)에 소름이 끼쳤지만, 질서가 회복된 것에 안도했다.

1920년대에 그는 독일의 미래를 둘러싸고 자유주의 및 입헌민주주의 세력과 그리고 좌·우익 양쪽으로 나뉜 그들의 반대 세력 사이에서 벌어진 혼란스러운 싸움을 직접 보았다. 그의 친구이자 1922년 독일 외무부 장관이 된 지식인 기업가 발터 라테나우는 자기 동료들을 별 볼일 없는 사람들이라고 무시했다. 그는 케슬러에게 볼셰비즘이 21세기의 세계를 지배할 "훌륭한 시스템"이라고 말했다. 케슬러는 라테나우의 이야기대로 되지는 않을 것이며 그의 태도는 "비통함과 자만심이 뒤섞인 것"이라고 말했지만, 라테나우가 우익 과격파들에게 암살당하자 몸서리를 쳤다.

좌파 쪽으로 이동하면서 케슬러는 많은 상류층 옛 친구들(그들은 나치스 쪽으로 이끌리고 있었다)을 잃었다. 그는 비록 공식적으로 사회당 당원이 된 적은 없지만, 점점 그 정책에 공감하고 바이마르 공화국의 강력한 지지자가 되었다. 케슬러는 그러한 지도적 인물들 가운데서 새로운 친구들을 얻었다. 1923~1929년까지 외무부 장관을 지낸 구스타프 슈트레제만 같은 사람들인데, 슈트레제만은 바이마르 공화국을 강하게 만들고 독일이 국제사회의 일원으로 복귀하도록 많은 일을 했다.

케슬러 자신은 국내에서는 자유주의 연립 정권을 유지하고 밖으로는 평화적인 국제 질서를 유지하는 일을 지원하기 위해 노력했다. 후자의 예로는 친한 친구 알베르트 아인슈타인과 함께 유럽 평화주의자 회의에 참석한 것을 들 수 있다. 1924년에 그는 이렇게 썼다.

이제 나는 마침내 나의 진짜 인생의 목표를 찾았다. 맨 먼저, 그리고 실제적인 방법으로, 통합된 유럽을 만들어내도록 돕는 일이다. 전쟁 전에 나는 너무나 얄팍하고 약한 문화 수준에서 노력하는 데 그쳤다.

그는 케슬러였기 때문에 새로운 것이면 무엇이든 거기에 계속 빠졌다. 그는 사적인 파티에서 조지핀 베이커(1906~1975)를 만난 일을 즐겁게 이야기했다. 파티에서 베이커는 "분홍색 모슬린 앞치마 하나만 두르고 벌거벗은 채" 손님들을 위해 춤을 추었다. 그는 그것이 황홀하다고 느꼈지만, "정말로 전혀 야하지는 않았다."

1920년대가 마감될 무렵에 그는 나치스의 등장을 보고 두려움을 느꼈다. 젊은 세대는 우파든 좌파든 그릇되게 어떤 식의 믿음 속으로의 도피와 그들의 삶에 의미와 체계를 제공해줄 규율을 추구하고 있다고 그는 생각했다. 1929년 슈트레제만이 죽은 뒤 독일의 어떤 지도자도 히틀러에 맞서려 하거나 그럴 능력이 없었다. 점점 노쇠해지고 있는 힌덴부르크(그는 대통령이 되었다) 주위의 우파들은 나치스가 법을 무시하도록 허용하고, 1933년 초 히틀러를 불러들여 총리로 삼는 어리석은 짓을 저질렀다. 케슬러는 그다음 달에 일어난 라이히스타크(독일 의회) 화재가 우연히 일어난 것이라고 한동안 믿지 않았다. 그가 옳게 보았듯이, 이는 나치스가 독일 국가와 사회에 대한 장악력을 높일 수 있는 기회가 되었다.

그해 3월에 그는 파리로 떠났다. 그는 잠시 갔다 올 것이라고 생각했지만, 그곳에 있는 동안 돌아오지 말라는 경고를 받았다. 그는 자기 재산을 가지러 사람을 보냈지만, 그의 하인이 나치스 지지자가 되어 그를 고발했을 뿐만 아니라 그의 재산도 차지했음을 알게 되었다. 케슬러는 이렇게 썼다.

때때로 나는 악몽을 꾸고 있는 것 같다. 갑자기 깨게 될 악몽을.

그해 4월, 그는 일기에 이렇게 썼다.

혐오스러운 유대인 배척이 시작되었다. 이 범죄적인 미친 짓 … 어느 감정이 더 강한지는 말하기 어렵다. 이 어리석고 악독한 중생들을 혐오해야 할지, 동정해야 할지.

그는 생활을 이어갔다. 계속해서 친구들을 만나고, 책을 읽고, 회고록을 쓰고, 극장과 연주회에 갔다. 그러나 무언가가 그에게서 빠져나갔다.

나는 언제나 콘트라베이스처럼 진동하는 숨죽인 고통을 자각하고 있었다.

이제 그는 돈이 떨어져가고 있었다. 몇 년 동안 그에게 돈을 보태주었던 충실한 여동생도 더 이상 많은 지원을 해줄 여력이 없었다. 그는 한동안 마요르카에서 살았다(그곳에서 그는 자신의 일기를 안전금고에 넣었다). 그러나 그의 건강은 급속히 악화되고 있었고, 그래서 1935년 치료를 할 수 있었으면 하는 희망을 품고 프랑스로 돌아갔다. 그는 잠시 나아졌지만, 1936년에 터진 에스파냐 내전 때문에 마요르카로 돌아가는 것은 불가능했다. 그는 마지막 몇 달을 프랑스 시골의 한 하숙집에서 지냈고, 1937년 11월에 죽었다. 그의 장례식은 조촐하게 치러졌고, 그의 죽음은 신문에 거의 나지 않았다.

그의 일기가 남아 있지 않았다면 하리 케슬러 백작은 지금 기껏해야 예술계 주변을 서성거리고 독일 정치에서 작은 역할을 한 주변적인 인물로 기억될 것이다. 하지만 우리는 유럽 현대사의 가장 중요한 전개 과정 일부를 지켜본, 통찰력 있고 지칠 줄 모르는 목격자를 발견한 것이다.

빅토르 클렘페러 • 나치스 치하의 하루하루를 증언하다

케슬러의 건강이 악화되고 그의 일기 작성이 끝나갈 때, 또 다른 독일인이 주목할 만한 일기를 써 나가고 있었다. 그것은 케슬러의 것보다 훨씬 암울하지만, 인간의 문제점과 이상함에 대한 똑같은 통찰력과 날카로운 인식을 지녔다.

빅토르 클렘페러(1881~1960)는 독일 사회에 동화된 교양 있는 유대계 독일인 가정 출신으로, 지휘자 오토 클렘페러(1885~1973)와 사촌 간이다. 그는 언론 관련 직종을 얻으려 했지만 결국 드레스덴에서 로망스어(프랑스어·에스파냐어·포르투갈어·이탈리아어·루마니아어 등 통속 라틴어에서 유래하는 언어들을 뭉뚱그려 이르는 말—옮긴이) 교수가 되었다. 그는 비록 진지하게 학술적인 글을 썼지만, 우리는 지금 그를 그의 일기 때문에 기억한다. 그 일기는 나치스가 권력 장악을 공고히 하던 1930년대와 이어서 히틀러가 전쟁을 벌이던 1940년대에 독일에 사는 것이 어떤 모습이었는지에 관한 상세한 기록을 제공한다. 그는 아리아인과 결혼했기 때문에 미쳐 돌아가던 나치스의 관료적 지배하에서 수용소로 보내지지 않았다. 대신 그와 그의 아내는 혼성 부부들을 위한 특설 '유대인의 집Judenhaus'으로 가야 했다.

일기의 영역본은 1933년 나치스의 정권 장악에서부터 시작한다.

빅토르 클렘페러.

클렘페러는 자신의 건강에 대해 푸념을 한다(그것은 일기에서 내내 계속된다). 피로하고 졸리고 우울하다고 썼다. 그는 이 병 저 병 돌아가면서 앓고, 항상 자신의 심장이나 눈이나 콩팥이 곧 망가질 것이라는 두려움을 안고 살았다. 그는 자신이 살아서 제3제국의 종말을 보지 못할 거라고 확신했고, 이를 매우 자주 말한다.

그러나 그는 연구와 글쓰기를 계속한다. 자신의 전기를 쓰고 프랑스 작가들에 대한 연구를 한다. 또한 나치스의 언어에 관한 프로젝트를 시작해, 과장법과 영웅주의나 용감성에 대한 잦은 언급, 여러 가지 최상급 표현(가장 큰 승리, 가장 큰 성공 따위), 그리고 군사 용어의 반복적인 사용 등을 지적한다. 그는 또한 나치스가 미워하는 대상을 '유대인'이나 '공산주의자'라고 부름으로써 그들을 비인간화하고, 그들이 비합리적인 것을 치켜세움으로써 지금 누군가를 광신도나 맹목적인 분노에 사로잡힌 사람으로 묘사하는 것이 찬양되고 있음을 기록한다.

그리고 클렘페러는 끈질기게 일기 쓰기를 계속해 일기에 세세한 자신의 생활을 적는다. 자신을 둘러싸고 있는 제한이 점차 늘어가는 것과 사소한 굴욕, 모든 상황에도 불구하고 자신과 사랑하는 아내가 만끽한 즐거운 순간들, 독일이 변화하는 것을 보면서 가졌던 자신의 생각과 반응 같은 것들이다. 그는 정치와 전쟁에 대해 언급한다. 그러나 그의 목적은 스스로도 말했듯이 그의 시대의 역사를 쓰자는 것이 아니고, 자기 자신과 자기만의 작은 세계, 아래로부터 본 견해를 적자는 것이다.

나치스가 모든 반대를 억누르면서, 책에서부터 그림에 이르기까지 정권을 뒤엎자거나 비판하는 것으로 해석될 수 있는 그 어떤 것도 지니고 있으면 점점 더 위험해졌다. 독일 비밀경찰 게슈타포는 불시에 수색을 했고, 수상한 물건이나 금지된 것을 가지고 있다가는 처형되기 십상이었다. 클렘페러는 1942년에 이렇게 썼다.

나는 계속해서 쓸 것이다. 그것이 나의 영웅심이다. 나는 증언을 할 것이다. 정확하게 증언할 것이다!

아리아인이었던 그의 아내는 여전히 자유롭게 여행할 수 있어서, 쓴 것을 몰래 집 밖으로 가지고 나가 친구인 여의사에게 맡겼다. 그 여의사는 일기를 안전하게 지키기 위해 자기 목숨을 건 것이다.

클렘페러는 온갖 어려움에도 불구하고 나치스 시대와 전쟁 이후까지 살아남았고, 그의 일기도 마찬가지였다. 그는 결연히 이 일을 지속했다. 아내에 대한 깊은 사랑이 있기 때문이기도 했고, 엔젠가는 나치스 전범들의 종말을 보게 될 것이라는 희망을 갖고 있기 때문이기도 했다. 많은 푸념과 두려움과 걱정을 하면서도 그는 한 주일 또 한 주일, 한 달 또 한 달, 그리고 한 해 또 한 해 정말로 증언을 했다. 나치스 독일에서 정말로 이와 같은 삶의 기록은 없다.

이 일기를 그렇게 강력하고 흥미진진하게 만드는 요소가 무엇인지는 우리가 그와 함께 한 발 한 발 가보면 알 수 있다. 그가 유대인으로서 박해 대상자로 지목된 처음 순간부터, 힘겹고 끝없는 궁핍과 비열함과 금지의 연속을 거쳐, 점점 커져가는 죽음(나치스의 손에 죽을 수도 있었고, 연합군의 폭격에 죽을 수도 있었다)의 공포까지. 클렘페러와 마찬가지로, 우리도 제3제국 치하의 독일에서 무슨 일들이 일어났는지 드러나면서 충격을 받는 것부터 시작해, 갈수록 더 극심한 공포에 사로잡히게 된다. 그러나 클렘페러와는 달리 우리는 그것이 어느 정도까지 악화될지 알고 있다.

앞으로 무슨 일이 일어날 것인지에 대한 첫 번째 징조는 1933년 초에 나타났다. 클렘페러는 점점 더 많은 사람들이 '하일 히틀러Heil Hitler(히틀러 만세)'라는 인사를 사용하고 나중에는 그것이 의무적인 것으로 변했다고 적었다. 클렘페러 부부의 교제 범위는 좁아지기 시작했다. 그들이 알던 몇몇 사람들은 나치스 당원이 되었고, 일부는 독일을 떠나기로 결정했기 때문이다. 한마디라도 정권에 대한 비판을 할까 봐 대화를 점점 더 조심하게 되고, 반대파들이 첫 번째 강제 수용소로 사라지면서 점점 신중해졌다. 국가가 직접 수많은 국민을 상대로 전쟁을 벌이고 있음이 점점 분명해졌다. 유대인 박해는 나치스에 의해 조종되는 언론 보도가 유대인에 대한 엉뚱한 이야기와 비난으로 넘쳐나면서 이제 용인될 수 있는 공개적인 일이 되었다. 드레스덴에는 이런 문구들이 나붙기 시작했다.

"유대인에게서 물건을 사는 자는 국가의 반역자다!"

"이곳에는 유대인이 한 명도 필요 없다!"

클렘페러는 '유대인 공동체'로 알려진 조직에 가입하라는 압력을 거부했다. 그는 줄곧 자신이 종교상으로는 개신교도이고 국적으로는 독일인이라고 주장했다. 그는 독일 사람들이 정권을 지치게 만들어 전복시킬 것이라는 희망을 점차 포기하게 되었다. 그가 자신의 일기에 썼듯이, 보통의 독일인들은 나치스에 대해 투덜거리고 있었지만 많은 사람들은 나치스가 공산주의자들보다는 낫다고 생각했다.

한동안 그의 생활은 비교적 정상적으로 이어졌다. 그는 아내 에바와 함께 그들이 무척 좋아하는 영화도 계속 보았다. 저녁에 집에서는 그가 늘 하던 대로 아내에게 큰 소리로 책을 읽어주었다. 그는 늘 돈 문제로 걱정했지만, 에바가 졸라대자 못 이겨 될첸이라는 마을에 작은 집을 짓기로 동의했다. 그는 아내가 그 집과 정원을 좋아하는 것을 보고 감동하고 기뻐했으며, 그들이 이런 시기에 그 집을 가질 수 있다는 사실에 놀라면서도 기분이 좋았다. 그는 낙관의 순간에 이렇게 묻는다.

더 큰 기적이 없으란 법이 어디 있는가?

그는 또 운전을 배우기로 결심했고, 작은 차 한 대를 사서 에바와 함께 독일 곳곳으로 여러 차례 여행을 다녔다.

1934년, 여러 가지 유대인 배제 조치(오래 지속되고 점점 가혹해진다) 가운데 첫 번째 것이 시작되었다. 고양이를 데리고 갈 수 있는 독일의 클럽들이 이제 아리아인들에게만 개방된다는 사실을 알게 되었다. 대학에서는 자신의 학생이 줄어들어 직무에서 밀려났다. 이듬해에 그는 해고당했다. 그러나 다른 일부 동료들보다는 운이 좋은 셈이었다. 여전히 연금 일부를 받을 수 있었기 때문이다. 그러나 돈은 떨어지기 시작했고, 그는 소유물을 저당 잡히기 시작했다. 될첸에서는 현지 경찰이 집으로 와서 수색을 했다. 무전기나 무기 같은 것은 압수하고, 독일 국민의 문화재는 옮겨가다 "보호"해야 한다는 것이었다. 그들은 그가 제1차 세계대전 때 군에 복무하면서 얻은 녹슨 군도軍刀 하나를 발견하고는 경찰서에 신고하도록 강요했다. 그러나 이 때까지만 해도 그들은 정중하게 그를 대했다.

1935년 9월, 정부는 '뉘른베르크 법'을 통과시켰다. "독일인의 피와 독일인의 명예를 보호"한다는 법이었는데, 이것은 독일 사회에서 유대인을 고립시키고 배제하는 데 더욱 많이 이용되었다. 1936년에 클렘페러는 자신이 "내 생애 최악의 생일"이라고 표현한 날을 보냈다. 그는 우선 도서관의 독서실 출입을 금지당했고, 더 이상 책도 빌릴 수 없다고 도서관 직원이 울면서 하는 말을 들었다.

사소한 굴욕과 더 심각한 배척은 심해졌다. 1938년, 한 관원이 클렘페러 집의 청소부 아주머니를 불러다가 계속 유대인을 위해 일하면 자녀들의 앞날에 좋지 않은 영향을 미칠 것이라고 말했다. 부부는 언짢게 집안일을 떠맡았다. 처음에는 접시를 닦는 데만 세 시간이 걸렸다. 그즈음 유대인은 영화관에 갈 수 없었고, 운전면허증도 가질 수 없었다. 그래서 클렘페러는 그들에게 커다란 즐거움을 주었던 차를 포기하지 않을 수 없었다. 유대인들이 특정 직업에 종사하는 것을 금지하는 첫 번째 법률이 만들어졌다. 모든 유대인 의사는 의료인 명부에서 지워졌다. 유대인은 이제 공중목욕탕에 가려면 노란색의 특별한 카드를 가지고 가야 했고, 모든 유대인은 유대식 이름이 들어간 신분증을 지녀야 했다. 클렘페러는 빅토르-이스라엘이 되었다.

그는 나치스에 동조하는 독일 동포들에게 실망했다. 특히 지식인들에 대해 실망을 금치 못했다. 그를 지원하기 위해 손가락 하나 까딱하지 않은 그의 동료들, 유대인 연구학회에 참여해 유대인들의 영

원불변의 특성(잔인성, 난폭한 감
정, 순응성, 고대 아시아적인 증오
심 같은 것들이다)에 관한 논문
들을 쓴 교수들. 그는 일기에
서 그와 아내가 생매장당해 이
제 마지막 한 삽의 흙이 부어지
기를 기다리고 있는 느낌이라고
썼다.

유대인의 노란 '다윗의 별'

1938년 3월 독일이 쉽게 오스트리아를 합병(이 사건을 '합병'이라
는 뜻의 독일어를 써서 '안슐루스Anschluß'라고 한다―옮긴이)하자 나치
스의 자신감과 야수성은 더 커졌고, 반反유대주의도 더 거세졌다. 히
틀러는 유대인과 볼셰비키를 세계의 적으로 부르며 그들을 계속해
서 공격했고, 나치스의 언론은 유대인들의 사악함에 관한 기사들로
넘쳐났다. 그해 11월에 나치스는 독일 전역에서 유대인들과 시너고
그(유대교 회당), 그리고 유대인 기업들을 공격했다. 이는 '수정의 밤
Kristallnacht'이라고 불리게 된다. 클렘페러 부부의 한 친구가 라이프
치히에서 자신이 본 내용을 이야기했다. 슈토스트루펜Stoßtruppen(돌
격대)이 시너고그와 유대인 백화점에 휘발유를 끼얹고는 소방서에
서 불을 끄지 못하도록 막고 있었다는 것이다. 클렘페러는 민주정
의 무기력한 대응에 실망을 금치 못했다. 될첸에서는 누군가가 노란
'다윗의 별' 전단을 그들의 집 담장에 붙였다.

점점 더 많은 사람이 강제수용소로 사라져갔다. 클렘페러는 부헨
발트 수용소에서 흘러나오는 단편적인 소식들을 듣게 되었다. 거기
서는 하루에 이삼십 명씩 죽어 나가고 있다고 했다. 그는 자살을 했

다는 다른 사람들의 소식을 점차 듣게 되었다.

그는 아내와 고국을 떠나는 문제를 의논했지만(그들은 이제 많은 사람이 떠났음을 알고 있었다), 항상 무언가가 그들을 방해했다. 에바는 자신이 낯선 나라에서 새로운 삶을 시작할 수 있다고 생각하지 않았다. 에바는 독일이나 자신의 집과 정원을 떠나고 싶지 않았고, 그는 아내를 불행하게 만들고 싶지 않았다. 클렘페러는 전쟁 직전에 이렇게 썼다.

우리는 이곳에 터전을 잡고 있고, 이곳에서 죽을 것이다.

그리고 그의 자존심 역시 한 요인이 되었다. 그는 이미 독일을 떠난 친척들에게 신세를 지고 싶지 않았다. 특히 미국에 가서 자리를 잡고 성공한 형 게오르크(1865~1946)에게 말이다. 그는 게오르크가 그렇게 서슴없이 주는 돈을 받고 또 받아야 했지만, 그런 은인 행세(그는 그렇게 느꼈다)를 감내해야 한다는 데 화가 났다.

그렇지만 클렘페러는 떠나보기로 했다. 그의 마음은 정말로 전혀 그럴 생각이 없지만 말이다. 그는 자신에게 도움을 줄 수 있는 해외에 있는 사람들의 주소를 입수했다. 심지어 두서없이 영어를 배우려 뛰어다니기도 했다. 그는 에바와 함께 오스트레일리아나 쿠바로 가는 배표를 구하는 문제를 의논했다. 그곳들은 아직 유대인들에게 쉽게 허용되는 곳이었다. 어느 순간 그들은 로디지아(현재의 짐바브웨)로 옮겨가 광천수 공장을 시작할까도 생각했다. (그는 팔레스타인으로 이주하는 것은 완전히 배제했다. 그는 확고한 반反시온주의자였다.) 1941년 여름 무렵, 더 이상 떠날 기회가 없다는 사실이 분명해지면서 그는 어떤 면에서는 마음이 편해졌다.

그것이 우리에게 매우 적합했다. 망설임은 이제 모두 끝났다.

그와 에바는 죽지 않으면 살게 될 터였다.

또 한 가지 그를 독일에 붙잡아둔 것은, 그 자신으로 말하자면 여전히 독일인이라는 점이었다. 그는 1942년 4월에 이렇게 썼다.

나는 독일인이라고 생각한다. 나는 독일인이다. 그것은 내가 나 자신에게 준 것이 아니다. 나는 그것을 나 자신으로부터 떼어낼 수 없다.

때때로 그는 자신이 절대 독일인에 속하지 않는다거나 독일 동포를 다시 믿을 수 없다고 생각하기도 했지만, 다른 때에는 이 모든 것이 악몽일 뿐이라고 생각했다. 1942년에 그는 또 이렇게 썼다.

나는 독일인이다. 그리고 독일인들이 돌아오기를 기다리고 있다. …
그들은 어디론가 가서 숨어 있다.

1939년 정월 초하루, 세계가 아직 전쟁에 휘말리지 않은 시기에 클렘페러는 지난해에 있었던 우울한 사건들을 되돌아보았다. 그는 아마도 지옥의 첫 번째 구역에 들어선 것이나 아닐까 하고 생각했다. 우리 독자들은 물론 그가 틀렸다는 것을 알고 있다.

가을에 전쟁이 일어나면서 상황은 유대인들에게 더욱 험악해졌다. 1940년, 클렘페러는 집을 떠나라는 명령을 받았다. 세금과 유지비는 그대로 내야 했지만 말이다. 그의 아내가 아리아인이었기 때문에 그는 방을 두 개 배정받았다. 반면에 대부분의 유대인들은 방을 하나밖에 받지 못했다. 부부는 그들의 첫 번째 '유대인의 집'으로 옮겼다. 클렘페러가 표현했듯이 '고급 강제수용소'였다.

그곳에서 그들은 다른 사람들을 지척에 두고 살며 작은 상처와 불만들을 삭여야 했다. 클렘페러는 누가 온수를 너무 많이 썼느니, 누가 남의 배급 설탕을 훔쳤느니 하는 싸움들에 지쳐버렸다. 그는 여전히 열렬히 애국적이어서 아직도 독일의 승리를 기원하는 일부 유대인들에게 짜증이 났다. 그가 생각하기에 나치스 정권이 끝장나려면 전쟁에 패하는 수밖에 없었다. 클렘페러는 같은 수용자 중 몇몇 사람들이 교양이 부족한 것에 대해 우월감을 느끼기도 했고, 친절한 포스 부인 덕분에 기분이 잠시 풀어지기도 했다. 포스 부인은 유대인이지만 죽은 남편은 아리아인이었는데, 그들은 지금 이 부부의 집에 살고 있는 것이었다. 포스 부인은 끊임없이 떠들어댔고, 오라고 하지 않아도 남의 방을 잘 찾아가곤 했다.

이 집의 수용자들은 게슈타포 관원들(그들이 '퉤퉤'와 '권투 선수'라는 별명을 붙인 사람들 같은)의 까닭 없는 괴롭힘과 학대도 견뎌야 했다. 비밀경찰은 수시로 가택수색을 해서 벽장과 서랍을 헤집고, 밀가루와 설탕을 흩뿌리며, 알약에서부터 크리스마스 장식까지 모든 것을 부숴버렸다. 한번 뒤지고 나면 마늘통이 쪼개져 방의 이 구석 저 구석에 박혀 있었다. 게슈타포는 포도주 병에서부터 클렘페러가 제1차 세계대전 때 받은 십자 훈장까지 귀중품들도 가져갔다. (그들은 언제나 책은 가져가지 않았다고 클렘페러는 지적했다.)

그들은 유대인들에게 왜 스스로 목매달아 죽지 않느냐고 물었고,

에바 같은 아리아인 여자들을 철썩 치면서 유대인과 결혼했다 해서 그들을 창녀나 돼지라고 불렀다. 때때로 유대인들은 게슈타포 본부로 끌려가 더욱 심한 학대를 당해야 했다. 그들은 돌아오지 않는 경우도 있었는데, 가족들에게 "심장마비"로 죽었다고 얘기하면 끝이었다.

금지와 제한 목록은 더욱 길어졌다. 유대인들은 더 이상 초콜릿과 생강 케이크, 커피, 특정한 신선 채소, 오렌지, 달걀, 아이스크림 같은 식료품들을 살 수 없었다. 꽃과 담배, 신문도 살 수 없었다. 만약 모피나 오페라 글라스(오페라 등을 관람할 때 사용하는 작은 쌍안경―옮긴이), 타자기를 가지고 있으면 당국에 제출해야 했다. 전화기나 애완동물도 가질 수 없었다(클렘페러 부부는 사랑하는 고양이를 안락사시켜야 했다). 클렘페러처럼 군대에서 받은 훈장이 있어도 더 이상 그것을 달 수 없었다. 시간이 지나면서 유대인들은 식당에서 밥을 먹거나 음악회에 가거나 전차를 탈 수 없었고, 드레스덴의 도심 공원이나 특정 도로를 따라 산책할 수도 없었다. 야간 통행금지 시간도 지켜야 했다.

가게에서는 유대인들에게 배달하는 것이 금지되어, 클렘페러는 이제 식료품과 석탄을 사려고 오랜 시간 줄을 서거나, 자신이 찾은 것을 배낭이나 빌린 손수레에 싣고 집으로 날라야 했다. 유대인들은 더 이상 옷 쿠폰을 받을 수 없어 유대인 공동체에 옷을 신청해야 했다. 클렘페러는 처음에 죽은 사람이 입던 중고 옷을 받고 질겁했으나, 나중에는 어떤 것이든 받을 수만 있으면 기뻤다. 그는 점점 더 추레해짐을 느꼈지만, 결코 자신이 교수였던 사실을 잊지 않았다. 그는 셔츠가 해지자, 뗐다 붙였다 할 수 있는 옷깃과 타이를 계속 사용했다.

일기는 삶을 이어가기 위한 음울한 매일매일의 투쟁을 나열한다.

먹을 것이 떨어졌을 때의 실망과 예컨대 남은 고기 한 조각이나 감자 보따리를 얻는 따위의 작은 기쁨도 있다. 그는 한때 돈을 빌리면서 부끄러움을 느꼈지만, 이제는 조금 더 살아남을 수 있다는 안도의 감정이 더 컸다. 그리고 공포는 언제나 곧바로 드러날 수 있을 만큼 아주 가까이 있었다. 그와 아내가 모두 밖으로 나갈 경우, 그들이 다시 만나게 될지는 전혀 알 수 없었다.

1941년 3월, 클렘페러는 위기를 넘겼다. 등화관제 때 불빛이 새어 나왔다는 이유로 일주일 구류를 선고받았다. 거기서 그는 새로운 수모를 당했다. 허리띠를 빼앗겨 바지를 붙잡고 있어야 했고, 안경이나 무엇이든 읽을 만한 것은 허락되지 않았다. 그는 자신의 작업에 대해 생각하고 자신이 에바에게 좋은 남편이었는지 반성하며 시간을 보냈다. 그는 다른 많은 사람들과는 달리 운이 좋았다. 불가사의하게도 구류 상태에서 죽지 않은 것이다.

1941년 9월, 새로운 굴욕이 찾아왔다. 모든 유대인은 이제 밖에 나갈 때 '유대인의 별Judenstern'을 달아야 했다. 클렘페러는 처음에는 밖에 나갈 용기를 낼 수 없었다. 그러나 이전에 히틀러 청소년단(히틀러 유겐트)이 거리에서 그에게 "이드Yid!"(유대인을 모욕해 부르는 속어—옮긴이) 하고 소리쳤을 때 이미 겪은 모욕과 마찬가지로, 시간이 지나면서 익숙해졌다.

다른 한편으로 그는 동정적인 행위들도 적어 나갔다. 고기를 슬쩍 더 넣어준 고깃간 주인, 자신에게 초콜릿을 준 야채 가게 주인, 유대인이 살 수 없는 채소를 대신 사준 주부 같은 사람들이다. 전혀 모르는 사람이 거리에서 그에게 공손히 인사하고는 유대인들에게 일어나는 일은 모두 잘못된 것이라고 조용히 말했다. 될첸에서는 당국에서 그의 집을 돌보라고 지명한 관리자가 그를 위해 집이 안전하게 지켜지도록 최선을 다하고, 자신이 얼마나 나치스를 싫어하는지 솔직하게 이야기했다. 아리아인 친구들이 클렘페러 부부에게 음식을 가져다주고, 독일인들에게 듣지 못하도록 금지된 BBC 방송에 나온 뉴스들을 전해주었다.

전쟁이 진행되면서 클렘페러는 다른 독일인들과 마찬가지로 열심히 소문을 주워듣고 나치스의 공식 발표의 행간을 읽으려 노력했다. 전선에서 돌아온 병사들은 동부전선에서 치열한 전투가 벌어져 독일군이 큰 손실을 입었다고 말하고 있음을 그는 기록했다. 1943년이 되자, 그는 종말이 다가오고 있다는 희망을 갖기 시작했다. 북아프리카에서 연합군이 승리했으며, 이탈리아에 상륙해 이탈리아의 새 정부와 휴전하고, 소련은 마침내 스탈린그라드에서 승리했다. 이 모든 소식은 그에게 희망을 품게 했다. 그러나 그의 마음속에는 자신과 에바가 살아남아 전쟁의 종식을 볼 수 있느냐 하는 의문이 남아 있었다.

이때쯤 그들은 더 작고 더 북적거리는 '유대인의 집'으로 옮겨갔다. 거기서 그들은 다른 몇 가족과 하나뿐인 부엌 및 화장실을 함께 써야 했다. 식료품은 더욱 귀해졌고, 드레스덴은 아직 아니었지만 독일의 도시들은 연합군의 폭격으로 파괴되고 있었다. 불길하게도 점점 더 많은 유대인들이 독일에서 사라지고 있었다. 그들이 어떻게 되었는지는 아직 분명치 않았다.

일기가 보여주듯이 클렘페러는 '최종적 해결'의 완전한 의미를 천천히 깨달아가고 있었다. 1941년에 이미 유대인들이 추방되어 나치스가 점령한 동쪽의 폴란드로 갔음을 그는 알고 있었지만, 여전히 그들이 노동력으로 이용되고 있다고 믿고 싶어 했다. 공장에서 아마

1945년 시청홀에서 바라본 폭격당한 드레스덴.

더 나은 배급을 받고 괜찮은 대우를 받으며 강제로 노동을 하고 있으리라는 것이다. 그러나 그는 1942년쯤에는 유대인들이 동쪽으로 가는 도중에 사살되었다는 이야기를 들었다. 한 간호사는 그에게 무자비한 소개疏開에 대해 이야기했다. 노인들(그들의 상당수는 병자였다)이, 그들을 보살필 아무런 준비도 안 된 트럭에 마구 쑤셔 넣어졌다고 했다. 클렘페러는 일할 수 없는 사람들이 테레지엔슈타트 같은 외딴 수용소에서 몰래 처리된 것이 아닐까 하는 의문을 품기 시작했다. 그는 동쪽으로 가도록 되어 있던 그의 누이가 출발하기 전에 죽어 안도했다. 그는 아우슈비츠가 특히 무시무시한 강제수용소라는 말도 들었다. 그곳에서는 사람들이 혹사당해 죽어간다고 했다. 그는 이를 '속성 도살장'이라고 표현했으며, 동쪽으로 간 사람 가운데 누구도 돌아오리라는 기대는 더 이상 하지 않았다.

그러나 그는 아직 나치스가 저지르고 있는 공포의 전모는 알지 못했다. 그는 1944년에 유대인을 독가스로 죽인다고 BBC가 보도하고 있음을 알았지만, 그는 여전히 보도가 틀린 것이 아닐까 생각했다. 그러나 그는 점차 그것이 사실임을 확신하게 되었다. 폴란드에서 드레스덴으로 돌아온 한 병사가 클렘페러의 한 지인이 유대인의 별을 달고 있는 것을 발견하고는 그에게 말했다.

"나는 폴란드에서 아주 끔찍한 것을 보았소. 아주 끔찍한 것을! 천벌을 받을 것이오."

클렘페러는 독일 병사들에게 명령을 수행하기 전에 독한 술을 마시게 했다거나, 병사들이 명령에 복종하기보다 자살을 선택했다는 이야기들을 들었다.

1933년에 드레스덴에는 종교를 기준으로 4,600명의 유대인이 있었는데, 1945년에 198명만 남았다. 클렘페러는 이때까지는 화를 입지 않았다. 아리아인과 결혼했기 때문이었다. 그러나 이제 그의 마지막이 온 것처럼 보였다. 2월 13일 화요일, 드레스덴에 남아 있는 모든 유대인 가운데 노동력이 있는 사람은 이송을 위해 출두하라는 명령을 받았다.

그날 밤 영국이 드레스덴을 폭격했고, 클렘페러 부부는 파괴되고 불타는 도시의 혼란 속에서 '유대인의 집'을 떠났다. 그는 달고 있던 '유대인의 별'을 떼어버리고 아리아인의 배급 카드를 구했다. 부부는 걷고 때로는 전차나 수레를 얻어 타고 나라 안을 여기저기 떠돌아다니며 되는 대로 먹을 것을 구하고 숙박을 했다. 5월 7일 독일이 항복했고, 클렘페러 부부는 우회로를 통해 될첸으로 향했다. 6월 10일, 그들은 마을로 가는 언덕길을 걷고 있었다. 그들의 집이 그들을 기다리고 있었다.

냉전이 독일을 갈라놓자 클렘페러는 동독에 남는 것을 선택했다.

그는 다시 가르치는 일을 시작했고, 볼테르와 루소에 관한 책들을 냈으며 나치스 언어에 대한 작업도 계속했다. 그는 1960년 일흔여덟 살의 나이에 죽었다. 그의 일기는 나치스 치하에서 살아남았듯이 공산 정권하에서도 살아남았다.

우리는 케슬러나 클렘페러처럼 기록을 남긴 사람들에게 커다란 은혜를 입었다. 그들은 과거의 어느 특정 시기에 일어났던 사건들(좋은 일이든 나쁜 일이든)을 내부에서 볼 수 있도록 해준다. 그들은 루이 14세의 궁정에서, 캐나다의 변경에서, 나치스 독일에서 어떤 일이 일어났었는지를 알 수 있게 도와준다. 그들은 놀랍고도 생생하고 세세한 내용들이 우리 곁에 있도록 제공해 과거의 인물들을 알 수 있게 한다. 예를 들어, 비스마르크의 요강 크기나 프랑스의 어린 공주의 충치 같은 것들이다.

역사가 잔치라면 맛은 그 사람들에게서 온다. 이 책에서 살펴본 몇몇 사람들은 커다란 사건의 한복판에 있었고, 역사의 물길을 돌려 우리가 살고 있는 세계의 모습을 만들어냈다. 다른 사람들은 용기와 열린 마음, 호기심 등 내가 좋아하는 자질들 때문에, 또는 그저 내가 그들의 재미있는 점을 발견했기 때문에 골랐다.

과거 속의 개인들이 없다면 우리가 과거를 이해하고 즐기는 것은 빈약할 수밖에 없다. 물론 역사의 저변에 깔린 힘과 움직임(그것이 과학기술이든 정치 구조든 사회적 가치든)으로서의 흐름이 절대로 무시되어서는 안 되지만 말이다. 맥락(구체제하의 계급 구조, 1930년대 세계의 어수선한 본질, 또는 수백 년에 걸친 캐나다 사회의 진화 등)을 설명하기 위한 역사가들의 작업이 없다면 개인의 일기와 편지와 회고록에 대한 우리의 상찬은 제한적일 것이다. 그러나 그러한 기록들이 없다면 우리는 과거의 영상을 만들어내고 그것을 역사 독자들이 좀 더 즐겁게 읽을 수 있도록 만들 수단이 별로 없을 것이다.

역사를 만들고 현재를 살고 있는 우리를 위해 거기에 생명력을 부여해주는 것은 개인들과 그 세계 사이의 상호작용이다. 그리고 우리가 우리 자신의 제한적인 시각으로부터 우리 스스로를 해방시켜 상상과 공감 행위를 통해 다른 배경과 인종과 민족 출신의 우리 동시대 사람들을 이해할 필요가 있는 것과 마찬가지로, 우리는 과거에 대한 다면적인 관점을 갖기 위해 노력해야 한다. 우리는 세비녜 후작 부인의 편지나 찰스 리치의 일기만 읽는다면 아주 많은 것을 빠뜨리게 된다. 예를 들어 18세기 프랑스에서 농민이나 기술자가 된다는 것, 또는 20세기 캐나다에서 노동자나 농민이 된다는 것이 무엇을 의미하는가 같은 것이다. 역사가들은 그런 목소리들 또한 복원하고 지나간 사회들에 대한 총체적인 그림을 제공하기 위해 많은 일을 했다.

그러면 역사는 그저 하나의 취미일 뿐인가? 흥미로운 인물과 재미있는 토막 이야기를 찾아내기 위해 과거를 뒤지고 돌아다니는 것인가? 내 생각에 역사는 그보다 훨씬 큰 것이다. 역사가 없다면 우리는 우리 자신의 세계를 이해하는 유용한 도구들을 빼앗기는 것이다. 캐나다는 선주민(원문은 'First Nations'인데 이는 원주민-유럽인의 혼혈인 메티와 북방의 원주민인 이누이트를 제외한 원주민들을 가리키는 캐나다의 용어다―옮긴이)과 프랑스인과 영국인들에 의해 세워졌고, 나중에 세계 각처 사람들이 합류했다. 그들이 왔던 상태와 그들이 어울린 방식이 오늘날 존재하는 캐나다 사회를 만들었다. 그리고 대영제국의 울타리 안에 있던 캐나다가 완전한 독립국가로 평화적으로 발전한 것은 법과 대의제 정부를 존중하는 그런 가치와 제도에 기반을 둔 사회를 형성하는 데 도움을 주었다. 캐나다인들은 폭력 혁명이나 내전 같은 짐을 지지 않았다는 점에서 감사해야 할 것이다. 그런 일들이 프랑스나 미국 같은 나라들에 아직도 그늘을 드리우고 있다.

역사는 사람들을 서로 대립하게 하거나, 어리석고 파괴적이고 심지어 나쁜 정책과 행동 방침을 정당화하는 데 쓰이면 위험할 수 있다. 편파적이고 민족주의적인 역사가 1990년대의 공포에 불을 붙였다. 유고슬라비아가 갈가리 찢어지고 이웃들이 서로를 공격했다. 그들은 자기네 민족(세르비아인이든, 크로아티아인이든, 아니면 보스니아의 이슬람교도든)이 언제나 적이고 적이 될 수 있다는 말을 들어왔기 때문이다. 아주 흔히 그렇듯이, 역사는 2003년에 미국과 영국 정부에 소환되어 이라크 침공과 점령을 정당화하는 데 이용되었다. 그들은 우리에게 사담 후세인이 거꾸러지지 않았다면, 민주주의의 힘으로 히틀러와 무솔리니와 일본 군국주의자들을 제때에 막지 못했던 1930년대가 반복되는 것을 보았을 것이라고 말한다.

그러나 역사가 잘못 사용된 것은 그것을 무시해야 한다는 논거가 될 수 없다. 그보다 우리는 현재의 세대들이 복잡한 과거에 대해 배우고 그것을 통해 역사에 대한 단 하나의 올바른 관점은 없다는 간단하고도 결정적인 메시지를 얻도록 보장해야 한다. 그리고 역사는 새로운 자료와 새로운 해석과 새로운 질문에 의해 만들어지는 진행 중인 작업이다. 그것을 이해하는 일은 자기네가 그저 역사의 명령을 따르고 있을 뿐이라고 확신에 차서 말하는 히틀러나 스탈린 같은 사람들을 막기 위한 예방접종이 될 수 있다.

과거에 활동했던 개인들에 대한 연구는 또한 우리에게 우발적 사건과 타이밍의 중요성에 대해 인식할 수 있게 해준다. 우리는 이렇게 물어야 한다. 처칠이나 스탈린이나 히틀러 같은 사람들이 사태에 영향을 미치기 전에 태어나거나 죽었다면 어떻게 되었을까? 바부르가 인도를 정복하지 않았다면 인도아대륙의 역사는 어떻게 달라졌을까? 우드로 윌슨이 미국을 국제연맹에 가입시키는 데 성공했다면 1930년대의 역사는 어떻게 되었을까? 샹플랭이 세인트로렌스 강 유역에 지속 가능한 프랑스의 첫 번째 식민지를 건설하는 데 성공하지 못했다면(그 대신 영국인들이 먼저 왔다면) 오늘날 캐나다에 프랑스계 사람들이 살게 되었을까? 그런 가능성들을 제기함으로써 역사는 특정한 현실 속에 있는 우리가 스스로에 대해 생각할 수 있도록 도와준다.

　그러나 역사는 우리가 현재의 시점에서 어떤 결정을 할 때 분명한 지침을 제공해주거나 미래를 예측할 때 청사진을 던져주는 것이 아니다. 우리는 지도자나 여론 선도자들이 자기네가 역사의 교훈에 근거하고 있다고 확신에 차서 말할 때 어떤 일이 벌어질 수 있는지 살펴보았다. 변화무쌍한 역사의 본질과 범위는 사람들이 좋건 나쁘건 자신들이 하고자 하는 모든 일에 대해 정당화의 근거나 선행 사례를 발견할 수 있다는 것을 의미한다. 역사와 그 속의 인물들은 그저 아주 약간의 통찰력과 약간의 격려를 제공할 뿐이다. 우리는 모두 어느 정도는 우리 시대의 소산이지만, 우리를 한정짓고 있는 것을 뛰어넘거나 도전할 수 있다는 것이다.

　나는 내가 과거에서 골라낸 개인들이 현재 여기에 있는 우리에게 인간의 복잡한 본질과 다양한 모순과 불일치, 그 사악함과 어리석음

뿐 아니라 미덕도 드러내주는 데 도움이 되기를 희망한다. 무엇보다
도 역사 속의 인물들은 우리 모두가 지닌 선과 악의 가능성을 깨닫
게 한다.

제1장 설득과 통솔의 리더십

Bakewell, Sarah, *How to Live, or a Life of Montaigne in One Question and Twenty Attempts at an Answer*, London: Vintage, 2011.

Bliss, Michael, *Right Honourable Men: The Descent of Canadian Politics from Macdonald to Mulroney*, Toronto: HarperCollins, 1995.

Bothwell, Robert, Ian Drummond, and John English, *Cnanda, 1900-1945*, Toronto: University of Toronto Press, 1987.

Brands, H. W., *Traitor to His Class: The Privileged Life and Radical Presidency of Franklin Delano Roosevelt*, New York: Doubleday, 2008.

Brown, Archie, *The Myth of the Strong Leader: Political Leadership in Modern Politics*, New York: Basic Books, 2014.

Burns, James MacGregor, *Leadership*, New York: Harper and Row, 1978.

_____, *Roosevelt: The Lion and the Fox*, New York: Harcourt, Brace, 1956.

Cannadine, David, ed., *What Is History Now?*, Basingstoke, UK: Palgrave Macmillan, 2002.

Carr, E. H., *What Is History?*, 2nd ed., London: Penguin, 1990.

Clark, Christopher M., *Iron Kingdom: The Rise and Downfall of Prussia, 1600-1947*, London: Penguin, 2007.

Costigliola, Frank, *Roosevelt's Lost Alliances: How Personal Politics Helped Star the Cold War*, Princeton: Princeton University Press, 2012.

Craig, Gordon A., *Germany, 1866-1945*, Oxford: Oxford University Press, 1980.

Dawson, R. MacGregor, *William Lyon Mackenzie King: A Political Biography*, Toronto: University of Toronto Press, 1958.

Ferns, Henry, and Bernard Ostry, *The Age of Mackenzie King: The Rise of the Leader*, London: Heinemann, 1955.

Gildea, Robert, *Barricades and Borders: Europe 1800-1914*, Oxford: Oxford University Press, 2007.

Herring, George, *From Colony to Superpower: U.S. Foreign Relations since 1776*, New York: Oxford University Press, 2008.

Hutchison, Bruce, *The Incredible Canadian: A Candid Portrait of Mackenzie King, His Works, His Times, and His Nation*, Toronto: Longmans, Green, 1952.

King, William Lyon Mackenzie, The Diaries of William Lyon Mackenzie King, http://www.bac-lac.gc.ca/eng/discover/politics-government/prime-ministers/william-lyon-mackenzie-king/Pages/diaries-william-lyon-mackenzie-king.aspx.

Kissinger, Henry, *Diplomacy*, New York: Simon and Schuster, 1994.

Langer, Uli, ed., *The Cambridge Companion to Montaigne*, Cambridge: Cambridge University Press, 2005.

Lee, Hermione, *A Very Short Introduction to Biography*, Oxford: Oxford Universtiy Press, 2009.

Montaigne, Michel de, *The Complete Essays*, Translated by M. A. Screech, London: Penguin, 2003.

Psellus, Michael, *Fourteen Byzantine Rulers*, London: Penguin, 1966.

Reynolds, David, *From Munich to Pearl Harbor: Roosevelt's America and the Origins of the Second World War*, Chicago: Ivan R. Dee, 2001.

Robertson, Gordon, *Memoirs of a Very Civil Servant: Mackenzie King to Pierre Trudeau*, Toronto: University of Toronto Press, 2000.

Steinberg, Jonathan, *Bismarck: A Life*, Oxford: Oxford University Press, 2011.

Tour du Pin Gouvernet, Henriette Lucie, Marquise de la, *Memoirs of Madame de la Tour du Pin*, Translated and edited by Felice Harcourt, London: Harvill, 1971.

Watt, D. C., *Personalities and Politics: Studies in the Formulation of British Foreign Policy in the Twentieth Century*, London: Longmans, 1965.

Wills, Garry, *Certain Trumpets: The Call of Leaders*, New York: Simon and Schuster, 1994.

제2장 오만과 독선의 결과

Bullock, Alan, *Hitler and Stalin: Parallel Lives*, New York: Knopf, 1992.

Clark, Alan, *Diaries*, London: Weidenfeld and Nicolson, 1993.

Cooper, John Miltion, *Woodrow Wilson: A Biography*, New York: Knopf, 2009.

Evans, Richard J., *Altered Pasts: Counterfactuals in History*, Waltham, MA: Brandeis University Press, 2013.

Kershaw, Ian, *Fateful Choices: Ten Decisions That Changed the World, 1940-1941*, London: Allen Lane, 2007.

_____, *Hitler*, Vol. 1, *1889-1936: Hubris*, London: Allen Lane, 1998.

_____, *Hitler*, Vol. 2, *1936-1945: Nemesis*, London: Penguin, 2001.

_____, *Hitler, the Germans, and the Final Solution*, New Haven: Yale University Press, 2008.

King, Anthony, "The Outsider as Political Leader: The Case of Margaret Thatcher", *British Journal of Political Science 32*, no. 3 (July 2002): 435-454.

Kotkin, Stephen, *Stalin*, Vol. 1, *Paradoxes of Power, 1878-1928*, New York: Penguin, 2014.

Lebow, Richard Ned, *Archduke Franz Ferdinand Lives! A World without World War I*, New York: Palgrave Macmillan, 2013.

MacMillan, Margaret, *Paris 1919: Six Months That Changed the World*, New York: Random House, 2002.

Moore, Charles, *Margaret Thatcher: The Authorized Biography*, Vol. 1, Not for Turning, London: Alen Lane, 2013.

Snyder, Timothy, *Bloodlands: Europe between Hitler and Stalin*, New York: Basic Books, 2010.

Tucker, Robert C., *Stalin as Revolutionary, 1879-1929: A Study in History and Personality*, New York: Norton, 1973.

_____, *Stalin in Power: The Revolution from Above, 1928-1941*, New York:

Norton, 1990.

Waldegrave, William, *A Different Kind of Weather: A Memoir*, London: Constable, 2015.

Weber, Max, *The Theory of Political and Social Organization*, Translated by A. M. Henderson and Talcott Parsons, New York: Oxford University Press, 1947.

Widenor, William C., *Henry Cabot Lodge and the Search for an American Foreign Policy*, Berkeley: University of California Press, 1983.

Young, Hugo, *One of Us: A Biography of Margaret Thatcher*, London: Macmillan, 1991.

제3장 세상을 바꾼 모험심

Abulafia, David, *The Discovery of Mankind: Atlantic Encounters in the Age of Columbus*, New Haven: Yale University Press, 2008.

Alanbrooke, Field Marshal Lord, *War Diaries, 1939-1945*, Edited by Alex Danchev and Daniel Todman, London: Weidenfeld and Nicolson, 2001.

Ambrose, Stephen E., *Nixon*. Vol. 1, *The Education of a Politician, 1913-1962*, New York: Simon and Schuster, 1987.

_____, *Nixon*, Vol. 2, *The Triumph of a Politician, 1962-1972*, New York: Simon and Schuster, 1989.

Beaverbrook, Baron (Max Aitken), *Men and Power, 1917-1918*, London: Hutchinson, 1956.

Brooks, Timothy, *Vermeer's Hat: The Seventeenth Century and the Dawn of the Global World*, London: Profile, 2008.

Chisholm, Anne, and Michael Davie, *Beaverbrook: A Life*, London: Hutchinson, 1992.

Champlain, Samuel de, *Voyages, 1604-1618*, New York: Barnes & Noble, 1959.

_____, *Voyages to New France: being a narrative of the many remarkable things that happened in the West Indies in the years 1599-1601, with an account of the manners and customs of the savages of Canada and a description of that country in the year 1603*, Translated by Michael Macklem, Ottawa: Oberon, 1971.

_____, *Voyages to New France: being an account of the manners and customs of the savages and a description of the country, with a history of the many remarkable things that happened in the years 1615 to 1618*, Translated by Michael Macklem, Ottawa: Oberon, 1970.

Davis, Wade, *Into The Silence: The Great War, Mallory, and the Conquest of Everest*, New York: Knopf, 2011.

Fischer, David Hackett, *Champlain's Dream*, New York: Simon & Schuster, 2008.

Frank, Jeffrey, *Ike and Dick: Portrait of a Strange Political Marriage*, New York: Simon and Schuster, 2013.

Goh, Evelyn, *Constructiong the U.S. Rapprochement with China, 1961–1974: From "Red Menace" to "Tacit Ally"*, Cambridge: Cambridge University Press, 2005.

_____, "Nixon, Kissinger, and the 'Soviet Card' in the U.S. Opening to China, 1971–1974", *Diplomatic History* 29, no. 3 (June 2005): 475–502.

Heidenreich, Conrad, and K. Janet Ritch, *Samuel de Champlain before 1604: Des Sauvages and Other Documents Related to the Period*, Montreal: McGill-Queen's University Press, 2010.

Holmes, Richard, *Falling Upwards: How We Took to the Air*, New York: Pantheon, 2013.

Isaacson, Walter, *Kissinger: A Biography*, New York: Simon and Schuster, 1992.

Jenkins, Roy, *Churchill: A Biography*, New York: Farrar, Straus and Giroux, 2001.

Lewis, Michael, *The Big Short: Inside the Doomsday Machine*, New York: W. W. Norton, 2011.

Li, Zhisui, *The Private Life of Chairman Mao: The Memoirs of Mao's Personal Physician*, Translated by Tai Hung-Chao, New York: Random House, 1994.

Litalien, Raymonde, *Champlain: The Birth of French America*, Montreal: McGill-Queen's University Press, 2004.

Lukacs, John, *Five Days in London, May 1940*, New Haven: Yale University Press, 1999.

Macmillan, Margaret, *Nixon in China: The Week That Changed the World*, Toronto: Viking Canada, 2006.

Mann, James, *About Face: A History of America's Curious Relationship with China, from Nixon to Clinton*, New York: Knopf, 1999.

Marchildon, Gregory P., *Profits and Politics: Beaverbrook and the Gilded Age of Canadian Finance*, Toronto: University of Toronto Press, 1996.

Reith, Baron, *The Reith Diaries*, Edited by Charles Stuart, London: Collins, 1975.

Short, Philip, *Mao: A Life*, London: Hodder and Stoughton, 1999.

Sorkin, Andrew Ross, *Too Big to Fail: The Inside Story of How Wall Street and Washington Fought to Save the Financial System and Themselves*, New York: Viking, 2009.

Taylor, A. J. P., *Beaverbrook*, London: Hamish Hamilton, 1972.

Tett, Gillian, *Fool's Gold*, New York: Free Press, 2009.

Von Krockow, Christian, *Hour of the Women*, Boston: Faber and Faber, 1993.

Young, Kenneth, *Churchill and Beaverbrook: A Study in Friendship and Politics*, London: Eyre and Spottiswoode, 1966.

제4장 미지의 세계를 향한 그녀들의 호기심

Bayley, Emily, Lady Clive, and Sir Thomas Metcalfe, *The Golden Calm: An English Lady's Life in Moghul Delhi: Reminiscences*, Edited by M. M. Kaye, New York: Viking, 1980.

Carrington, Dorothy, *Granite Island: A Portrait of Corsica*, Harmondsworth, UK: Penguin, 1984.

Cheeseright, Paul, "Queen without a Throne: Ursula Graham Bower and the Burma Campaign", *Asian Affairs* 45, no. 2 (June 2014): 289–299.

Durham, Mary Edith, *Albania and the Albanians: Selected Articles and*

Letters 1903-1944, Edited by Bejtullah Destani, London: Centre for Albanian Studies, 2001.

_____, *High Albania*, London: Virago, 1985.

_____, *Through the Lands of the Serb*, London: E. Arnold, 1904.

_____, *Twenty Years of Balkan Tangle*, London: Allen and Unwin, 1920.

Eden, Emily, *Up the Country: Letters Written to Her Sister from the Upper Provinces of India*, London: Virago, 1983.

Eden, Fanny, *Tigers, Durbars and Kings: Fanny Eden's Indian Journals, 1837-1838*, Transcribed and edited by Janet Dunbar, London: John Murray, 1988.

FitzHerbert, Margaret, *The Man Who Was Greenmantle: A Biography of Aubrey Herbert*, London: John Murray, 1983.

Graham Bower, Ursula, *Naga Path*, London: John Murray, 1952.

Jasanoff, Maya, *Liberty's Exiles: American Loyalists in the Revolutionary World*, New York: Knopf, 2011.

Moorehead, Caroline, *Freya Stark*, Harmondsworth, UK: Penguin, 1985.

Murphy, Dervla, *Full Tilt: From Dublin to Delhi with a Bicycle*, London: John Murray, 1965.

Parkes, Fanny, *Begums, Thugs & Englishmen: The Journals of Fanny Parkes*, Selected and edited by William Dalrymple, London: Penguin, 2003.

Simcoe, Elizabeth Posthuma, *Mrs. Simcoe's Diary*, Edited by Mary Quayle Innis, Toronto: Dundurn, 2007.

Taylor, Alan, *The Civil War of 1812: American Citizens, British Subjects, Irish Rbels, & Indian Allies*, New York: Knopf, 2012.

Tanner, Marcus, *Albania's Mountain Queen: Edith Durham and the Balkans*, London: I. B. Tauris, 2014.

Wallach, Janet, *Desert Queen: The Extraordinary Life of Gertrude Bell, Adventurer, Adviser to Kings, Ally of Lawrence of Arabia*, New York: Doubleday, 1996.

Winstone, H. V. F., *Gertrude Bell*, London: Quartet, 1980.

Babur, Emperor of Hindustan, *The Baburnama: Memoirs of Babur, Prince and Emperor*, Translated by Wheeler M. Thackston, New York: Random House, 2002.

Cochran, Peter, *The Burning of Byron's Memoirs: New and Unpublished Essays and Papers*, Newcastle upon Tyne, UK: Cambridge Scholars Publishing, 2014.

Comnena, Anna, *The Alexiad of Anna Comnena*, Translated by E. R. A. Sewter, Middlesex, UK: Penguin, 1969.

Dale, Stephen F., "The Poetry and Autobiography of the Bâbur-nâma", *Journal of Asian Studies* 55, no. 3 (1996): 635-664.

Easton, Laird M., *The Red Count: The Life and Times of Harry Kessler*, Berkeley: University of California Press, 2002.

Gascoigne, Bamber, *The Great Moghuls*, London: Jonathan Cape, 1971.

Glendinning, Victoria, ed., with Judith Robertson, *Love's Civil War: Elzabeth Bowen and Charles Ritchie, Letters and Diaries, 1941-1973*, London: Simon and Schuster, 2009.

Gray, Charlotte, *Sisters in the Wilderness: The Livers of Susanna Moodie and Catharine Parr Traill*, Toronto: Viking, 1999.

Kessler, Count Harry, *Berlin in Lights: The Diaries of Count Harry Kessler (1918-1937)*, Translated and edited by Charles Kessler, London: Weidenfeld and Nicolson, 1971.

_____, *Journey to the Abyss: The Diaries of Count Harry Kessler, 1880-1918*, Translated and edited by Laird M. Easton, New York: Random House, 1911.

Klemperer, Victor, *I Shall Bear Witness: The Diaries of Victor Klemperer, 1933-1941*, Translated by Martin Chalmers, London: Weidenfeld and Nicolson, 1998.

_____, *I Will Bear Witness: A Diary of the Nazi Years 1942-1945*, Translated by Martin Chalmers, New York: Modern Library, 2001.

Maalouf, Amin, *The Crusades through Arab Eyes*, Translated by Jon Rothschild, London: Al Saqi, 1984.

McClung, Nellie, *The Complete Autobiography: Clearing in the West & The*

Stream Runs Fast, Edited by Veronica Strong-Boag and Michelle Lynn Rosa, Peterborough, ON: Broadview, 2003.

Norton, Lucy, *Saint-Simon at Versailles*, London: Penguin, 1985.

Ritchie, Charles, *An Appetite for Life: The Education of a Young Diarist, 1924-1927*, Toronto: McClelland and Stewart, 2001.

_____, *The Siren Years: A Canadian Diplomat Abroad, 1937-1945*, Toronto: McClelland and Stewart, 2001.

Roquebrune, Robert de, *Testament of My Childhood*, Toronto: University of Toronto Press, 1964.

Ross, Alex, "Diary of an Aesthete: Count Harry Kessler Met Everyone and Saw Everything", *New Yorker*, April 23, 2012.

Sévigné, Marie de Rabutin-Chantal, Marquise de, *Selected Letters*, Translated by Leonard Tancock, London: Penguin, 1982.

Tomalin, Claire, *Samuel Pepys: The Unequalled Self*, London: Penguin, 2002.

Trudel, Marcel, *Memoirs of a Less Travella Road: A Historian's Life*, Translated by Jane Brierley, Montreal: Véhicule, 2002.

Watt, D. C., *Personalities and Politics: Studies in the Formulation of British Foreign Policy in the Twentieth Century*, London: Longmans, 1965.

더 읽어볼 책들

내가 제기한 주제들이나 설명한 사람들에 대해 더 알기를 원하는 독자들을 위해 각 장별로 중요한 읽을거리들을 제공하고자 한다. 과거에 기록된 회고록과 일기와 편지들, 일류 전기 작가들과 역사가들의 책이 매우 많으므로, 과거를 더 깊이 탐험하고자 하는 독자들을 위해 매우 긴 목록을 제시할 수 있다. 여기서는 내가 특히 재미있다고 생각했던 일부만 추려보았다.

가이우스 수에토니우스(69~?)의 『황제 열전De vita Caesarum』은 로마 제국 초기에 관심이 있는 모든 사람에게 여전히 출발점이며, 미카엘 프셀로스(1018~1078)는 비잔티움 제국에 관해 비슷한 작업을 했다(그의 대표작으로 바실리오스 2세의 치세부터 시작해 미카엘 7세까지 100년에 걸친 비잔티움 제국 역사를 기술한 『연대기』가 있다—옮긴이). 예카테리나 대제의 궁정에 관심이 있는 독자에게는 화가 엘리자베트 루이즈 비제 르브룅(1755~1842)의 회고록이 이에 대한 생생한 기록을 제공한다(혁명기 프랑스에 대해서도 나온다). 찰스 그레빌(1794~1865)의 여러 권짜리 일기는 1790년대에서 1860년대 사이의 영국 궁정과 영국 정치에 관심이 있는 모든 독자에게 기본서이며, 러시아 대사의 아내로 1812년부터 1834년 사이에 런던에 살았던

다리아 리벤(1785~1857) 공작 부인의 편지들 역시 마찬가지다.

제국주의 시대의 유럽인과 세계 다른 나라 사람들의 만남에 특히 관심이 있는 독자들은 마야 재서노프의 『제국의 변경: 동방에서의 삶, 문화, 정복 1750~1850Edge of Empire: Lives, Culture, and Conquest in the East, 1750~1850』이나 아라비아와 사랑에 빠진 네 영국 여성을 살펴본 레슬리 블랜치(1904~2007)의 옛 책 『사랑스러운 야생의 나라The Wilder Shores of Love』(1954)를 보고 싶을 것이다. 그 뒤 시기의 일로 아서 그림블(1888~1956)의 『섬의 일상A Pattern of Islands』(1952)은 젊고 순진한 영국 행정관과 외딴 남태평양 섬들에 사는 주민들의 만남을 보여주며, 알베르토 덴티 디 피라뇨(1886~1968)의 『뱀의 치료A Cure for Serpents』(1955)는 이탈리아인 의사와 당시 이탈리아 식민지였던 리비아 주민들의 만남을 그린다.

여행기로서 내가 좋아하는 것 가운데는 마크 트웨인이 유럽과 서아시아 여행에 대해 쓴 매우 재미있고 통찰력 있는 『철부지의 해외여행The Innocents Abroad』(1869)과, 1860~1870년대 영국 육군에서 가장 잘생긴 사나이였다는 프레더릭 버너비(1842~1885) 대위의 『소아시아 기마 여행On Horseback Through Asia Minor』이 있다. 이후 시기에는 로버트 바이런(1905~1941)이 1930년대 이란과 아프가니스탄 국경 지역 탐험에 대해 쓴 『옥시아나 가는 길The Road to Oxiana』(1937)이나 패트릭 리 퍼머(1915~2011)가 1930년대 영국에서 이스탄불까지 여행했던 경험을 쓴 『주어진 시간A Time of Gifts』(1977) 및 『숲과 물 사이에서Between the Woods and the Water』(1986)가 있다.

감사의 말

이 책과 그 바탕이 된 강의는 여기 언급할 많은 사람들과 여러 해 동안 책을 읽고 역사를 토론한 결과물이다. 그들 모두에게 감사한다.

나는 이 책을 수년간 내 강의를 들었던 많은 학생들에게 바친다. 그들은 알지 못했겠지만, 그들의 미는 힘이 나로 하여금 역사를 가능한 한 분명하게 설명하도록 했다. 나는 라이어슨 대학 학생들한 테서 가장 먼저, 그리고 가장 좋은 것을 배웠다. 그들은 역사를 어떻게 하면 의미 있고 재미있게(나는 그러기를 바랐다) 만들 수 있는지를 내게 가르쳐준 점에서 중요했다. 나는 또한 나의 특정 강의(나폴레옹에 관한 것이다)가 자신이 방금 들었던 산업 폐기물에 관한 강의보다 더 재미있었다고 말한 한 환경공학도의 말을 소중하게 여긴다.

나는 라이어슨 대학과 토론토 대학 등에 있는 토론토의 옛 친구와 동료들, 그리고 옥스퍼드 대학 역사학부와 정치외교학과에 있는 새롭지만 똑같이 소중한 분들, 그리고 특히 세인트앤터니 칼리지에 있는 학계 최고의 분들께 크게 감사한다.

특별한 개인을 골라내는 것은 어려운 일이지만, 나는 밥 보스웰, 아비 슐라임, 그윈 대니얼, 폴 베츠, 노아 리츨러, 허마이어니 리, 존 바너드가 인내를 갖고 나의 생각에 대해 나와 토론해준 데 대해 특별한 감사의 말을 전해야겠다. 나는 또한 허마이어니가 울프슨 칼리지에 있는 자신의 글쓰기 센터에 강의 초청을 해준 데 대해 깊이 감사한다. 거기서 나는 내 생각 일부를 검증해볼 수 있었다.

캐럴라인 다우니는 친한 친구이자 에이전트이다. 그리고 어난시 출판사의 새라 매클라클런과 프로파일 출판사의 앤드루 프랭클린 등 출판사 복도 좋다. 세 사람은 모두 소중한 아이디어와 제안으로 나를 무척 도와주었다. 두 출판사 모두 훌륭한 팀원을 갖추어 그들과 일하는 것이 즐거웠다. 어난시에서는 편집자 제니 윤, 교열 담당 피터 노먼, 디자이너 앨리샤 슈척, 홍보 담당 로라 마이어가, 프로파일에서는 편집장 페니 대니얼, 아트디렉터 피터 다이어, 홍보 담당 발렌티나 잔카가 수고해주었다. 캐나다 방송의 필립 쿨터와 그레그 켈리는 언제나처럼 책을 일련의 강의로 만드는 마술을 보여주었다. 나는 또한 매시 칼리지의 휴 시걸 학장과 그의 유능한 경영자 애나 루엥고에게 감사한다. 대학에서 강의에 계속 지원을 해주셨다.

언제나처럼 나는 무척 사랑하는 나의 대가족에게 마지막 감사의 말을 드린다. 그들은 언제나 내 생각에 대해 흔쾌히 이야기해주었고, 내 원고를 읽어주었으며, 제목을 제안하고, 내 강의에 와주었으며, 내가 답답할 때 나를 즐겁게 해주었다. 나는 내가 얼마나 그들의 신세를 지고 있는지, 그리고 내가 얼마나 감사하고 있는지 그들이 이미 알고 있기를 바란다. 나는 그들 모두의 이름을 들지 않고 한 분만 들어야겠다. 내 어머니(엘루네드)는 내가 책을 쓸 때 마음속에 상정하고 있는 독자이며, 언제나 친절하면서도 확고한 논평으로 내 작업을 훨씬 낫게 만들어주시는 분이다.

옮긴이의 말

　우리의 일반적인 인식은 사회나 역사가 거기에 속해 있는 개인을 규정한다는 것이다. 사회라는 큰 틀 속에서, 역사라는 도도한 흐름 속에서 개인은 작고 무력한 존재라는 것이다. 이러한 인식은 역사가 몇몇 영웅에 의해 규정된다는 과거의 영웅사관에 대한 반동일 것이다. 그러나 정말로 그럴까? 이 책은 역사의 흐름에서 다시 개인의, 심지어 어떤 개인의 특정한 성격의 중요성을 제기하고 있다.

　역사 속에서 개인의 중요성을 이야기할 때 가장 쉽게 떠올릴 수 있는 것이 정치 지도자들이다. 독일의 오토 폰 비스마르크는 수십 개의 작은 나라로 나뉘어 있던 독일어권 국가들을 통합해 현재의 대국 독일의 모태를 만들었다. 특히 신성로마제국의 전통을 이어받아 독일어권의 '종주'로 인식되었던 오스트리아를 따돌리고 프로이센이 독일 통일의 주도권을 잡게 했다. 캐나다의 윌리엄 라이언 매켄지 킹은 대영제국의 일부였던 캐나다가 자주국으로 발돋움하는 과정에서 중요한 역할을 했고, 특히 영국계와 프랑스계 주민 사이의 대립 등 여러 층위의 대립을 잘 조정해 캐나다의 분열을 막았다. 프랭클린 델러노 루스벨트는 히틀러 등 전체주의 세력이 세계의 안전을 위협할 때 고립주의 전통이 강했던 미국 국민들을 잘 설득해 그 확산을 막아내고 전후 세계 질서 수립의 바탕을 마련했다. 이들의 리더십이 역사의 물줄기를 바꾼 셈이다. 이들은 모두 원대한 목표를 지니고 자신에게 주어진 기회를 놓치지 않았으며, 반대파들을 설득하는 기술이 뛰어났다는 공통점이 있었다.

그러나 그런 리더십도 지나치면 독이 되는 법이다. 정치 지도자의 독선적 태도는 역사의 흐름에 부정적인 영향을 미친다. 저자는 그런 지도자의 독선을 '오만'이라는 성격적 특성으로 설명한다. 그런 인물의 대표적인 사례인 히틀러와 스탈린은 아예 독재 체제를 구축해 큰 해악을 끼쳤지만, 민주주의 체제하에서도 그런 사례들은 나타난다. 우리가 민주주의 선진국으로 생각해온 미국의 우드로 윌슨과 영국의 마거릿 대처가 대표적이다. 저자는 윌슨의 경우, 독선적인 성격 때문에 미국의 국제연맹 가입을 성사시키지 못해 두 번째의 세계대전을 막지 못했다고 아쉬워하고 있는 반면, 대처에 대해서는 그런 동정의 요소를 별로 찾아내지 못한 채 담담하게 그의 몰락을 그리고 있다. 역사에 많은 해독을 끼친 히틀러와 스탈린은 더 말할 것도 없다.

이 책이 꼭 정치 지도자들의 리더십에 대해서만 다루고 있는 것은 아니다. 저자가 검토하고 있는 또 하나의 성격적 특성은 모험심이다. 캐나다의 기업인 맥스웰 에이킨은 일찍부터 사업적 재능을 발휘해 어린 나이에 백만장자가 되었지만, 타고난 모험심을 억제하지 못하고 영국으로 진출해 정계와 언론계에서 활동하며 한 시기의 역사를 이끌었다. 워터게이트 사건의 불명예를 안았던 미국 대통령 리처드 닉슨은 엄청난 정치적 위험과 아마도 개인적인 위험까지도 감수하며 중국을 방문해 미국과 중국의 화해라는 역사적인 사건을 끌어냄으로써 추문을 어느 정도 상쇄했다. 프랑스의 탐험가 사뮈엘 드 샹플랭은 험난한 대서양을 여러 차례 오가고 위험이 도사리고 있는 세인트로렌스 강 주변을 탐험하며 이 지역에 프랑스인들이 정착할 수 있는 기반을 닦았다. 역시 모험심이 역사를 바꾼 사례들이다.

호기심은 더욱 역사의 흐름과 거리가 멀다. 저자가 이 주제를 택한 것 자체가 호기심을 불러일으키는지도 모른다. 남편을 따라 캐나다 개척지에 갔던 엘리자베스 심코와 역시 식민지 인도에 갔던 패니 파크스는 모두 영국 여성으로 새로운 세계에 호기심을 갖고 그들이 본 것을 기록으로 남겼을 뿐이다. 이들은 역사 속의 행위자로서가 아니라 기록자로서 중요하다. 같은 기록자라도 이디스 더럼은 알바니아의 독립 과정에서 약간의 역할을 했다. 인도 소수민족에 매혹되어 그곳에 갔다가 제2차 세계대전 때 영국을 위해 일본군에 관한 정보를 수집하게 된 어설라 그레이엄 바우어와 이라크 국가 건설에 상당히 관여한 거트루드 벨 역시 호기심으로 역사에 일정한 기여를 한 경우다. 이들 세 사람 역시 모두 영국 여성이다.

이 책에서 마지막으로 검토하고 있는 주제는 역사와 개인의 상호 작용과는 전혀 관계가 없다. 우리로 하여금 역사 속 특정 시대의 실생활을 엿볼 수 있게 해주는 당시 사람들의 생생한 증언 이야기다. 독일 귀족 하리 케슬러는 1만 명 이상의 이름이 담긴 주소록을 유지하며 19세기 말에서 20세기 전반기에 걸쳐 세계의 중심이었던 유럽의 정치·경제·문화계의 거의 모든 유명 인사들과 교제한 기록을 남겼다. 유대인이었던 빅토르 클렘페러는 히틀러의 광기 속에서 살던 하루하루를 빼곡하게 일기로 적어 그 실상을 낱낱이 보여준다. 무굴 제국의 바부르 황제는 그 시대와 황제라는 신분 때문에도 상상키 어려운 회고록을 남겨 그 시대의 역사는 물론 바부르 자신에 대한 생생한 자료를 제공한다. 이런 1차 기록들 덕분에 우리는 역사에 대한 더욱 상세한 그림을 그릴 수 있는 것이다.

저자도 밝히고 있듯이 이 책은 역사를 다룬 것이면서도 역사의 큰 흐름에 직접 도전하는 것이 아니라 그 속의 인물들에 초점을 맞추고 있다. 물론 큰 흐름은 그 인물들 이야기를 하기 위해 보조 재료로 쓰인다. 그러나 사실은 딱딱한 큰 흐름보다는 자잘한 인물 이야기가 더 술술 읽힌다. 그런 의미에서 이 책은 인물이라는 당의정을 입혀 큰 흐름을 섭취할 수 있도록 한 말랑말랑한 역사 이야기다. 우리가 쉽게 접할 수 없는 자료들을 수도 없이 인용하면서도 주석을 전혀 달지 않은 것도 저자의 그런 의도를 엿볼 수 있게 한다. 이와 함께 저자가 캐나다인이기 때문에, 이미 경제 대국이고 우리에게도 낯설지 않다고 생각되지만 거의 접해볼 기회가 없었던 캐나다의 역사를 잠시 엿볼 수 있는 것도 이 책을 읽는 즐거움의 하나가 될 것이다.

한편 저자는 마지막 주제에 덧붙여 우리가 역사를 어떻게 대해야 하는가를 이야기한다. 편파적인 역사를 정치나 민족주의 등 다른 목적을 위해 이용하는 것에 대한 경고다. 1990년대 유고슬라비아가 분열될 때 발칸 반도의 각국에서 그랬고, 2003년 미국이 이라크를 침공할 때도 이런 역사의 오용이 있었다는 것이다. 그러나 오용이 있었다는 것이 역사가 불필요하다는 논거는 아니라고 했다. 역사에 대한 단 하나의 올바른 관점은 없으며, 역사는 새로운 자료와 새로운 해석과 새로운 질문에 의해 만들어지는 진행 중인 작업이라는 것이다. 역사 문제가 화두로 떠오른 오늘의 우리 사회를 위해 특별히 쓴 메시지 같다는 느낌이 들 정도로 시의적절한 전문가의 충언이다.

찾아보기

개인은 역사를 바꿀 수 있는가
대담한 사람, 오만한 사람, 나서는 사람

지은이 마거릿 맥밀런
옮긴이 이재황
펴낸이 윤양미
펴낸곳 도서출판 산처럼

등 록 2002년 1월 10일 제1-2979
주 소 서울시 종로구 사직로8길 34 경희궁의 아침 3단지 오피스텔 412호
전 화 02) 725-7414
팩 스 02) 725-7404
이메일 sanbooks@hanmail.net
홈페이지 www.sanbooks.com

제1판 제1쇄 2016년 5월 10일
제1판 제2쇄 2017년 4월 10일

값 18,000원
ISBN 978-89-90062-67-3 03900
* 잘못된 책은 바꾸어드립니다.